PEDRO ÁNGEL PALOU Y LA NOVELA INFINITA

Lecturas críticas

LITERATURE AND CULTURE SERIES

General Editor: Greg Dawes
Series Editor: Ana Forcinito
Copyeditor: Gustavo Quintero

Pedro Ángel Palou y la novela infinita

Lecturas críticas

Edición e introducción de Héctor Jaimes

Raleigh, North Carolina

Copyright © 2023

All rights reserved for this edition copyright © 2023 Editorial A Contracorriente

Library of Congress Cataloging-in-Publication Data
Names: Jaimes, Héctor, 1964- editor, writer of introduction.
Title: Pedro Ángel Palou y la novela infinita : lecturas críticas / edición e introducción de Héctor Jaimes.
Other titles: Literature and culture series.
Description: [Raleigh] : Editorial A Contracorriente : Department of Foreign Languages and Literatures at North Carolina State University, [2023] | Series: Literature and culture series | Includes bibliographical references.
Identifiers: LCCN 2022053973 | ISBN 9781469676814 (paperback) | ISBN 9781469676821 (ebook)
Subjects: LCSH: Palou, Pedro Angel, 1966—Criticism and interpretation.
Classification: LCC PQ7298.26.A48 Z44 2023 | DDC 373.91/2—dc24/eng/20221108
LC record available at https://lccn.loc.gov/2022053973

This is a publication of the Department of Foreign Languages and Literatures at North Carolina State University. For more information visit http://go.ncsu.edu/editorialacc.

Distributed by the University of North Carolina Press
www.uncpress.org

AGRADECIMIENTOS

El esfuerzo colectivo de los escritores e investigadores aquí reunidos, ha hecho posible que ahora tengamos este libro en nuestras manos, así que quisiera comenzar agradeciéndoles a todos su participación en este volumen. Aprendí hace mucho tiempo en el libro *Cómo se comenta un texto literario* de Fernando Lázaro Carreter y Evaristo Correa Calderón, que la crítica implica una contextualización de los textos y para mí, nada mejor que hacerlo en equipo, pues las múltiples lecturas profundizan la interpretación y contribuyen a afinar el campo de la crítica. Le agradezco enormemente a Pedro Ángel Palou haber aceptado la participación en esta edición y la generosidad con la que respondió mis múltiples preguntas. Asimismo, haber invitado a los escritores Mónica Lavín, Eloy Urroz, Jorge Volpi, y Vicente Alfonso no dejó de ser un poco atrevido de mi parte, pues los escritores no suelen participar en este tipo de volúmenes, sin embargo, como no quería que se escapara —en lo posible— algún detalle para profundizar el conocimiento de Palou, así lo hice y les agradezco también su disposición para esta tarea. El resto de los críticos ya lo saben: sin sus contribuciones este libro no hubiera visto la luz y además de agradecerles yo mismo, estoy seguro de que los lectores de Palou también les extienden sus agradecimientos. Greg Dawes, colega, amigo y director de la revista y editorial *A Contracorriente*, siempre estuvo a la disposición para conversar conmigo y aportar ideas. Asimismo, este libro contó con una subvención del "Department of Foreign Languages and Literatures" de mi universidad, North Carolina State University (Raleigh, USA), y le agradezco a Ruth Gross, su directora, el gran apoyo que me dio y me ha dado a lo largo de tantos años. Finalmente, Mariela Romhany, mi esposa, ha sido siempre esa humilde luz que no deja de brillar, y precisamente por su permanencia es que siempre puedo ver el camino que me lleva hacia delante.

CONTENIDO

Introducción: Palou y las "formas novedosas" (Héctor Jaimes) 1

I. Entre libros 11

1. Leer y escribir (Pedro Ángel Palou) 13

II. Entre escritores 19

1. Toda ortodoxia es castrante o la neurosis de los lápices afilados (Eloy Urroz) 21

2. Palou, legión (Jorge Volpi) 30

3. De la desilusión y sus variantes (Vicente Alfonso) 33

4. Palou cuentista o *El cuento comienza en la última línea* (Mónica Lavín) 39

III. Entre críticos 43

1. El escritor moderno y las encrucijadas de lo social. La obra crítica y ensayística de Pedro Ángel Palou (Ignacio M. Sánchez Prado) 45

2. Pedro Ángel Palou, "una actitud intelectual expansiva" (Ramón Alvarado Ruiz) 91

3. Del sujeto literario al sujeto político: La narrativa de Pedro Ángel Palou (Gaëlle Le Calvez House) 111

4. Fin de siglo en *Memoria de los días* de Pedro Ángel Palou (Julio Enríquez-Ornelas) 130

5. The Life of Juan Gavito. Dialogismo y oralidad en *Paraíso clausurado*, de Pedro Ángel Palou (Tomás Regalado-López) 148

6. *Paraíso clausurado*: La forma con atributos (Héctor Jaimes) 169

7. Violencia y venganza en *La amante del ghetto* de Pedro Ángel Palou (Rebecca Janzen) 181

8. La desmitificación de los protagonistas de la Revolución mexicana para plantear posibles verdades históricas: Pedro Ángel Palou y la novela histórica (César Antonio Sotelo) 197

Lista de colaboradores 227

INTRODUCCIÓN:
PALOU Y LAS "FORMAS NOVEDOSAS"

Héctor Jaimes

EN EL LIBRO *LA gran novela latinoamericana* (2011), Carlos Fuentes hace un recorrido histórico de este género literario, y se adentra a comentar en detalle, sobre todo, a escritores y novelas contemporáneos. Aunque no se trata de una historia de la novela propiamente, este libro resulta de particular interés porque además de haber sido escrito por uno de los grandes novelistas de la región, Fuentes fue también un voraz lector y siempre estuvo al tanto del acontecer literario que lo rodeó; por otro lado, pese a que su selección pudiera considerarse personal, es inevitable que contribuya, *grosso modo*, a reforzar y crear —paralelamente al trabajo de los críticos—, lo que comúnmente conocemos como un "canon literario". Además, es evidente que con *La gran novela latinoamericana* Fuentes no solamente quiso retomar, sino también actualizar muchas de sus preocupaciones expuestas en libros anteriores; a saber: *La nueva novela hispanoamericana* (1969) y *Valiente mundo nuevo: Épica, utopía y mito en la novela hispanoamericana* (1997). En efecto, la historia del desarrollo de la novela latinoamericana con sus vertientes, ejemplos, excepciones, o tomando en cuenta los modos en que se inserta (o no) en "sistemas", "redes" o "campos literarios", es a todas luces un tema fascinante. Y aunque Fuentes haya hecho un importante aporte con este libro, es obvio que el tema en sí amerita no solamente más lecturas, sino lecturas que problematicen precisamente el *sistema* de relaciones en el que la novela latinoamericana se inserta, sobre todo, pensando en nuestro mundo contemporáneo; esto es, atravesando el prisma de la cultura digital (más allá de la cultura global) a la que ya todos pertenecemos, pues pone de manifiesto no solamente una nueva manera de leer sino también una nueva manera de escribir.

El capítulo 17 del libro de Fuentes está dedicado a "El crack", el grupo literario mexicano conformado por Jorge Volpi, Eloy Urroz, Ricardo Chávez Castañeda, Ignacio Padilla y Pedro Ángel Palou. Ahora bien, un capítulo sobre este grupo literario —que salta a la palestra en 1996, justo cuando publican su conocido "Manifiesto del Crack" y algunas de sus novelas— dice mucho de Fuentes y de la novela latinoamericana. Por un lado, Fuentes se hizo escritor contemporáneamente con escritores que comenta en su libro (Cortázar, García Márquez, Donoso, Vargas Llosa); leyó y admiró a escritores de generaciones anteriores que todavía vivían (Onetti, Borges, Carpentier) cuando se consagraba como escritor y que también comenta en este libro; pero por otro lado, reconocer y hacer un comentario sobre escritores mucho más jóvenes, no pudo sino ser un reto para Fuentes, ya que siempre es más fácil escribir sobre algo ya establecido como hecho, y no sobre algo que, aunque tenga resultados preliminares, haya todavía mucho camino por delante para que se pueda hacer un comentario más sopesado, como resultaba ser el grupo del Crack. Sin embargo, este capítulo demuestra no solamente la humildad de Fuentes, sino también su inteligencia, ya que reconoció los límites literarios del momento que le tocó vivir, sobre todo el período del Boom de la novela latinoamericana, y supo reconocer a partir y a pesar de ese límite que una nueva generación de escritores con mucho talento había aparecido en la cartografía literaria. Asimismo, esta idea demuestra, con respecto a la literatura latinoamericana en sí, que la literatura había adquirido un eje con una autonomía espacialmente más universal, y por ende, con un impacto particular sobre cómo sería la novela (literatura) del futuro. Así, como señala Fuentes: "Si Padilla, Volpi, Palou, Urroz o Rivera Garza hubiesen publicado sus novelas en, digamos, 1932, los cinco habrían sido llevados a la cima de la pirámide de Teotihuacan para arrancarles el corazón y arrojárselos a las jaurías nacionalistas, acusados de afrancesados, malinchistas, cosmopolitas, tránsfugas de la realidad y enemigos de la Revolución" (361). Con todo, Fuentes advierte un cambio determinante en la literatura, que refleja a su vez un cambio determinante en cómo la globalización ha transformado, reconfigurado y negociado la producción del espacio.

Al comentar a Palou en este mismo capítulo, Fuentes dice: "Pedro Ángel Palou promete ser —lo es ya— un polígrafo como lo fueron Alfonso Reyes entre 1930 y 1950, Octavio Paz del sesenta al ochenta y José Emilio Pacheco desde entonces para acá" (366). Efectivamente, escribir sobre distintos temas es uno de los aspectos más deslumbrantes de la escritura de Palou, y esto se confirma cuando un crítico contemporáneo como Sánchez Prado llama su escritura "camaleónica" y dice que "representa el desafío más desalentador para los críticos" (*Strategic Occidentalism* 129, la traducción es mía). Sin embargo, a pesar de la dantesca tarea que es leer la obra de Palou, su desbordante escritura nos conduce a la universalidad, profundidad y poética de las cosas, quizá las claves de toda su escritura. Si bien Palou puede atravesar temas tan disímiles como San Pablo (*El impostor*), el Vaticano (*El dinero del diablo*), el boxeo (*Con la muerte en los puños*), la historia (*Morelos: Morir es nada*; *Pobre Patria mía: La novela de Porfirio Díaz*; *Tierra roja: La novela de Lázaro Cárdenas* y *México: La novela*) o el amor (*Qliphoth*, *La profundidad de la piel* y la *Casa de la Magnolia*), para apenas mencionar algunas de sus novelas, me resulta evidente que no es la variedad de temas el aspecto determinante a través del cual debemos acercarnos a su obra, sino la esencialidad (la profundidad) con la que el escritor los aborda y las consecuencias que esta esencialidad revela. Esto es, el tema de la impostura de San Pablo, por ejemplo, tiene consecuencias mayores (universales y trascendentales), si las comparáramos con el tema de la impostura en la novela *Mañana en la batalla piensa en mí* de Javier Marías, o con *El impostor* de Javier Cercas, pues toca un tema central como la religión. *Con la muerte en los puños* la leemos como una novela sobre el boxeo, pero es también una novela sobre la filosofía de la vida, al igual que *Paraíso clausurado*. Sus novelas históricas están imbuidas de poesía (la función poética de la memoria) y en ese sentido, la poesía es más filosófica que la historia (Aristóteles). Y, como he escrito en otra parte,[1] el tema del amor lo propone Palou igualmente como una filosofía. De esta manera, la variada y cambiante escritura de Palou parece llevarnos prácticamente al mismo lugar, a las esencias, para así problematizar y confrontar la desafiante vida del individuo en un mundo de rápidas y asombrosas ganancias materiales, pero también, en un mundo de vertiginosas pérdidas de valores humanos, como el mundo de hoy, y es en esa grieta, entre la ganancia y la pérdida, donde su obra cobra un sentido absoluto.

A pesar de la rica y desbordante obra de Palou, la crítica no ha producido todavía los estudios que la obra de este escritor amerita; no obstante, paradójicamente, la crítica puede destacar la literatura, pero de alguna manera también puede ocultarla. Por ejemplo, en un libro importante de crítica literaria como *Beyond Bolaño: The Global Latin American Novel* (2015) de Héctor Hoyos, resaltan Volpi y Padilla —entre los escritores del Crack— pero Palou queda invisibilizado; claro está, Hoyos se enfoca en novelas que representen o

---

1. Jaimes, Héctor. "Toward a Philosophy of Love: Pedro Ángel Palou's *Qliphoth* and *La profundidad de la piel*". *The Mexican Crack Writers: History and Criticism*, editado por Héctor Jaimes, Palgrave, 2017, pp. 127-45.

problematicen abiertamente esa "globalización", pero me resultaría más interesante estudiar cómo las novelas indirectamente la dibujan y desdibujan, precisamente porque no la mencionan, o al menos no frontalmente, y es ahí donde las novelas de Palou proponen ya otra riqueza de lectura que la crítica ha pasado por alto; en este sentido, dando dos ejemplos de sus novelas, consideremos *Paraíso clausurado* y *Quien dice sombra*. Sánchez Prado lo ve muy bien cuando dice, al hablar de Gavito, el personaje principal de *Paraíso clausurado*: "Gavito encarna una noción de literatura (de espíritu modernista) que ya no es posible en la era contemporánea..."; más aún: la "experiencia estética es imposible en la era neoliberal" (*Strategic* 132, la traducción es mía). Y en *Quien dice sombra*, leemos: "Ortega [el personaje principal] acompaña a un numeroso contingente por varias calles de la ciudad para protestar por el alza de los precios, el neoliberalismo, el mercado y la política expansionista de los países desarrollados, no en el ahora ahora en que esto se escribe en el que hay tantos alegatos en contra de las ventas, las marcas y la *globalización*..." (87). Aunque esta novela dista de ser una novela sobre economía y globalización, pues se centra en el espíritu y la creación literarios, la economía y la globalización como temas están ahí, interrogándonos implícitamente. Así, esta omisión de la crítica crea ciertamente un problema desde el punto de vista de la producción del conocimiento, sobre todo si se piensa en el eje norte-sur, pues, como dice Aijaz Ahmad, "los países metropolitanos acumulan artefactos culturales de todo el mundo; algo llamado 'literatura mundial' puede surgir de estos procesos de acumulación" (*In Theory* 15, la traducción es mía). Esto podría tener una consecuencia doblemente negativa: que la crítica en los países "metropolitanos" borre la escritura del sur, y que una vez traducida esta crítica, el sur mismo borre la literatura.

Pero por encima de las clasificaciones, inclusiones u omisiones que los críticos podamos hacer al evaluar un tema tan amplio y complejo como lo es la "novela latinoamericana", es menester traer al tapete la voz del mismo Palou cuando aborda el tema de la "literatura mundial", que sería una manera de entender cómo él ve su quehacer literario, más allá del impacto que este quehacer pueda tener. En su ensayo, "¿Existe eso que llaman *literatura mundial*?", leemos:

> La literatura mundial produce temas, modos reiterados de abordarlos, contenidos universales. La forma estética está fuera de la discusión. Sólo desde la periferia (algo que sabía muy bien Borges y así lo definió en *El*

escritor argentino y la tradición) puede renovarse profunda, duraderamente. Porque se trata de formas, descubiertas en el oficio, en el taller, con los ojos estrábicos de los que habla Piglia: allá y acá… No se trata de oponerse a lo global con la tiranía manipuladora de lo local. Se trata, aún, de producir formas novedosas. La novela es, desde Cervantes, un arte de la resistencia, de la periferia… Tal vez sería bueno regresar a la espesa selva de lo real desde donde se escriben las verdaderas novelas.

Resistir al mercado es resistir a la llamada literatura mundial, desde el exilio. Y no hay que olvidar la maravillosa frase de Edward Said: el exilio es un estado celoso. (57–58)

Con esta tajante declaración vemos que Palou establece una zona exclusiva donde la creación literaria obedece a sus más íntimos mecanismos, más allá de las clasificaciones de los críticos o del mercado literario. En esas "formas novedosas" de la novela se despliega una riqueza creativa que, como toda creación verdadera, es intemporal y universal. Además, Palou asume la escritura como una defensa del pensamiento y del arte literario, y aunque no toma una postura radical con respecto a la producción editorial como alguna vez la asumió Mario Bellatin, al considerar editoriales alternativas o como la propone Eric Schierloh de una manera teórica,[2] su radicalidad la podríamos encontrar en beneficiar la "forma estética" sobre todas las cosas, para darle al lector la oportunidad de comprender, enriquecer y cuestionar el mundo. Leer a Palou-escritor es también leer a Palou-lector, y en ese mar de referencias y de temas se va forjando una escritura infinita.

Con la idea de profundizar el estudio de la obra de este escritor, *Pedro Ángel Palou y la novela infinita: Lecturas críticas*, reúne el trabajo de ocho destacados especialistas. Igualmente, esta edición cuenta con los comentarios de cuatro escritores mexicanos que se han acercado a la obra de Palou como lectores también; por otro lado, con el ánimo de que el autor mismo nos proveyera más pistas sobre la interpretación de su obra, Palou nos entrega un ensayo sobre su actividad como lector y escritor.

---

2. Según Schierloh, "la escritura aumentada no solo es una forma diferente de producir escritura y de ser leído en tanto autor, es además una forma más completa de pensar y experimentar la obra-texto-libro y de ser percibido en tanto sujeto (co)autor" (*La escritura aumentada* 43).

El libro está dividido en tres partes: 1) "Entre libros"; 2) "Entre escritores"; y 3) "Entre críticos". En la primera parte, el texto de Palou, "Leer y escribir", es una breve y reveladora autobiografía intelectual en donde el lector podrá confirmar su sensibilidad creadora, pero también la apasionante red bibliográfica que lo ha formado como "lector-escritor". La escritura de Palou puede también pensarse como una red borgiana de referencias, así que no es casual que este texto termine citando el poema "Los justos" de Borges. En la segunda parte, Eloy Urroz le hace una entrevista ("Toda ortodoxia es castrante o la neurosis de los lápices afilados") a Palou, en donde conversan sobre música, cine y literatura. La entrevista también tiene la virtud de indagar un poco sobre la vida personal del escritor, aspecto poco conocido. Le sigue "Palou, legión" de Jorge Volpi, que nos habla de cómo se forjó su amistad con Palou y de su admiración por la multiplicidad de voces que Palou es capaz de desplegar, para Volpi —al hablar del grupo del Crack— Palou "es nuestro ventrílocuo: un ser capaz de valerse de todos los tonos, registros, géneros y subgéneros imaginables: creo que solo le falta la ciencia ficción y al mismo tiempo estoy seguro de que tarde o temprano la ensayará con fortuna". En "De la desilusión y sus variantes", Vicente Alfonso hace un recorrido por varias novelas de nuestro escritor, y destaca que "la diversidad de Palou no sólo se refleja en sus personajes, también se nota en las estrategias con que sus libros han sido forjados, pues entre sus novelas hay lo mismo relatos históricos que *thrillers* en toda regla, novelas eróticas e incluso despiolantes farsas"; además, hace énfasis en la importancia de la "experiencia" para los personajes de Palou, así como en su arte narrativo el cual considera como una "resolución de una serie de problemas progresivos". En "Palou cuentista o *El cuento comienza en la última línea*", Mónica Lavín recuerda los diferentes momentos en los que ha coincidido con Palou en eventos literarios, y destaca la publicación de uno de sus cuentos, "Hauquechula". Para Lavín, Palou también es un gran escritor de cuentos y reconoce que detrás de la idea de que "el cuento comienza en la última línea" amerita una conversación con Palou.

En la tercera sección, "Entre críticos", encontramos los estudios formales sobre la obra de Palou, y aunque esta edición no la abarca en su totalidad, estos estudios —vistos en conjunto— contribuyen enormemente a delimitar temas y conferir sentido a gran parte de ella. En "El escritor moderno y las encrucijadas de lo social. La obra crítica y ensayística de Pedro Ángel Palou", Ignacio M. Sánchez Prado nos entrega un exhaustivo y pormenorizado estudio sobre la crítica y ensayística de nuestro escritor, destacando también su relación con la crítica literaria latinoamericana y su narrativa; se trata de un abordaje único y necesario pues no contábamos antes con un estudio de este tipo. En "Pedro Ángel Palou, 'una actitud intelectual expansiva'", Ramón Alvarado Ruiz hace un recorrido de toda la obra de Palou y la contextualiza en relación a la literatura mexicana. Este capítulo le sirve al lector para explorar, en toda su extensión, las vertientes y recurrencias de la obra de Palou, y para entender preliminarmente sus tendencias estético-literarias. En "Del sujeto literario al sujeto político: La narrativa de Pedro Ángel Palou", Gaëlle Le Calvez House hace una lectura aguda y cercana del "Manifiesto del Crack", el "Postmanifiesto del Crack", *El fracaso del mestizo* y *Tierra roja: La novela de Lázaro Cárdenas*, y observa que estos textos le "permiten reconocer la influencia del zapatismo y del feminismo en la visión estética, ética y política de un escritor profundamente comprometido con la literatura y con la historia de su país". Asimismo, en "Fin de siglo en *Memorias de los días* de Pedro Ángel Palou", Julio Enríquez-Ornelas se acerca a esta novela para destacar "el uso de Amado Nervo como escribano y el fin de siglo" para dar como resultado que su presencia (Amado Nervo) hace que se lea como una novela "de la tierra, la trama, y el tiempo".

La compleja y poco estudiada novela *Paraíso clausurado*, ha sido objeto de dos interesantes estudios. En "The Life of Juan Gavito. Dialogismo y oralidad en *Paraíso clausurado* de Pedro Ángel Palou", Tomás Regalado-López hace un recorrido histórico del grupo del Crack, revisa la recepción de esta novela y la analiza "mediante la adscripción de *Paraíso clausurado* al género de la biografía ficticia y a un modelo polifónico que plantea esta dialogicidad *avant la lettre*, mediante la recuperación de libro referencial en la tradición biográfica anglosajona, *The Life of Samuel Johnson* (1791) de James Boswell". Y en mi capítulo, "*Paraíso clausurado*: la forma con atributos", hago una lectura cercana para examinar cómo operan las distintas "formas literarias" que le dan sentido a esta novela y más específicamente, propongo que Palou parte de una radicalidad estética que no ignora el contexto social. En "Violencia y venganza en *La amante del ghetto* de Pedro Ángel Palou", Rebecca Janzen examina con profundidad esta novela y puntualiza que, "mi análisis de estos tres aspectos de la novela —las representaciones de la violencia, los efectos a largo plazo de la violencia, especialmente para las mujeres, y la búsqueda de la venganza— muestra la complejidad de la violencia en la posguerra y que la representación en la novela critica, de forma indirecta, a los que prefieren ignorar la violencia y sus efectos. Es más, el ensayo postula que estos tres aspectos de la novela que representan a Múnich en 1946 y París en 1947 tienen un equivalente en el contexto en el que se produjo la novela, México en las primeras dos décadas del siglo XXI. A través de mi lectura de los paralelos entre París en 1947 y México en el XXI, propongo que se puede leer la novela como una crítica de ambos contextos". Más aún, continúa Janzen, "los eventos relacionados con los nazis en *La amante del ghetto* aluden a la llamada guerra contra el narco bajo la presidencia de Felipe Calderón, la doble violencia que experimentan las mujeres en este contexto, y el deseo para la justicia a través de la venganza en una situación de injusticia tan grave". Finalmente, en "La desmitificación de los protagonistas de la Revolución mexicana para plantear posibles verdades históricas: Pedro Ángel Palou y la novela histórica", César Antonio Sotelo hace un recorrido minucioso de todas las novelas históricas de nuestro autor, y las pasa por el tamiz de la verdad, la historicidad y la actualidad. Según Sotelo, "para Palou la labor de quien hace ficción histórica es muy clara: salvar a los muertos cuya imagen ha sido manipulada y utilizada por el discurso oficial de quienes detentan el poder. Porque si sólo existen verdades históricas, la ficción permite entrever varias de ellas para elaborar una visión más objetiva de los acontecimientos del pasado y sus consecuencias"; más aún, continúa Sotelo: "desmitificar la imagen de los protagonistas de la historia convirtiéndolos en individuos que encarnen las contradicciones de la época, es una forma de entender el pasado como un espacio multifacético; al mismo tiempo es también una manera de asimilar que el pasado es presente, que toda novela vive en el presente y por tanto siempre es testimonio, de modo que la novela histórica pueda convertirse en una herramienta que cuestiona la historiografía oficial para acercarse a una mejor comprensión del complejo presente que los mexicanos estamos viviendo".

Con todo, *Pedro Ángel Palou y la novela infinita: Lecturas críticas*, es el primer volumen colectivo para examinar la obra de este escritor cuya literatura es esencialmente multiforme, pero que, como ya he señalado, busca las esencias. Sin embargo, como esta edición no es —ni pretende ser— el estudio definitivo de nuestro escritor, estoy seguro de que sí enriquecerá enormemente el campo crítico en su entorno y tal vez inspire —y así lo espero— nuevos estudios y "lecturas" más allá de este libro.

Héctor Jaimes

Bibliografía

Ahmad, Aijaz. *In Theory: Classes, Nations, Literatures*. Verso, 2000.

Fuentes, Carlos. *La gran novela latinoamericana*. Alfaguara, 2011.

Hoyos, Héctor. *After Bolaño: The Global Latin American Novel*. Columbia UP, 2015.

Jaimes, Héctor, ed. "Toward a Philosophy of Love: Pedro Ángel Palou's *Qliphoth* and *La profundidad de la piel*". *The Mexican Crack Writers: History and Criticism*, editado por Héctor Jaimes, Palgrave, 2017, pp. 127–45.

Palou, Pedro Ángel. "¿Existe eso que llaman literatura mundial?" *La enfermiza apariencia de las figuras de mazapán*. Albatros ediciones, 2018, pp. 55–58.

——. *Quien dice sombra*. Editorial Joaquín Mortiz, 2005.

Sánchez Prado, Ignacio. *Strategic Occidentalism: On Mexican Fiction, the Neoliberal Book Market, and the Question of World Literature*. Northwestern UP, 2018.

Schierloh, Eric. *La escritura aumentada*. Eterna Cadencia, 2021.

ENTRE LIBROS

PEDRO ÁNGEL PALOU

Leer y escribir

DESDE QUE RECUERDO SOY un lector. Ocurre en el bautismo de mi hermano Juan Ignacio. El padre Pérez de la Peña, sabio jesuita, conoce el predicamento y se acerca a mí con un obsequio. Carlo Colodi, *Pinocchio*. No recuerdo, por supuesto, el rito, ni el agua sobre la frente de mi hermano, ni el signo de la cruz. Me veo a mí mismo —ahora— en una fotografía instantánea que lo capta. El niño, gordo y rubicundo como un cardenal napolitano, está vestido de monaguillo, faldón, cuello calado y almidonado. Sonríe tras su fleco. Soy yo. Sonríe porque en el brazo lleva su primer libro: un cuento sobre la mentira y sus consecuencias, sobre la creación y sus amenazas. Un cuento indefinible, que nos supera y, por supuesto, supera a las ínfimas versiones de Walt Disney. Sé que sigo siendo un lector porque devoro cuanto libro cae en mis manos. Verne, Salgari, el *Oliver Twist* de Dickens. Incluso una edición abreviada de los hermanos Grimm. Mi casa es una enorme biblioteca —la de mi padre—, donde los libros ocupan un lugar central. El del departamento que habitamos. En casa de mi abuelo hay dos libros. Una Constitución mexicana (mi abuelo es un magistrado republicano exiliado que conoce de memoria la ley de su país adoptivo) y *El Quijote*. Es la edición ilustrada por Gustave Doré. Creo que la hojeo —y la ojeo— más que leerla. Juan, mi abuelo, me pide que abra una página al azar. Le digo el número y él, de memoria, recita lo que está allí escrito. Es mi segundo gran asombro en el mundo de la literatura: hay quien sabe todo, lo recuerda todo. Hay otros, como yo, que apenas balbuceamos mientras nos sumergimos en la página escrita. Entonces lo reconozco para siempre: hay un mundo exterior, de tres dimensiones y hay otro —el que me interesa, en el que habito desde entonces— que solo conoce dos dimensiones y nos es vertical, es horizontal: está compuesto de palabras y esas palabras llenan páginas y páginas de libros:

esos objetos imprescindibles que lejos de contener el mundo nos abren a otros mundos; esos volúmenes que nos transportan a universos incógnitos. No sé aún que soy un lector, solo reconozco que soy feliz si entro en esas páginas que a la vez que me contienen me liberan.

Para mí, como para Borges, el paraíso tiene la forma de una biblioteca. Pero en la mía la bibliotecaria, imponente tras una enorme mesa de marquetería, siempre será Estela Galicia. He contado esta anécdota muchas veces. Era un niño de ocho años y caminaba por los pasillos de la Casa de la Cultura de Puebla; entré a la Biblioteca Palafoxiana. Su directora de entonces, Estela Galicia, leía tras sus espejuelos frente a la enorme mesa de marquetería. Me preguntó si sabía leer (¡Claro que sabía, qué insulto!, pensé). Me tendió una hoja mecanografiada con un poema, después supe que era de Borges, "La rosa". Me estaba grabando. Al final puso la cinta y me dijo: "Ya ves cómo no sabes leer, si quieres ven todos los sábados y yo te enseño". Allí empezó mi aventura con las letras, gracias a Estela y su sabiduría. Vino todo Borges, y Contemporáneos, y Lascas, y el "Idilio Salvaje", y mucha literatura y Alfonso Reyes y... bueno. Yo fui creciendo entre esos ocho años y los catorce en medio de un ambiente riquísimo para un artista cachorro, por así decirlo, a la Dylan Thomas. Estela fue mi mentora. Me enseñó a leer literatura, pero también a comentarla: de la mano de Wolfgang Kaiser y Dámaso Alonso. Me explicó en unas diez lecciones el *Curso de lingüística* de Saussure. Y me llevó a leer mucho más que lo que un joven lector encontraba entonces (Salgari, Dumas, Verne). Me hizo lector y me hizo escritor. En 1978, el último día del año, un cataclismo cambió su vida para siempre, la muerte intempestiva en un accidente al caer de una escalera de su pareja, Eladio Villagrán, otra de las mentes más brillantes en la literatura de esa época de Puebla, fundador del famoso club de los Cronopios en su casa de El Alto. En 1981 viajamos juntos por Europa. Yo acompañaba a Estela para que ese viaje no se truncara por la tragedia, lo había planeado tanto. Fuimos a Estocolmo y a Ámsterdam, a Londres y a París, a Roma y a Venecia. En ese viaje conocí a otra Estela, íntima, socarrona, endiabladamente inteligente. Me contó que Rosario Castellanos, cuando fue su maestra en el doctorado en la UNAM (también fue su maestro Agustín Yáñez, de quien tenía un mejor recuerdo), le había robado un trabajo sobre Sor Juana que la escritora chiapaneca publicó casi sin modificar a su nombre. Otro pequeño terremoto en la entonces joven Estela, que decidió regresar a Puebla del *infierno* de la Ciudad de México y su competitividad. Siempre pienso que a ella lo que le gustaba era leer y que la dejaran tranquila.

Compaginaba sus clases en la preparatoria del Colegio Americano (donde se ganó el mote injusto de Miss Malicia) con su amada Palafoxiana. En 1986 nos llevó a mí y a un compañero de la licenciatura en letras, Felipe Gutiérrez, a dar clases con ella. Éramos cómplices desde hacía años, pero allí encontré a la maestra que amaba a sus alumnos, que los hacía pensar y crecer.

En 1998 empecé con ella un largo proceso para hacer de su Palafoxiana Memoria del Mundo de la UNESCO. Es uno de los proyectos que más orgullo me dieron durante mi paso por el servicio público en Puebla. Mientras esto pasaba, el terremoto de 1989 casi nos destruye la biblioteca. La labor de ingeniería nos permitió resguardar el inmueble y ADAVI y Aldredo Harp nos ayudaron al fin a catalogar el acervo y digitalizar algunas de las piezas centrales del repositorio. Nuestro sueño aún lejano: que la Biblioteca Palafoxiana (de la que empecé vendiendo postales por los pasillos para que hubiera más recursos, pues siempre ha sido olvidada y terminé, de broma, siendo *subdirector*, pues me mandé a hacer unas tarjetas de presentación con el falso título de niño y ella no chistó, le hizo gracia mi osadía). Cuántos sábados, al final de las clases informales me invitaba a comer un fondue —mi favorito— solo para seguir hablando de literatura, ¡con un adolescente! Le gustaba comprar figuritas de vidrio soplado que yo encontraba muy cursis. Un pozo, por ejemplo, con todo y su barrilito para agua, o una jirafa. Íbamos al Parián a buscarlas y luego de regreso a la Palafoxiana, pero siempre pasábamos por alguna librería donde me señalaba qué libros debía leer. Los libros de Estela eran carísimos para un joven, así que decidí entrar como empleado eventual a Rodoreda, una tienda de ropa, para poder hacerme de esas joyas. Cuando llegaba con un libro nuevo al sábado siguiente ella solo sonreía, pero luego —digamos al mes— me hacía una especie de examen riguroso de lo leído. No se le pasaba una.

¿Quién era en realidad esa mujer reservada, con el cutis perfecto y el pelo negrísimo que leía a Borges tras una mesa de marquetería? ¿Quién era la Estela que lo mismo defendía con el cuerpo su biblioteca para que no se convirtiera en una *escenografía* de los políticos poblanos e intentaba, casi vanamente, conseguir recursos para que los libros que contenía, que nunca son un adorno, pudieran ser consultados por investigadores de todo el mundo? ¿Quién era la brillante crítica literaria que deslumbró a Agustín Yáñez y a Francisco Monterde? ¿Quién era esa mujer aparentemente indómita y terriblemente frágil para quien los libros fueron una muralla defensiva? Creo que no he conocido a alguien más sensible, más intensamente ensimismada en lo que la lectura y la palabra revelaba de la naturaleza humana. La vi amar, pero también la vi sufrir.

Sobre todo, al final esto último. No todos estamos equipados para sobrevivir a la grosera prosa del mundo. Estela tenía algo de alma etérea, como si hubiese sido simplemente la reencarnación de una Santa Teresa de Ávila en un cuerpo prestado, en una ciudad extraña, con seres hostiles. Lo único familiar para ese espíritu era la poesía contenida en los libros, la infinita felicidad de la palabra.

Fue a los catorce, en cambio, que me supe escritor. Un lector-escritor. Esa es otra fauna, pues lee buscando el truco. Lee intentando ver la costura. Lee para aprender de técnica, lee con otro tipo de asombro, digamos técnico. Un día se instaló el taller literario del INBA (Instituto Nacional de Bellas Artes) a cargo de Miguel Donoso Pareja y empezó mi verdadero aprendizaje del rigor de la escritura. Ya no hubo espacio para el diletantismo. El poeta Gilberto Castellanos me preguntó si tenía dinero una mañana, saliendo del taller. Era sábado. Mis diversos trabajos (vendía ropa y hacía mis pinitos en el mundo de la cocina en el restaurante *Las Fuentes*) me permitían un magro estímulo económico, así que respondí afirmativamente. Me llevó a Sanborns. "Este es el libro que tienes que leer", me dijo y me puso entre las manos el enorme y hermoso tomo de Joaquín Mortiz con la portada dibujada por el propio Fernando del Paso de su *Palinuro de México*. No salí de casa lo que restó del fin de semana devorando las aventuras de la prima Estefanía y de Palinuro. ¿Sabía Castellanos lo que hacía con un adolescente de catorce años al invitarlo a comprar y leer a Del Paso? Yo creo que sí. Luego vino *José Trigo* y empezó mi locura, casi manía por Joyce que me llevó a traducir dos capítulos del *Finnegans Wake* tres años más tarde y a hacer una especie de tesina en la preparatoria sobre Nicolás de Cusa y Giordano Bruno. ¿Quién estaba más loco? Ya no lo sé ahora.

La generación de los llamados cronopios (Eladio Villagrán, Luis Neve, Juan Tovar) y la nueva generación del taller de Donoso convivían en el café de la Casa de Cultura. Y allí se gestó mi aprendizaje del mundo. Con Luis Botas dándome a leer *Eros y Tanatos*, con Juan Gerardo Sampedro, Juan Carlos Canales, Mariano Morales y Ángel López, Jesús Bonilla y mi verdadero maestro —Donoso se fue muy rápido con una beca Guggenheim de regreso a Ecuador—, David Ojeda. Con sus carcajadas y su absoluto respeto y rigor por lo literario me formé, en medio de formidables amigos. Y aprendí, como lo hacen en los círculos de lectura, que leer puede ser una actividad solidaria, no solitaria, colectiva y social. Porque de hecho todo aprendizaje que se precia es social.

Leer sí nos hace mejores, aunque haya quien afirme lo contrario. Nos hace más justos en el sentido que Borges le da a la palabra en un hermoso poema tardío y que cito aquí para cerrar mi círculo de lector:

Los justos

Un hombre que cultiva su jardín, como quería Voltaire.
El que agradece que en la tierra haya música.
El que descubre con placer una etimología.
Dos empleados que en un café del Sur juegan un silencioso ajedrez.
El ceramista que premedita un color y una forma.
El tipógrafo que compone bien esta página, que tal vez no le agrada.
Una mujer y un hombre que leen los tercetos finales de cierto canto.
El que acaricia a un animal dormido.
El que justifica o quiere justificar un mal que le han hecho.
El que agradece que en la tierra haya Stevenson.
El que prefiere que los otros tengan razón.
Esas personas, que se ignoran, están salvando el mundo.

ENTRE ESCRITORES

ELOY URROZ
(ENTREVISTA RAUDA CON PEDRO ÁNGEL PALOU)

Toda ortodoxia es castrante o la neurosis de los lápices afilados

A DIFERENCIA DE MÍ, PEDRO no revela mucho. A diferencia de mí, Pedro no intenta saber demasiado de la gente. Se detiene, no indaga. Pedro es, esencialmente, pudoroso. Es su segunda piel. Leo sus novelas tratando de despellejar esa piel, casi como el título de una de sus *nouvelles*. Cuando me franqueo con él, siento que (casi) me pide sin palabras: "Ya no más, Eloy, es demasiado, o al menos demasiado por hoy". Lo mismo que si buceara en su alma. Hay un punto infranqueable, un momento donde la piel se resiste, y sin embargo, Pedro es el mejor conversador del mundo, uno de mis mejores amigos, quizás el más culto, el más brillante y sin duda el más prolífico. En ese otro ámbito (el de la cultura y los libros), se siente mejor, está claro. Pedro se relaja, se abre. Estamos por cumplir tres décadas de larga amistad y en esta ocasión nos ha invitado a Jorge y a mí a su hermosa casa en Boston, donde vive con dos de sus tres hijos y su mujer, Indira, también mi amiga.

Jorge al final no llegó. Un día antes descubrió que su visa para entrar a Estados Unidos había caducado: lo malo de ser mexicano. Será para otra ocasión. Durante el penúltimo día de mi estancia en Boston, decidimos llevar a cabo esta entrevista en su oficina, la que él llama su *sanctum sanctorum*. No llevo una lista de preguntas preparadas. He decidido dejar fluir la conversación, tal y como hacemos desde hace años frente a un vino o un mezcal, a ver qué pasa, a ver qué sacamos de todo ello....[1]

---

[1]. Escribí hace veinte años un largo ensayo sobre la obra de Palou; asediaba cuatro novelas, mis favoritas hasta entonces, 2004. A ésas —*En la alcoba de un mundo, Demasiadas vidas, Malheridos, Paraíso clausurado*—, habría que sumar ahora *El*

La obra de Palou es monumental: larga, variada, polifónica. Lo abarca casi todo: novela histórica, policíaca, experimental, romántica, erótica, satírica, futurista-distópica, religiosa y cualquier cosa intermedia. Pero hay que decirlo: es irregular. No todas son sus mejores novelas, por supuesto. Cada lector descubre las suyas (sus favoritas) una vez decide sumergirse en quien es, para mí, el auténtico continuador de Carlos Fuentes dentro de la vasta y plural literatura mexicana.

—Querido Pedro, Jorge, tú y yo amamos la música. Dime: si tuvieras que elegir tu músico favorito, ¿a quién elegirías?
—A Mahler porque ningún otro músico ha llegado a expresar emociones sobre la melancolía tan intensas.
—¿Alguna sinfonía?
—La número 2, *Resurrección* y los *Kindertotenlieder*, particularmente cantadas por Fischer-Dieskau.
—Y entre la música pop o contemporánea, ¿quién te gusta?
—Casi no oigo música pop, pero mucho jazz, particularmente Dizzy Gillespie. Música con letra es muy raro que oiga.
—Te voy a poner en una encrucijada, Pedro: así, sin pensarlo dos veces, cinco películas que te han marcado en la vida...
—*Casa Blanca, Érase una vez en América, El último tango en París, Los olvidados* y curiosamente (sin ser una gran película), *La lengua de las mariposas.*

Pedro me señala sus dos cuadros, el de Joyce dibujado por Jorge, y un grabado de José Luis Cuevas que nos regaló la gente de HBO en Miami hace algunos años, cuando los tres fuimos a venderles una serie de televisión que escribimos y ellos, al final, no compraron.
—Y ahora, dime, tus diez novelas favoritas, porque francamente pedirte cinco es muy difícil. Piénsalo.
—*Don Quijote, Guerra y paz, Casa desolada...*
—Esa la acabas de leer, ¿no es cierto? —lo interrumpo.
—Sí, y en inglés. Es el Dickens que no había leído nunca.

Pausa. Medita un poco, y por fin me dice:

---

impostor, Con la muerte en los puños, Como quien dice sombra, Pancho Villa: no me dejen morir así, La amante del ghetto y *Tierra roja*, entre mis favoritas.

—*Middlemarch*, *Bomarzo* (es mi novela favorita entre las argentinas, más que *Rayuela*, más que *Boquitas pintadas*) y *Palinuro de México*....
—Hasta ahora, todas son novelas totalizadoras, Pedro....
—Sí.
—¿Por qué?
—Aunque la novela corta me gusta mucho, por ejemplo, *Para una tumba sin nombre*, *Zama* o *Pedro Páramo*, mis novelas realmente favoritas son aquellas que requieren una inmersión de largo tiempo como lector.
—Faltan cuatro —le recuerdo.
—*Señas de identidad*, que leí muy joven y que he releído con fascinación. *Las uvas de la ira*, en inglés. Pero fíjate que la más contemporánea que me haya vuelto loco es *Palinuro*.
—¿Más que *Noticias del imperio*?
—Mucho más.
—De hecho, la prima Estefanía es mi personaje literario favorito. Como sabes, soy muy joyceano, pero el *Ulises* me parece un gran experimento, más que una gran novela —se detiene unos segundos—. Agregaría *Los bandidos de Río Frío*, *Madame Bovary* y, por último, *El Gatopardo*.
—Coincidimos en varias, Pedro, ¡qué curioso! La mejor novela mexicana, sí, *Los bandidos de Río Frío*, sin duda.
—¿El mejor novelista de México?
—Carlos Fuentes —me dice—. No necesito ni pensarlo.
—¿Y latinoamericano?
Duda unos instantes, reflexiona.
—García Márquez. Ambos son los verdaderos novelistas de la ambición del género, a pesar de que no todo lo que escribieron me gusta.
—¿Cuál es tu problema, si lo tienes, con Vargas Llosa?
—Me parece que es un genio de la arquitectura, pero muchas veces su prosa me deja frío. Me pasa lo mismo con Juan Benet. Sé que a ti Vargas Llosa te emociona, Eloy, pero para mí sólo hay una novela que revisitaría, y es *La guerra del fin del mundo*. Allí Vargas Llosa se puso al servicio del tema que estaba escribiendo.
—¿Qué tal la vida en Boston? Pros y contras.
—Mucha tranquilidad, mucho tiempo para escribir, algunos buenos amigos.

—Pero en Puebla tenías muchos más buenos amigos.... ¿No te hacen falta?

—Me hace falta la familia, mi madre y mis hermanos, pero lo que sí está del carajo aquí en Boston es el clima.

—¿Cómo es tu relación con tu madre y tus hermanos a la distancia?

—Es muy cercana, a pesar de todo. Nos comunicamos frecuentemente. Aunque mi madre ha estado enferma últimamente, me gustaría poder estar más tiempo con ella.

—¿Y con tu padre cómo fue tu relación?

—Mi padre era, sobre todo, una figura pública. En Puebla tenías que luchar como hijo para tener tu propia identidad. Pasábamos poco tiempo con él.

—¿Lo resentiste? —sé que Pedro no es amante de estas charlas "tan íntimas", pero no lo puedo evitar. (Si es mi amigo, tiene que entender que haré, lo quiera o no, le guste o no, esas cuantas preguntas "difíciles": realmente mis favoritas, las que, al final, importan).

—Teníamos una mamá muy juguetona. Salía al jardín con nosotros, platicaba mucho con nosotros, así que tuve una infancia bastante feliz... Además, mi padre tenía una biblioteca espectacular, que fue un lugar donde me formé.

—¿A qué edad?

—Empecé a leer ávidamente a los ocho.

—¿Tu padre intuyó esa vocación en ti?

—Creo que sí. Incluso en algún momento sé que quiso escribir una novela, pero ya no queda trazo alguno....

—¿Era biográfica?

—Creo que sí. Sobre su salida de Orizaba.

—¿Por qué percibo entonces que tú evitas la novela autobiográfica? ¿Es un pudor de familia o acaso viene de tu educación jesuita? ¿Cómo lo explicarías?

—Curiosamente, mi primera novela, que está inédita y que tampoco encuentro.

—Es un acto fallido que no la encuentres.... je je —me río, pero sé que esa risa mía esconde mucho de verdad, de la pudorosa verdad escondida de Pedro.

—Era sobre mi abuelo y mi madre. Un día, ya casado, mi madre me dijo que por qué no escribía sobre ese exilio (el de ambos) y yo le contesté que por qué no mejor lo hacía ella. Mi madre entonces escribió cuatro novelas. La primera sobre ella y sus padres fue finalista del Joaquín Mortiz. Todas están publicadas.

—Pedro, te das cuenta de que no respondiste mi pregunta. La soslayaste.

—Je je.... Soy un hombre del altiplano central.

—¿Y eso qué significa?

—Que como mi adorado Villaurrutia, he hecho de la discreción una estética.

—¿Entonces qué opinión te merecen autores como Proust, Carrère, Knausgård y otros como yo?

—Tú y Proust, como otros novelistas autobiográficos, saben que la selección produce la belleza. Knausgård me parece abominable, tal y como buena parte de la autoficción.

—¿Y Carrère?

—Buena parte de su obra me aburre.

—¿Pero, acaso, no toda novela es una construcción estética desde el "yo"?

—No necesariamente. Por ejemplo, Henry James. No hay "yo" ni le interesa. Henry James no es el *Maurice* de Forster.

—¿Cómo balanceas tu vida de familia con la profesional y la literaria?

—Como soy muy hogareño, me gusta guisar, me gusta mucho regar mis plantas y cuidar mi jardín; paso mucho tiempo con mi familia. Convivimos muchísimo. Casi siempre escribo cuando están en el colegio o por las noches.

—¿Eres noctívago?

—Era, je je.... Ya no, la edad me lo impide. Ahora escribo mucho más por las mañanas. Es raro que escriba los fines de semana.

—¿Te interrumpen tus hijos o hay alguna regla que prohíba entrar en tu *sanctum sanctorum*?

—No. Mi única neurosis, es que debo tener siempre una taza con lápices afilados, pero incluso esos se los roban. Nunca he sido histérico, y creo que se lo debo a que en mi infancia fuimos cuatro hermanos y dormíamos en dos recámaras. ¡Imagínate!

—Me dice Indira, tu mujer, que necesitas bloquear tus ventanas, ¿es cierto?

—Sí, cierro las cortinas.

—¿Por qué?
—Para sentir que estoy en un espacio donde lo único que importa son los personajes....
—Y ¿qué me dices de Dios?
—Uffff... Mi primera crisis de fe la tuve a los catorce; esto, claro, habiéndome formado con jesuitas, pero en una casa donde no había práctica religiosa. No íbamos nunca a misa.
—¿Tus padres no eran creyentes?
—Sí.
—¿Entonces?
—Si hubiera habido una tercera orden de jesuitas, como con los franciscanos, mi padre hubiese sido uno de ellos. Mi abuelo era un republicano agnóstico.
—¿Y tú eres agnóstico o ateo? ¿Ves alguna diferencia sinceramente?
—Me considero ateo, sin embargo, estoy convencido que la ausencia de Dios y de las experiencias de lo sagrado resultan en un tipo de orfandad espiritual.
—Según Freud, cuando uno descubre esta orfandad, empieza verdaderamente a ser libre y mayor de edad, se hace responsable de sí mismo en el cosmos.
—Sin embargo, por eso alguien como Roberto Calasso, uno de mis pensadores favoritos, indaga en la sacralidad como pulsión.
—Como Xirau.
—Exacto. De hecho, ¿quién te asegura, Eloy, que la finitud es una libertad? —me pregunta.
—Para mí, Pedro, es justo la finitud la mejor prueba de la libertad....
—le respondo y de inmediato añado—: ¿Por eso tu interés en Jung, la alquimia y el Tarot, como formas sucedáneas de esa sacralidad de la que habla Calasso?
(Apenas la noche anterior, Pedro me leyó el Tarot de Dalí; por eso lo saco a colación ahora).
—Cada vez me siento más lejos de Jung. Me quedo con lo simbólico, pero el Inconsciente Colectivo me parece una charlatanería.
—¿Y de *La tejedora de sombras*, de Jorge, qué opinas? Para él, Jung era un charlatán, como sabes.
—Jorge utiliza a esos discípulos de Jung para mostrar algo que, creo, intuye bien, y es la tentación del psicoanálisis en general, que es, a fin de cuentas, la manipulación.

—¿Estás en contra del psicoanálisis? ¿Lo has intentado?
—No, nunca.
—¿Por qué? —insisto.
—Quizá porque he leído a Freud como novelista.
—Es un gran novelista —corroboro, aunque se ha salido otra vez por la tangente: no me dice por qué no ha intentado el psicoanálisis o cualquier otro tipo de terapia.
—Jaja.... Freud es tan shakespeariano. Sin embargo, todas esas escuelas del "yo" dejan secuelas. No por nada Roland Barthes decía que San Ignacio era un Freud temprano. Lo único que me interesa de todas esas escuelas es la *praxis*.

Pedro se aclara la garganta y medita un poco la respuesta:

—Por ejemplo, en el tiempo que estudié budismo, lo importante era la meditación como técnica y no tanto el dogma.
—Pero si no yerro, Pedro, el budismo (al menos en su origen, antes del lamaísmo y el budismo tántrico) se distingue por su casi ausencia de dogmas.
—Tienes razón, pero no deja de ser curioso que, de todos los tipos de budismo, yo ya haya elegido el más jesuítico: el zen. Es decir, toda exploración del "yo" pasa por el intelecto.
—¿Entonces eres racionalista o irracionalista?
—Todos somos bastardos de Voltaire y Descartes.
—¿Entonces no te apasionan tipos como Dostoievski, Nietzsche y Lawrence, tres grandes irracionalistas, entre otros varios grandes?
—Creo conocer más a Lawrence y Nietzsche. Los tres quisieran en lo más íntimo de su ser que la razón los salvara. De allí, los excesos dionisíacos, pero también la búsqueda de ciertas verdades absolutas, por lo menos en Lawrence.
—¿Y con qué te quedas de los existencialistas? —sé que doy, nuevamente, un giro a la conversación, pero esa es mi idea, mi plan: una charla casual y vertiginosa.
—Por un tiempo me marcaron Merleau-Ponty y Camus, ahora me parece que fueron muy de una época. Sartre siempre me disgustó.
—¿Fue Camus tibio en su defensa de la independencia de Argelia?
—Sí. Es triste que no se diera cuenta a pesar de ser un *pied noir*, heredero de los estragos del colonialismo francés.
—Vuelvo a Lawrence: ¿tienes todavía la intención de escribir tu novela sobre él?

—Sí, porque en realidad es una novela sobre lo que entendió y no entendió de México, más que sobre Lawrence.

—¿Se circunscribiría a solo esos años mexicanos?

—Sí: Chapala y Oaxaca.

—¿Cuál es tu novela más lograda?

Pedro medita largamente. No se decide.

—Hace rato hablábamos de las novelas totales, Eloy, pero no discutimos la importancia de las grandes novelas fallidas, como *El obsceno pájaro de la noche*. En ese sentido, *Paraíso clausurado* me parece mi mejor novela fallida y, en cambio, *Tierra roja* me parece la más lograda.

—Coincido, ¡qué curioso! Tú sabes que, junto con ellas, están, para mí, *Demasiadas vidas*, *Malheridos* y *Como quien dice sombra*. Esta última un extraordinario *tour de force*, al tiempo que un logrado riesgo experimental. No siempre salen bien este tipo de novelas sin punto y aparte, sin puntos seguidos y solo escrita con comas, una sola larga oración de trecientas páginas.

—Y un ajuste de cuentas con la provincia, *mi* provincia.

—Descubro en tu obra un antes y un después, el cual puede más o menos dividirse a partir de *Zapata* (2006), ¿qué piensas?

—A veces siento que parte de mi barroquismo inicial era producto de mis carencias narrativas. A partir de *Zapata*, me siento más cómodo yendo de un género a otro. Pero la idea de que existe una "novela literaria" me parece un engaño.

—¿Por qué? Yo opino justo lo contrario. Lo sabes, ¿no?

—Creo que la "novela literaria" es simplemente un subgénero más. Como James Wood, pienso que con sus propios clichés y formulas, la "novela literaria" contemporánea ha producido un realismo histérico, el cual es cada vez más formalista y hace descansar su fuerza en la prosa y menos en las historias y los personajes.

—Tú sabes que descreo profundamente de los subgéneros, Pedro. Hay buenas y malas novelas. Punto. Las "literarias" son buenas; las otras ni siquiera deberían llamarse novelas.

—De acuerdo. Es triste, por ejemplo, que a la traducción al francés de *El dinero del diablo* la hubiesen colocado como escrita por un autor de "polard", lo que ha dificultado que otros libros míos interesen a los editores franceses.

—Dándole un giro a nuestra charla, ¿en dónde estás parado en el espectro político en general y cómo has ido modificando tus posiciones a través del tiempo?

—Me formé en una época donde la universidad pública era marxista. Uno de mis más queridos profesores, Javier Mena, era un gramsciano que me hizo ver que el único cambio social puede darse a través de la revolución pasiva. Como joyceano, leí a Vico y sus ideas de los ciclos y del *rissorgimiento* o *ricorso*. Creo que estamos en una época muy oscura. Me defino más como un liberal de izquierda, que cree en la democracia y en la libertad. Por ende, me parece peligrosísimo lo que ha ocurrido con la democracia norteamericana y lo que sucede actualmente en México. Descreo de todos los populismos, de izquierda o de derecha. En mis artículos políticos semanales, insisto en que es tarea de todos defender las instituciones democráticas. Toda ortodoxia es castrante.

Con esto se me agotan las preguntas, pero sólo por ahora. Más bien, tengo hambre, mucha sed. Soy yo quien le pido que paremos y vayamos a tomar una cerveza con Indira. Revisaré luego esta charla. Quedamos en llamar a Jorge un poco más tarde: tenemos que hablar sobre nuestra serie de televisión, algún progreso, nuevas ideas, alguna agencia o productora que, por fin, la quiera comprar, qué sé yo.

Al final, cavilo, sólo queda esto: la amistad, los momentos con las personas más queridas, las que (sin saber cómo ni por qué) te acompañaron por más de la mitad de tu vida. Acaso a eso se reduzca vivir. Quién sabe. Y a beber, por supuesto.

(En un día del mes de agosto de 2021)

JORGE VOLPI

Palou, legión

A VECES TENER UN DOBLE es una fortuna y no una maldición. El primero en hablarme de él fue Carlos Montemayor, entonces mi tutor en el Centro Mexicano de Escritores: "tienes que conocerlo, me dijo, van a congeniar". En el taller semanal había leído los primeros esbozos de la novela que habría de convertirse en *A pesar del oscuro silencio*, en torno a Jorge Cuesta, el poeta y ensayista de Contemporáneos, y Montemayor me aseguró que en Puebla tenía un alma gemela: un escritor más o menos de mi edad que trabajaba en una ficción sobre Xavier Villaurrutia, otro poeta del grupo. Aquella fue la coincidencia inaugural entre muchas: una común obsesión por la melancolía y sus metáforas, por el fin del mundo e incluso por las relaciones entre literatura y poder, además de los sacos a cuadros, una formalidad impropia de nuestra edad y, me atrevería a confesar, una ambición paralela por saberlo *todo*, que al menos él mantiene intacta.

Su novela *En la alcoba de un mundo*, que sigo considerando su obra maestra, se publicó un año antes de la mía: concitó una admiración sin fisuras. Antes había él intentado una novela nicaragüense —escrita en nicaragüense— como una prueba más de amor hacia quien se convertiría en su esposa, pero en esta pieza fragmentaria, lírica, extraña e inasible sobre el autor de los *Nocturnos* fijaba ya una de sus personalidades novelísticas: su pasión por la historia nacional, equivalente a la que padecía por la literatura, y su capacidad de travestirse con mil disfraces distintos. Una joya que sigue ocupando un lugar central entre los cincuenta o sesenta libros que ha escrito después y en la literatura del último medio siglo.

Antes de conocer a Pedro Ángel Palou, escuché su voz. Le llamé por teléfono para invitarlo a una antología que Eloy Urroz, Nacho Padilla y yo le ayudábamos a preparar a Javier Sicilia —*Treinta menos de treinta*— para el suplemento *La Cultura en México*. Entonces como ahora, fue extremadamente cortés y generoso —me propuso dos textos de alumnos suyos, que nunca se lo agradecieron—, irónico y sensato. Aquella conversación me impulsó a viajar a Puebla solo para encontrarme a un *dopplegänger* mucho más sabio que yo: mi deslumbramiento ante su sagacidad y su talante enciclopédico no dejan de sorprenderme —e inquietarme— hasta hoy. Hablamos de libros, de sus vidas previas —cuasi seminarista con los jesuitas y árbitro profesional de fútbol: su férrea moral y su disposición a mediar lo modelaron desde muy joven— y yo lo invité a México a conocer al núcleo de amigos con quienes más tarde formaríamos el Crack. Como si intercambiáramos estampitas, a cambio de Urroz y Padilla, él me legó la amistad con Ricardo Chavez Castañeda.

Apenas tardé en darme cuenta de que el verdadero nombre de Pedro Ángel debería ser legión. No exagero al decir que en su interior convive una generación literaria completa, si no es que dos; si se valiera de heterónomos como Pessoa, podrían identificarse al menos cuatro escritores radicalmente distintos en su interior. Primero, el Palou delicado orfebre de novelas breves y ajustadas, poéticas, desconcertantes: acaso el Palou que más celebramos quienes lo admiramos y queremos, con *Demasiadas vidas* y *Qliphoth* como cimas. Luego, el Palou desbocado constructor de epopeyas, artífice de vastos frescos narrativos que dialogan y desafían a los prodigios del Boom: de *Memoria de los días* a *México, la novela*, su más reciente y ambicioso universo narrativo, pasando por la calamitosa lucidez, rabiosamente literaria, de *Paraíso clausurado*. En tercer sitio, el más célebre —al menos por el momento— de la pandilla de Palous, el novelista histórico capaz de transmutarse en Porfirio Díaz, Emiliano Zapata, José María Morelos o Lázaro Cárdenas, a quien siguen millares de lectores. Y, en cuarto —es posible que esconda muchos otros: el poeta y el cuentista, por ejemplo—, el Palou impredecible, volátil, atormentado, experimental, satírico o cruel, de obras radicalmente diversas como la desopilante *El último campeonato mundial*, la turbia *Malheridos*, la desbocada *Con la muerte en los puños* o la vertiginosa *Todos los miedos*.

Me he resignado a nunca entender cómo una sola persona puede albergar tantas personalidades en su interior, sumado a que desde hace años Palou se jacta de leer un libro al día —y sé que no miente: eso es, acaso, lo peor—: encarna una era literaria por sí mismo y una voracidad creativa propia solo de un Simenon. Si en nuestro grupo de amigos tanto Padilla como Urroz muy pronto encontraron sus respectivas —y antagónicas— voces, la fantasía atrabiliaria del primero y la catarsis autobiográfica del segundo, y si yo mismo creo buscar una voz adecuada para cada libro, Palou en cambio es nuestro ventrílocuo: un ser capaz de valerse de todos los tonos, registros, géneros y subgéneros imaginables: creo que solo le falta la ciencia ficción y al mismo tiempo estoy seguro de que tarde o temprano la ensayará con fortuna.

No es casual, tampoco, que mientras Padilla admiraba y se enfrentaba con García Márquez, Urroz con Vargas Llosa y yo con Fuentes, Palou dialogase más bien con Dickens: su aspiración es convertirse en el retratista múltiple de nuestro tiempo, a fin de introducirse en cada rincón y en cada conciencia, dispuesto a ensayar y probarse en todos los lugares, todas las épocas y todos los ambientes: Palou-Argos, monstruo de mil ojos.

Acabo de concluir el manuscrito de más de seiscientas páginas de *México*, su mayor apuesta hasta el momento: un fresco familiar de la Ciudad de México —donde nunca ha vivido y que, como buen poblano, admira y detesta a la vez— que transita desde la caída de Tenochtitlan hasta el terremoto de 1985: tres siglos de fisuras, de ruinas, de catástrofes, de movimientos telúricos y sociales. Si alguien hoy aún se atreve a escribir una novela total en español, aquí está este monumento. Un condensado, asimismo, de cada una de las preocupaciones y obsesiones que lo jalonan y acicatean desde niño. No deja de impresionarme, sin embargo, que en una épica como ésta resalte el tono menor: las anécdotas y los datos inaprensibles, las mínimas continuidades que unen a sus familias y, en su tránsito y mezcla, a la que sí es —mejor retratada que nunca— *mi* ciudad.

Palou, legión: un docto y sereno académico, recluido en su casona en las afueras de Boston, con su familia, su perro y su jardín. Una vida perfecta para un hombre perfecto. En su interior, en cambio, el caos: el desarreglo y la perturbación de quien convive con tantas versiones de sí mismo. Razón de más para que su nueva gran novela tenga en su centro los terremotos y las ruinas: esas fracturas que esconde y que lo habitan y por las que se cuelan las mil voces que le hablan —y nos hablan— más como demonios que como ángeles. Le deseo que nadie lo exorcice: en vez de uno solo, atesoro cada uno de estos incontables Palous.

VICENTE ALFONSO

De la desilusión y sus variantes

Entre los lectores existe consenso en torno a una idea que Daniel Sada expresó así: "Pedro Ángel Palou es muchos autores en uno". No podría ser de otro modo: con más de cuarenta libros publicados, veintiséis de ellos novelas, Palou es uno de los autores más prolíficos del México actual; es también uno de los más diversos. A primera vista todo en la vida de este autor tiende a la multiplicidad: ha sido chef, actor de teatro, vendedor de ropa, conductor de televisión, rector universitario y árbitro de fútbol. Lo que más sorprende es que en su momento haya logrado compaginar estas actividades con una doble vocación de escritor y académico que le ha llevado a obtener un Doctorado en Ciencias Sociales por El Colegio de Michoacán, además de varios doctorados *Honoris Causa* por parte de universidades de América Latina. Hoy vive cerca de Boston, es profesor en Tufts University y da clases en Middlebury College durante los veranos. En el terreno literario ha obtenido premios como el Xavier Villaurrutia y el Jorge Ibargüengoitia, además de ser finalista de galardones como el Rómulo Gallegos y el Planeta-Casa de América. Quizá por esta riqueza de oficios, el catálogo de sus personajes incluye lo mismo a un detective jesuita dedicado a ayudar refugiados iraquíes en Jordania que a una reportera desempleada decidida a llevar hasta sus últimas consecuencias una investigación sobre trata de personas en México. Al cuadro pueden agregarse personajes de nuestra historia —Zapata, Cuauhtémoc, Morelos, Lázaro Cárdenas— así como jóvenes estudiantes de literatura, directores de orquesta, impensables equipos de fútbol e incluso matones a sueldo importados de otras novelas, como es el caso del capitán Filiberto García, quien irrumpe en las páginas de *Tierra roja* (2016). Pero la diversidad de Palou no sólo se refleja en sus personajes, también se nota en las estrategias con que sus libros han sido forjados, pues entre sus novelas hay lo mismo relatos históricos que *thrillers* en toda regla, novelas eróticas e incluso desopilantes farsas.

En este caso, no obstante, diversidad no significa dispersión. Ya en 1991, año en que apareció la primera novela de Palou, Guillermo Samperio señalaba en la cuarta de forros que la diversidad de tonos y registros caracterizaba la escritura del joven autor, pero también insistía en que aquella construcción imaginaria estaba marcada por *el desaliento del triunfo*. A pesar de ser el primer intento de un joven veinteañero, la novela destaca por la madurez con que está escrita. Titulada *Como quien se desangra,* es protagonizada por Álvaro, comandante del frente sandinista que ha caído prisionero de la Contra y espera a ser ejecutado por el Gordo Valdivia, en otro tiempo su mejor amigo. Cuando hablo de madurez no me refiero sólo a la prolija construcción de la voz narrativa, que evoca el habla nicaragüense de la época, sino a la consciencia —casi insólita a los veinticinco años— de que la vida tiene giros insospechados y no siempre es fácil mantenerse en equilibrio sobre la cuerda floja de la congruencia. "No hay nada más estéril para la vida revolucionaria que el creer que se es dueño de la verdad", leemos en la página 62. Aunque al hablar del *desaliento del triunfo* Samperio se refería al dilema ético que cimbra a los personajes del relato, de alguna manera el comentario prefigura ya una de las obsesiones literarias del autor poblano, aquella que sirve como eje a toda su creación novelística: la desilusión y sus múltiples variantes.

En el prólogo de *Mar fantasma* (2016), tetralogía de novelas breves reeditadas con ocasión de su cumpleaños número cincuenta, Palou sostiene: "He dicho, con plena consciencia, que un novelista escribe un solo libro a lo largo de los variados volúmenes que urde. El mío es el de la desilusión amorosa, política, de la amistad, la religiosa como exploración de los límites del iluso, del fanático, del loco". Así, no es extraño que haya decidido llamar *Teoría de la desilusión* a un conjunto de fragmentos que conforman el registro en audio distribuido por la UNAM (Universidad Nacional Autónoma de México).

El encuentro imposible

La obra de Palou está llena de personajes que se decepcionan: a veces de sí mismos, a veces de los otros. Parejas a las que les resulta imposible convivir, alumnos que deben hurgar en el oscuro origen de sus maestros, religiosos que renuncian a su credo, ex militares que ante el nulo estado de Derecho deciden hacer justicia por propia mano. En ese universo de relaciones no deja de llamar la atención una dupla que, con variaciones, reaparece en varias de sus novelas: la del maestro en edad madura que transmite sus secretos a un joven aprendiz. Sin ir más lejos, en los fragmentos que conforman esta selección aparecen Gavito y su alumno Eladio (de *Paraíso clausurado,* 2000), Timoteo y sus diferentes tutores hasta llegar a San Pablo (de *El impostor,* 2012), así como la muchacha del cuello largo y el pintor del mundo flotante (etéreos personajes de *La profundidad de la piel,* 2009). Así, aunque existen muchas otras dinámicas entre los habitantes de las novelas de Palou, me interesa destacar ésta porque, al contarnos los complicados vínculos entre un cincuentón desencantado y su entusiasta aprendiz, el autor nos hace ver que sólo un elemento distingue a uno de otro: la *experiencia.* Si algo enseñan los años es que no hay absolutos. Todo debe tomarse con reservas.

"La literatura es experiencia, sólo experiencia", comprende Eladio a partir de la convivencia con su maestro en *Paraíso clausurado,* en una conclusión similar a la que llega la joven pintora de *La profundidad de la piel* cuando evoca su temporada de estudios en Kioto. "No hay más que experiencias, todo el día" les dice el instructor a los jóvenes sandinistas que suben a la montaña a entrenarse en *Como quien se desangra,* y eso mismo es lo que busca el joven Xavier Villaurrutia de *En la alcoba de un mundo* (1992) cuando viaja a Yale para aprender arte dramático (quiere "experiencias, vidas, textos, acciones"). Así, para los personajes de Palou la experiencia resulta lo opuesto a la ilusión: si esta última es expectativa, aquella significa aprendizaje.

La duda como verdad perfecta

Como demuestran los fragmentos elegidos por el autor para las grabaciones que conforman *Teoría de la desilusión,* no pocos entre sus personajes son artistas: poetas, pintores, directores de orquesta y, sobre todo, novelistas. La razón es que, además de abordar conflictos humanos, a menudo sus libros contienen lúcidas reflexiones sobre el arte de narrar. Así, por ejemplo, en el primer capítulo de *Paraíso clausurado* nos enteramos de que a sus cincuenta y dos años el profesor Gavito es un poeta importante que ha publicado dos libros elogiados por la crítica. A su modo, Gavito también es víctima del desaliento del triunfo, quizá por ello decide abandonar la poesía para imponerse el reto de escribir una novela, a sabiendas de que se interna en territorio inexplorado: "las ideas del novelista no nacen de la certeza, madre de todos los aniquilamientos creativos, sino de la duda, hermana mayor del conocimiento. Por eso, más que una verdad, toda novela afirma una hipótesis".

Ocurre lo mismo con el narrador-protagonista de *La profundidad de la piel,* reconocido director de orquesta que decide no volver a dirigir ni a componer para dedicarse sólo a transcribir viejas partituras. Y a su modo Ignacio Gonzaga, el detective jesuita que investiga los crímenes en *El dinero del diablo* (2009), también vive esa desilusión: desencantado del estilo de vida de sus padres, quienes le heredan una fortuna que bastaría para asegurarle éxito social y financiero, Gonzaga da un golpe de timón y se embarca en una vida austera pero no exenta de retos y de riesgos.

Así pues, podríamos hablar de que en la literatura de Pedro Ángel Palou existe una poética del reto. Basta estudiar las complejas estructuras de *Paraíso clausurado, Todos los miedos* y *Tierra roja,* por mencionar sólo tres de sus novelas, para darse cuenta de que el autor asume el arte de narrar de la misma manera en que lo hacía André Gide: como la resolución de una serie de problemas progresivos. Y tal como les ha ocurrido a sus personajes, la constante imposición de desafíos literarios se ha traducido en un cúmulo de experiencias profundas: a veintiocho años de la publicación de su primera novela, sus libros acusan una soltura envidiable, un certerísimo manejo de la carpintería narrativa, una vasta constelación de referencias (literarias, musicales, históricas, filosóficas) y sobre todo un ojo ya muy entrenado para bregar en los conflictos del alma humana.

De la desilusión al miedo

Todos los miedos (2018), la más reciente novela publicada por Pedro Ángel Palou, toca dos áreas de reflexión: la primera en torno al papel que juega el periodismo en tiempos de la *posverdad* y la segunda acerca de los nuevos rumbos que toma nuestra literatura.

Vamos primero al terreno periodístico. De acuerdo con el *Manual de seguridad para periodistas* distribuido por la organización internacional *Reporteros Sin Fronteras*, casi 95% de los periodistas muertos en el cumplimiento del deber son reporteros locales que no cubrían conflictos armados sino asuntos locales. La abrumadora mayoría de esos crímenes (93.4%) queda sin castigo. Palou continúa aquí las exploraciones en torno a la compleja relación entre la prensa y el poder iniciadas por autores como Vicente Leñero (*Los periodistas*, 1978), Federico Campbell (*Pretexta*, 1979), Héctor Aguilar Camín (*La guerra de Galio*, 1991) y Daniel Salinas Basave (*Vientos de Santa Ana*, 2016).

Todos los miedos, en el nivel de la historia, cuenta veinte horas en la vida de Daniela Real, reportera que sobresale por su olfato periodístico y por su instinto para detectar eso que en literatura se llama *lugares comunes*, es decir, frases hechas, recurrentes, como cuando decimos "llueve a cántaros". Esta historia pertenece también a aquellas que muestran el desaliento del triunfo: al inicio de la novela nos enteramos de que Daniela es *demasiado buena* en su trabajo. La reportera ha perdido su empleo porque ha tenido el mal gusto de emprender una investigación que vincula a funcionarios de alto nivel con el crimen organizado. Dado que eso le acarrea problemas al periódico, sus superiores deciden cesarla. Pero el despido no amedrenta a la muchacha, que continúa su indagación por la libre. Como es previsible, no tardan en llegar las amenazas por un lado y los intentos de soborno por el otro.

Asimismo, *Todos los miedos* cuenta la historia de Fausto Letona, ex militar desahuciado en busca de una última misión. Letona es, por así decirlo, un tigre cebado: un hombre que ha probado a qué sabe hacer justicia por propia mano. En su búsqueda se topa con la joven reportera. A su modo, la relación entre Fausto y Daniela evoca el baile de Filiberto y Martita en *El complot mongol* (1969): el ex militar se propone proteger a la muchacha sin que ella lo sepa. No va a ser fácil. Pronto quedará claro que los sicarios no son los enemigos más peligrosos de la joven.

En veintinueve capítulos, Palou nos hace ver que para cualquiera que viva en México —pero en especial para ciertos grupos como reporteros, activistas y mujeres jóvenes— la cotidianidad exige cuidarse la espalda. Con más de cien periodistas asesinados en México en lo que va del siglo, el miedo se ha convertido en el lugar común del gremio. Acaso para dejarlo claro Palou menciona los nombres de Javier Valdez y Miroslava Breach, por ejemplo, o el de Manuel Buendía, asesinado el 30 de mayo de 1984. Y también evoca a víctimas reales cuyos casos han caído en el olvido: Valeria, la niña de once años violada y asesinada en una combi en Neza, Mariana Joselín Baltierra, de dieciocho años, asesinada con brutalidad en Ecatepec.

"La ética y la técnica son indisolubles en el periodismo. La primera es el alma de la segunda", ha escrito el periodista colombiano Javier Darío Restrepo. La frase viene a cuento porque la novela de Palou muestra que en literatura ocurre lo mismo. La historia que cuenta es tan amarga y tan oscura que corre el riesgo de eclipsar la forma, es decir, la carpintería con que está escrita. Pero una relectura evidencia que es justo la técnica lo que nos permite conmovernos. Me explico: en una sociedad que olvida los nombres de las víctimas reales pero dedica decenas de páginas electrónicas a explicar la muerte de Adriana La Cerva en *Los Soprano*, Palou sabe que no basta enunciar el horror: hay que lograr que el lector lo sienta. Pero, ¿cómo conmovernos frente a una historia que por desgracia hemos escuchado demasiadas veces en clave periodística? Para hacerlo elige el esquema del *thriller*. Los datos duros están allí: sabemos que tan sólo en Tamaulipas desaparecieron 1,629 niñas el año pasado. O que una víctima de trata puede ser violada hasta treinta veces en un día. Pero únicamente la carpintería narrativa permite contar, junto a los datos, la subjetividad que los acompaña: el estrés, la incertidumbre, la impotencia, el horror que implica vivir hoy en México.

La estructura de la novela es la de dos líneas narrativas que se trenzan. Una de estas líneas sigue a Daniela, la otra a Fausto. Los hechos nos llegan contados por dos voces distintas: una asustada y nerviosa, la otra infectada de rabia. Con ello Palou nos hace ver que el lenguaje es uno de los espacios donde reside el horror. El mundo es según lo contamos. La violencia comienza en las palabras. Por ejemplo: el argot judicial está diseñado para despersonalizar, criminalizar, intimidar o restar importancia. Recordemos el lenguaje descafeinado al que recurren los funcionarios cuando no quieren comprometerse, ese que habla de "osamentas" y de "víctimas colaterales". Pero si la palabra es desaliento y violencia, también puede ser su antídoto. Denunciar estas prácticas, desenmascararlas, es parte de las funciones del género novelístico en este momento. "¿En dónde les enseñarán a hablar así? ¿En la academia de policía o con sus jefes en las reuniones de mando?", piensa Daniela cuando un oficial le impide entrar en su propia casa. Frente a estos lugares comunes del horror, Palou usa la técnica del zurcido invisible para introducir en el libro citas textuales o variaciones de Juan Rulfo, de Carlos Fuentes, de Martín Luis Guzmán. Así, *Todos los miedos* es una lograda pieza de relojería que fluye a una velocidad rabiosa hasta estrellarnos contra la realidad. Novelas como ésta nos muestran cuáles son los nuevos derroteros del género en el convulso país en que vivimos.

Pedro Ángel Palou ha cumplido cincuenta y cinco años. Eso significa que aquel joven que publicó *Como quien se desangra* hoy es mayor que el venerable profesor Gavito. Sus libros son un éxito entre los lectores y frente a la crítica, y se han traducido al inglés, francés, coreano, italiano y portugués. Pero aunque está en edad y en condiciones de ser considerado maestro y no aprendiz, Palou no se duerme en sus laureles y se impone nuevos retos. Acaso sabe que es la única manera de conjurar el desaliento del triunfo. Acaso sabe que en aquella frase acuñada por Samperio también puede atisbarse, cifrada, una maldición: el de novelista es un oficio que, una vez dominado, deja de interesar a quien lo ejerce.

MÓNICA LAVÍN

Palou cuentista o *El cuento comienza en la última línea*

E L AGUA VERDOSA DE Lake Louise nos recibió aquella mañana frente al hotel de las Montañas Rocallosas en Canadá. Su frescor mentolado se confundió con la algarabía de un contingente de jóvenes japonesas en *jumper* gris impecable, con cabello sedoso y lacio que limpiaban el aire con brío inocente. "Son puras señoritas Cometa", dijo el escritor que miraba con agudeza y humor y retrataba ya la escena para un posible cuento que ni él ni yo hemos escrito. Así fue un momento de aquel viaje compartido con Pedro Ángel Palou, de Calgary a Banff durante el Wordfest al que fuimos invitados. Feliz coincidencia que rubricó una amistad y que me permitió disfrutar de esa agilidad narrativa, de ese ojo fotográfico, que mira debajo de la cáscara, de esa malicia asertiva esencial para el escritor. Abel Quezada, entonces agregado cultural de México en Canadá y siempre un atento amigo que supo combinar su quehacer artístico con la diplomacia (como también lo comprobamos Pedro Ángel y yo en otra coincidencia literaria en Nueva York), y quienes nos acompañaban, Indira, Mercedes y mi hija, nos reímos de esas ocurrencias tan Palou, que fueron evidentes en un trayecto en carretera donde hay que leer el paisaje, tropezado de pinos, alces y osos negros. Canadá mismo. Desde antes y después, he leído a Pedro Ángel con interés; se le conoce más como novelista que como cuentista: su obra lo hace evidente. Pero hay un latido de cuentista donde su mirada es más arte que estrategia, donde el silencio es más elocuente y donde hay que asomarse más a menudo y pedir que comparta su poética sobre el género, sus devociones literarias con los maestros de lo breve y los textos mismos.

Me da la impresión de que Pedro Ángel Palou tiene más cuentos en el cajón de los que ha publicado o en la cabeza de los que ha escrito. Es diestro en el manejo de registros distintos como lo muestran sus novelas. La voz del boxeador en *Con la muerte en los puños* es deslumbrante, puro *ring*; la de la mujer de Morelos, en *Morelos: Morir es nada*, convence desde su perspectiva y el lenguaje con el que ella expresa su mirada íntima sobre la figura histórica. ¿Qué es la literatura sino punto de vista que se expresa como lenguaje, silencio, ritmo? Una partitura de perspectivas para un solo instrumento o para orquesta. A veces me pregunto por qué el cuento es una manera más desnuda y despiadada de la mirada.

Con Pedro Ángel Palou compartí hace algunos años la presentación del libro editado por C. M. Mayo: *México a Traveler's Literary Companion*, volumen de una colección interesante de Whereabouts Press que acerca al lector a las expresiones literarias contemporáneas de distintos países a través del cuento en un mosaico geográfico. El cuento de Pedro Ángel, poblano de origen, ocurre un día de muertos en que el padre divorciado y fotógrafo lleva a sus hijas ese fin de semana en que le toca estar con ellas a Huaquechula, título también del cuento, famosa por sus altares en casas, sus puertas abiertas para recibir no solo a los fallecidos y los deudos sino a los visitantes y halagarlos con comida. El cuento es una discreta analogía de la celebración de la muerte con la muerte misma del matrimonio y esa necesidad de sobrevivir cada cual a su modo. Conocedor del pacto con el silencio de este género, Palou sabe decir sin decirlo. Hay algo atorado entre la ternura y la tristeza, entre los reclamos de las hijas y el trabajo del padre, en esa soledad y desorden que es la muerte. Tiempo después, cuando Palou me acompañó en la presentación de un libro y le dio tintes hemingwayanos a un cuento mío que lleva por título "Los diarios del cazador", sentí que la línea que nos hacía devotos del cuento se amarraba mientras me llenaba de satisfacción su comentario. ¿Por qué no publicar más cuento en el universo editorial que nos orilla a la novela como posibilidad más inmediata de tocar al lector? Quizás por esa misma razón, porque el cuento hace cofradía, es de iniciados dicen por ahí, pero en el caso de Palou es mirada de bisturí.

Heredero de las grandes voces mexicanas del cuento, Palou ha escrito sobre las enseñanzas de Edmundo Valadés, que nos formó como lectores de cuento en su imprescindible revista *El Cuento*:

> En 1982, cuando yo empezaba a escribir con mediana racionalidad, leí ante él un cuento desastroso (en un encuentro realizado en su homenaje, en Zacatecas). Con discreción, al final del evento, me regaló una fotocopia: el decálogo de Quiroga y me dijo un maravilloso proverbio —ahora sé que de Horacio— que no por obvio es olvidable: *Si quieres*

ser breve, concisión observa. Desde entonces me he convertido en asesino de adjetivos y he procurado seguir su consejo. Quizá por ello, convenga callar.

Nunca cuentes un cuento a más de metro y medio de distancia de tus personajes es lo que aprendió de Rulfo, cuyo estilo parco celebra y aplica. Y para mi propia poética del género, celebro lo que puedo aprender de Palou en esta frase sabia: *El cuento empieza en la última línea.*

En sus pasiones como cocinero y conocedor de la gastronomía, aunque puedo equivocarme, no diría que una gran comida empieza por el postre. Sin embargo, como él ha hecho confluir su pasión de laboratorio culinario con la factura de la escritura, si no sabemos a dónde llegar, darle buen puerto a las palabras o platillos anteriores, no habrá un arribo elocuente y memorable. Entonces tal vez, si de analogías se trata. El puerto de desembarque es el comienzo de la experiencia. Lo que ordena todo y le da sentido.

Me gustaría convocar el tema a una conversación de sobremesa con Pedro Ángel, celebrando sus cualidades desde la intimidad de la escritura, hasta su erudición, su espíritu aventurero que lo ha llevado a tocar aguas amargas y riberas luminosas donde la inteligencia de su pluma es su mejor aliado.

ENTRE CRÍTICOS

IGNACIO M. SÁNCHEZ PRADO
WASHINGTON UNIVERSITY IN ST. LOUIS

El escritor moderno y las encrucijadas de lo social. La obra crítica y ensayística de Pedro Ángel Palou

A FINALES DE LOS AÑOS noventa, Pedro Ángel Palou enseñaba un curso crucial dentro la Licenciatura en Literatura en la Universidad de las Américas-Puebla. Se titulaba "Crítica e historiografía literaria latinoamericana". El ambicioso programa de estudio consistía en un recorrido histórico por distintos hitos del pensamiento literario del continente, desde *El deslinde* (1944) de Alfonso Reyes y *Las corrientes literarias de la América Hispánica* (1949), pasando por autores como Roberto Fernández Retamar, Ángel Rama y Antonio Cornejo Polar, hasta los albores de los estudios culturales y el subalternismo al inicio de los noventa. Aunque el cotejo de los programas universitarios en literatura de la época es una tarea historiográfica pendiente, creo correcto afirmar que este tipo de curso no era de ninguna manera común en otras universidades, donde predominaban enfoques semiótico-estructuralistas (como era el caso de la Benemérita Universidad Autónoma de Puebla y de otros cursos del mismo Palou) o filológicos.[1]

La realidad es que la crítica literaria en México, como registró Jorge Ruffinelli en un conocido artículo de 1990 ("La crítica"), mantenía intensas polémicas sustentadas en ortodoxos binarismos —lo académico y lo periodístico, los profesores y los escritores, los filólogos y los teóricos—, algunos de los cuales persisten hasta nuestros días. En ese contexto, la crítica preocupada por la relación entre lo estético y lo social tenía poca cabida. El poderoso

---

1. Fui estudiante de este curso y el presente ensayo, importante visibilizarlo desde ahora, está escrito desde la perspectiva de un discípulo que ha leído con gran cariño y detenimiento a su maestro.

pensamiento de Brasil, encarnado en Antonio Cándido o Roberto Schwarz, las intervenciones de autores como Rama o Cornejo Polar o las confluencias latinoamericanas en el Centro de Estudios Latinoamericanos Rómulo Gallegos de Venezuela o The Institute for the Study of Ideologies and Literatures en la Universidad de Minnesota tenían poca presencia en los currículos mexicanos. Esta ausencia se manifestaba a pesar de que algunos de los interlocutores más importantes de esta tradición sociocrítica de la literatura latinoamericana pasaron por la academia mexicana (Ruffinelli), publicaron libros en editoriales de México (como lo hicieron Rama y Julio Ramos) o han trabajado de manera activa en ella hasta el presente (el caso de Françoise Perus). A pesar de eso, el curso de Palou era, como he comprobado en conversaciones con mis contemporáneos a lo largo de los años, bastante excepcional. La lectura de esas grandes obras de la crítica literaria latinoamericana, muchas de ellas provenientes de libros inconseguibles en México y accesibles sólo en fotocopias de enésimo grado, nos marcaría a los estudiantes de esa época en la UDLAP que nos convertimos en críticos literarios, profesores, editores y maestros, con clara influencia de dicha tradición.[2]

Palou es un novelista sumamente prolífico, y desde su giro hacia la novela histórica goza de un éxito comercial envidiable en México. Es también innegable que existe mucho trabajo crítico por hacer respecto a la obra de Palou, sobre la que existen muy contados ensayos, y sobre la cual el presente volumen es el primer libro dedicado plenamente a ella. No debe sorprender, por tanto, que la obra crítica de Palou no ha sido considerada de manera sistemática a pesar de ser en sí misma copiosa, con al menos de diez libros en el género. Como estudia María José Sabo, los escritores del grupo del Crack, al que Palou pertenece, desarrollan su poética en paralelo a cambios paradigmáticos de la teoría crítica latinoamericana. Este ensayo busca recorrer el lado crítico de esa trayectoria. No voy a listar los muchos nombramientos académicos de Palou, pero su carrera de crítico se ha desarrollado en contextos universitarios

---

2. Sin intentar una lista exhaustiva, puedo mencionar algunos nombres: las editoras María Fernanda Álvarez y Rocío Martínez Velázquez, la pensadora Irmgard Emmelhainz, la curadora Claudia Barragán Arellano, la educadora María del Mar Patrón Vázquez, y un grupo considerable de académicos, escritores y profesores: Guillermo Espinosa Estrada, Alina Peña Iguarán, Mayra Fortes González, Francisco Ramírez Santacruz, Gabriel Wolfson, Berenice Villagómez y un servidor, entre otros que quizá se me escapan.

de México, Francia y Estados Unidos, donde hoy ocupa la posición de Fletcher Professor of Oratory en la Universidad de Tufts. Indudablemente, si Palou no fuera un escritor de ficción, esta trayectoria lo definiría como uno de los críticos de mayor importancia en los estudios literarios mexicanistas de las últimas tres décadas. En lo que sigue, busco documentar esta importancia, a través de una lectura cuidadosa de la obra crítica de Palou, sus tesis y metodologías, sus objetos y sus fuentes.

La ciudad crítica. La estética literaria y la sociocrítica en indisoluble tensión

La ciudad crítica (1997), primer libro de Palou en el género, es una sistematización del material del curso de la UDLAP y, hasta donde conozco, la primera historia de la crítica escrita desde México que engarza al Ateneo de la Juventud con la Revolución cubana y la obra de autores como Rama, Cornejo Polar y Alejandro Losada. Ganador en 1996 del II Concurso de Ensayo René Uribe Ferrer de la Universidad Pontifica Bolivariana de Medellín, donde se publica la primera edición, el libro es un intento de subsanar la ausencia de este latinoamericanismo en México, algo que Palou siempre enfatizaba en el aula. Lamentablemente, el libro pasó desapercibido por años en México debido a la nula distribución de libros universitarios colombianos en el país, y circulaba incluso en nuestra clase en la proverbial fotocopia. No es sino hasta 2019 que el libro finalmente alcanza una edición mexicana, y gradualmente comienza a circular.[3] El libro sigue siendo vigente, puesto que la ausencia de parte de la tradición latinoamericana en el canon crítico mexicano sigue siendo palpable. Varias de las posturas en contra de la crítica académica y de la teoría cultural, e incluso directamente contra Rama, siguen siendo prevalentes hoy en día,

---

3. Es importante aclarar que existen diferencias importantes entre la edición de 1997 y la de 2019. La original tiene diez páginas de conclusiones que han sido suprimidas de la segunda edición. Esta conclusión es un pequeño manifiesto que quizá hubiera sido legible hoy en día pese a que sus interlocuciones han cambiado con el paso del tiempo. Asimismo, la edición del año 2019 añade cuatro capítulos, sobre Octavio Paz, Alfonso Reyes, Mabel Moraña y Raúl Bueno, publicados por separado en años recientes. Finalmente, tuve el privilegio de escribir un prólogo al libro en el que discuto a profundidad temas que sólo discuto brevemente en este capítulo (Sánchez Prado, "Prólogo").

y creo que *La ciudad crítica* tiene el potencial de intervenir, aunque sea de manera extemporánea, en esos debates.[4]

La ciudad crítica es un libro notable en parte porque zanja los binarismos que sustentan estas polémicas al mostrar que la sociocrítica de la cultura latinoamericana y la postura de defensa de la estética literaria no son mutuamente excluyentes. Esta operación se sustenta en buena medida al mostrar las continuidades históricas del trabajo de autores centrales a la tradición mexicana —como Reyes u Octavio Paz— con el trabajo de Rama y otros. Asimismo, *La ciudad crítica* plantea una crítica profunda al carácter simplista de mucha de la producción académica sobre la literatura latinoamericana, al que considera descriptivo y contenidista, pero considera igualmente que una aproximación centrada en la obra literaria en sí (sea desde una postura estetizante o filológica, o desde teorías de la inmanencia del lenguaje como el estructuralismo) no es suficiente. Según Palou, las nociones románticas de la literatura, aquellas que entienden la poesía como liberación, tienen sus límites. Por ejemplo, al reflexionar sobre Octavio Paz, Palou escribe:

> Paz se autoinmola en la pasión imaginaria de la crítica: espejo de mutaciones, puente de vértigos. Asegurar la autonomía literaria y englobar lo hispanoamericano con lo universal son sus frecuentes recursos ideológicos para sostener el discurso de la ciudad internacionalizada, cuya única salvación es el mercado y, como en Reyes, la democracia. (*Ciudad* 65)

Este argumento apunta al hecho de que una concepción radical de autonomía y universalidad de la literatura (lo poético en el caso de Paz) es en sí mismo un "recurso ideológico" que existe en función de una literatura orgánica a un programa político preciso, el del liberalismo, que se resuelve en la democracia y en el mercado.

El punto ciego de esta perspectiva, evidente en la crítica de otras partes del continente, radica en la visibilización del lazo social. Lo que Palou extrae particularmente de Rama es la idea de que ese lazo social no puede estudiarse desde una metodología unívoca porque la existencia material de la literatura

---

4. Véase por ejemplo el libro *Sombras en el campus* de Malva Flores, una muy importante crítica y poeta, quien sustenta una defensa de la prosa literaria y de la poesía frente al lenguaje terminológico de la poesía. Véase también la crítica a la obra de Rama en Domínguez Michael, significativamente titulada "La epopeya de la clausura".

es fluida. A partir de Rama, Palou reconoce que "ningún método inmanentista nos dirá qué pasa en la mente del escritor latinoamericano" por lo cual "en nuestros países no se puede pensar en una línea divisoria tajante entre el artista —cuya profesionalización apenas existe— y el entorno y, por ello, tampoco afirmar que la historia de la literatura es la pura historia" (*Ciudad* 72). El gran correctivo que Palou introduce en la crítica literaria mexicana no corresponde en resolver los binarismos entre academia y creación o entre crítica ensayística y crítica teórica, sino afirmar el sinsentido de esos binarismos. El crítico latinoamericano solamente puede leer las obras cuando se ocupa de "palpar la vida misma de la sociedad a través de la literatura. La literatura es un juego de espejos ininteligible sin el público, sin otros escritores que se dirijan a otros escritores, a lectores. Y, más aún, sin *instituciones* a través de las cuales una colectividad aprenda a leerse en el imaginario" (*Ciudad* 72; énfasis en el original). Para Palou, sin embargo, la lección de Rama no es un enfoque sociológico *tout court*. En Rama reconoce también el hecho de que "el texto es parte de una historia que simboliza y, también, como todo producto lingüístico, consciente/inconsciente resistencia a esa historia" (*Ciudad* 73).

Una de las influencias esenciales de Palou es el libro *El poder de la palabra* (1993) del pensador boliviano Guillermo Mariaca. Mariaca plantea un estudio de la relación entre crítica y modernidad en América Latina a través de seis figuras que también interesan a Palou: Henríquez Ureña, Reyes, Mariátegui, Rama, Paz y Fernández Retamar.[5] En el enfoque de Mariaca, sin embargo, postula una ambigüedad diferente: la idea de que "la construcción discursiva se ha movido entre el autodescubrimiento colonial y la construcción literaria" (24). Para Mariaca, el valor de la crítica latinoamericana radica precisamente en la aporía "entre modernidad y revolución, entre teoría y práctica, entre universalidad y especificidad" (132) que fundan su tradición. Y sin embargo, Mariaca muestra también un gran escepticismo hacia el oficio: "nuestra crítica literaria demuestra en su propio ejercicio que, como cualquier otro discurso, es un poder más en pugna por la hegemonía a través de la reproducción de capital cultural y que pretende nada menos que la transformación de los

---

5. Conviene observar un dato curioso que explica la evolución de este debate. En la edición de 1993, el subtítulo del libro era "Ensayos sobre la modernidad de la crítica literaria latinoamericana", mientras que la edición que cito, del 2007, utiliza "crítica cultural" sin haber modificado la idea central del libro.

aparatos culturales que regulan la representación del sujeto social latinoamericano" (132).

Palou nota que una idea central de Mariaca —la crisis de la modernidad permite una crítica que no defiende la homogeneidad cultural— implica no un cierre del oficio debido a su institucionalización, sino la imposibilidad de dicho cierre: "en su heterogeneidad empírica radica su futuro coherente" (*Ciudad* 102). En las conclusiones de la edición de 1997, Palou invitaba a salir del modelo monografista (el común estudio de la literatura a partir del enfoque en autores individuales que sigue siendo central en México) y ampliar nociones como "serie literaria" desarrollada por Rama en su libro *Literatura y clase social* (1985) y "campo literario", proveniente del recién traducido y muy influyente estudio de Pierre Bourdieu, *Las reglas del arte* (1992) (*Ciudad* 1997, 154–55). Aunque la nueva edición borra esas referencias, quizá por defender un programa intelectual más urgente en los noventa que en nuestros días, es posible encontrar en él interlocuciones decisivas que permiten ver el mapa crítico que permite entender la naturaleza de la invitación a otros críticos a seguir la ruta. Aparte de Bourdieu, Mariaca y Rama conviene notar el trabajo de Françoise Perus y Sara Sefchovich, dos pioneras de la sociocrítica en México,[6] la sociocrítica del texto del francés Pierre Zima, entre otros. Sin embargo, como un contrapeso a esta perspectiva, Palou se cuida de concluir invocando *Language and Silence* (1967) de George Steiner, no sólo en su afirmación de la crítica como juicio, algo más cercano a la crítica ensayística que a la sociocrítica, sino también una ética de la lectura: "este es nuestro derrotero. Leer con pavor, con deleite. Intentarlo también con precisión, para que nuestra lectura devuelva algo al hecho literario en ese juego dialéctico" (*Ciudad* 161). Palou, escritor establecido y crítico en ciernes, establecía así los principios no sólo de la tradición construida en *La ciudad crítica* y en su labor docente en la UDLAP, sino también en su copiosa obra crítica por venir.

Un paréntesis alquímico

Pese a que el giro sociocrítico que definiría la obra de Palou había comenzado, en 1998 aparece publicado por la Secretaría de Cultura del Estado de Puebla el libro más raro e idiosincrático de la producción crítica de Palou: *Y esta es toda la magia*. El libro se basa en la tesis presentada por Palou para obtener el título

---

6. Véanse Perus y Sefchovich en la bibliografía.

de maestro en ciencias del lenguaje en la BUAP, bajo la dirección de Enrique Pérez-Castillo, un hermeneuta especialista en cognición, memoria y literatura. Dicha maestría es bastante única, un espacio donde confluyen escuelas tan distintas como la semiótica de la Escuela de Tartu, el cognitivismo y la hermenéutica. El libro dista de apuntar al crítico que Palou era en el año de su publicación y un lector poco informado en su camaleónica capacidad intelectual podría fácilmente suponer que corresponde a otro autor. Sin embargo, constituye un hito importante para comprender las apuestas críticas de Palou respecto a la estética y la literatura, así como al rol que la interpretación de textos tiene en su obra.

Si bien la sociocrítica era un territorio con escasas cartografías mexicanas, la hermenéutica floreció de manera intensa en México desde mediados de los ochenta. La historia detallada de esta escuela es una tarea pendiente que excede a este texto, pero vale la pena mencionar algunos de sus cuadrantes. Por un lado, la germanística mexicana floreció en esa década gracias, entre otros, al trabajo de Dietrich Rall (Pereda y Leyva 251). Rall publicó en 1987 una antología titulada *En busca del texto*, en la cual compila traducciones de autores como Hans-Georg Gadamer, Hans Robert Jauss, Roman Ingarden y Wolfgang Iser, entre otros. Rall observa en la introducción su deseo de presentar en México las contribuciones alemanas a la teoría literaria en un momento en el cual la crítica hispanohablante tiene como referentes a estructuralistas y semióticos como Roland Barthes, Algirdas Julien Greimas, Gérard Genette o Yuri Lotman (5). La antología se convertiría en un libro de texto esencial en muchos programas de estudio, incluida la maestría en ciencias del lenguaje de la BUAP y la licenciatura en literatura de la UDLAP.

Por otra parte, el filósofo mexicano Mauricio Beuchot publica en 1989 su libro *Hermenéutica, lenguaje e inconsciente* en la colección "Ciencias del Lenguaje" de la BUAP. Dicho libro marca el inicio del giro de Beuchot de la semiótica, a la que había dedicado varios libros en años anteriores a su conocido proyecto de hermenéutica analógica. Como estudia Napoleón Conde Gaxiola, la contribución de Beuchot a la hermenéutica es la importación del concepto retórico-semiótico de analogía como mediador de dos escuelas predominantes de la hermenéutica, la "univocista" conectada con el neopositivismo y la filosofía de la ciencia (representada por figuras como Emilio Betti y Rudolf Carnap, con la escuela de Richard Rorty (conocida en este debate como equivocismo) (148–49). Aunque Conde Gaxiola ubica el inicio de la hermenéutica analógica propiamente dicha en 1993, es claro que

Hermenéutica, lenguaje e inconsciente (primer libro de Beuchot que usa "hermenéutica" en el título), sienta bases importantes de esta escuela de pensamiento. En este libro particular, Beuchot busca en la hermenéutica de Paul Ricoeur, el psicoanálisis de Sigmund Freud, y las teorías sobre experiencia y significación de Eugene Gendlin, las claves que junto con los estudios de filosofía tomista y semiótica realizados en años anteriores permitirían sistematizar una hermenéutica analógica, interesada en el carácter retórico y simbólico de la interpretación.

El joven Palou se interesa en estas obras para distanciarse de la doxa semiótica y estructuralista que dominaba muchos espacios de la academia poblana de los ochenta y para desarrollar una voz crítica que acompañara sus primeras obras narrativas, que aparecerían publicadas entre 1989 y 1991, concurrentes a sus estudios de maestría. Aunque su obra crítica no siempre lo demuestra, Palou domina plenamente la lingüística estructuralista, sobre la que daba cursos en la UDLAP también. Sin embargo, es claro que como novelista el enfoque descriptivo y por momentos forense de metodologías como la semántica greimasiana (con sus programas narrativos y cuadros de significación) no eran compatibles con la noción ecléctica, subjetiva y móvil del lenguaje de un novelista como Palou. Por supuesto, esas formas de la inherencia del texto también implican una borradura heurística (y por momentos axiomática y hasta programática) de la relación social del texto.

La sociocrítica llegaría más tarde al pensamiento de Palou, pero en estos años formativos la hermenéutica provee los instrumentos para pensar el lenguaje de forma colectiva y social sin desatender la naturaleza estética y significante del texto mismo. Los conceptos hermenéuticos de pensadores como Gadamer son parte de esto. Palou abre el libro afirmando "una postura interpretativa que integre la figuración (producción del texto), la configuración (características estructurales) y la refiguración (aplicación en la lectura que es siempre una rearmazón del texto), que la hermenéutica nos puede dar" (*Y esta* 9). En *Verdad y método*, la fuente metodológica esencial de Palou en este libro, Gadamer desafía la idea kantiana de la estética, proponiendo a cambio que "todo encuentro con el lenguaje del arte es encuentro con un acontecer inconcluso y es a su vez parte de este acontecer" (I, 141). El corolario a esta afirmación es que Gadamer propone una salida a la dicotomía entre aproximaciones que afirman la inherencia del arte y su naturaleza histórico-social, al observar que el lenguaje en sí (entendido aquí no sólo como el lenguaje verbal sino también cualquier forma de lenguaje relevante a la producción artística) acarrea en sí mismo una estructura estética definida por su inconclusión. En consecuencia, la historicidad es inherente al lenguaje porque el lenguaje se reconfigura constantemente a través de la historia.

Y esta es toda la magia añade otro referente crucial a la incipiente teoría de la hermenéutica analógica de Beuchot y a la hermenéutica filosófica de Gadamer, estableciendo así las bases de la idea de lenguaje que regiría la obra de Palou en esa época. Palou discute de manera extensa el trabajo de Carl Gustav Jung respecto a la alquimia, y su trabajo con el concepto de arquetipo y representación heredada (*Y esta* 35). En su libro *Psicología y alquimia*, Jung postula que la subjetividad pre-científica no distinguía de manera clara entre sujeto y objeto. Por lo tanto, el trabajo de la alquimia con el vasto aparato de símbolos inscritos en el inconsciente colectivo implica una identificación del sujeto con la materia. Jung deriva de objetos de interpretación la conexión entre individuo e inconsciente colectivo. Esta teorización permite a Palou salir de la lingüística post-saussureana y teorizar un "discurso alquímico" sujeto a una significación hermenéutica: "El discurso alquímico puede ser entendido como el conjunto de textos —realizados o por realizarse—, que se engloban dentro de una manera particular y específica del lenguaje" (*Y esta* 59). Este lenguaje es simbólico porque no sólo es verbal, sino que también abarca lo visual y lo figurativo. Precisamente porque "la simbólica tiene su modo particular de significar", un acto interpretativo requiere el conocimiento no sólo de su "red simbólica", colectiva como el inconsciente jungiano, sino también de un "supralector" es decir, no un lector cualquiera, sino "un iniciado conocedor de muchos otros libros" (*Y esta* 59–60).

Palou utilizaría este marco para discutir tanto un libro central a la tradición alquímica y hermética, *Las bodas químicas de Cristian Rosenkreutz* (atribuido a Juan V. Andreas), como una serie de emblemas alquímicos del barroco extraídas de *El juego áureo*, libro compilado por Stanislas Klossowski de Rola. Ambos libros aparecen en español en 1988 como parte de un creciente interés en México y en Iberoamérica por el rosacrucismo y otras formas de la hermética. En esto, el joven Palou se adelanta por década y media al trabajo más conocido sobre el esoterismo en México, *De sangre y sol* (2006) de Sergio González Rodríguez. Conviene aclarar que el estudio de Palou no se enfoca en el carácter espiritual del texto, sino que funciona estrictamente con relación a la filosofía del lenguaje. No voy a desdoblar el deslumbrante y erudito andamiaje metodológico del libro. Podría discutirse, por ejemplo, el diálogo de Palou con las tradiciones de la antropología estructural (sobre todo Lévi-Strauss) y la mitocrítica (fundamentalmente Mircea Eliade y Gilbert Durand), autores que, por añadidura, fueron parte de un curso sobre el tema que Palou también enseñó en la UDLAP. Pero esto desviaría hacia otros temas que exceden mis propósitos.

Antes de concluir esta sección, conviene mencionar que gran parte de la obra de Palou en los años noventa, tanto literaria como académica, estuvo marcada por estas reflexiones. Su novela *Memoria de los días* (1995) es un texto apocalíptico (con el que participó en la serie de novelas sobre el fin del mundo que se lanzó concurrentemente al manifiesto del Crack) completamente atravesado por el imaginario alquímico y hermético. Novela esotérica, el libro contiene emblemas visuales que existen de manera paralela a la trama de tema religioso. Sin embargo, es de notar que la novela no tiene la solemnidad teórica de *Y esta es toda la magia*: hay en la exploración del libro una representación irónica del esoterismo indigenista mexicano y una crítica al fundamentalismo religioso. Esto, por supuesto, se alinea a la idea de que el discurso alquímico es polisemántico y no puede amarrarse a una interpretación unívoca, como Palou mismo afirma en su obra crítica. Por otro lado, como estudiante doctoral en el Colegio de Michoacán (tema que discuto en la siguiente sección), Palou participa por un tiempo en la masiva edición de *El mundo simbólico* de Filippo Picinelli en veintitrés volúmenes, contribuyendo incluso con un prólogo a uno de ellos. También para el Colmich, Palou redacta en 2002 un texto titulado "Emblemática y alquimia. Un discurso problemático", demostrando que estos temas continúan en su pensamiento años después de su llegada a la sociocrítica.

Más allá del carácter profundamente esotérico de su tema, *Y esta es toda la magia* concluye con una filosofía del lenguaje que sienta las bases para el trabajo sociocrítico posterior de Palou. Palou argumenta la necesidad de una "visión de totalidad creadora" y que "el imaginario alquímico nos ha impuesto sus mecanismos de lectura". Esta visión, sin embargo, sustenta la autonomía del texto artístico porque su "adentro" es "entendido como una totalidad. En la cultura no hay afueras, sino redes intersubjetivas abiertas por los textos en los que se han sedimentado esas búsquedas" (*Y esta* 84). Palou postula así una idea, heredera de Gadamer y otros hermeneutas, de la crítica: "Y el sentido de esta búsqueda es claro. Toda investigación fenomenológica es una investigación eidética, sobre nosotros mismos dentro del marco de la tradición. Ser, pero ser en el tiempo y en el mundo" (*Y esta* 86). El hermetismo permite así una teoría de la literatura como objeto estéticamente excepcional e inescapablemente social: una manifestación de un lenguaje figurado, pero con indeterminaciones que se manifiesta en sí mismo, pero siempre articulado a una red simbólica concreta, social e identificable. Esto abrirá la puerta a que en años subsecuentes Pedro Ángel Palou desarrolle una visión de la sociocrítica siempre filtrada por un concepto irrenunciable de la densidad estética de la literatura.

Palou misceláneo. *Resistencia de materiales*

En el año 2000, Palou publica en el Instituto Politécnico Nacional un libro misceláneo que abarca ensayos sobre la idea de la literatura, estudios sobre la literatura mexicana de la primera mitad del siglo XX preliminares y paralelos a *La casa del silencio* y trabajos sobre autores cercanos como Juan Villoro y Daniel Sada. Es un libro menor, desapercibido además como resultado de ser publicado en una editorial institucional más bien dedicada a la ciencia y la tecnología.[7] Pese a esto, la lectura de *Resistencia de materiales* es útil en dos sentidos. El primero, que sólo voy a apuntar, es que el libro complementa y avanza ideas que aparecen en *La casa del silencio*, al compilar textos sobre Gilberto Owen, Salvador Novo y Carlos Pellicer, además de reflexiones sobre Agustín Yáñez y Juan Rulfo, muy en sintonía con las preguntas desarrolladas en otros volúmenes de Palou. La segunda utilidad es que es la primera instancia en la carrera de Palou donde se ve un programa de creación atado a su crítica, más detallado que el del Manifiesto del Crack (discutido en el segundo interludio más adelante) y los ensayos de los últimos años, con los que cierro el presente estudio.

El proyecto de *Resistencia de materiales* tiene tres inspiraciones. Un lector contemporáneo del libro claramente identificaría el volumen que Palou refiere en los dos primeros ensayos: *El arte de la fuga* de Sergio Pitol. Publicado en 1996, *El arte de la fuga* constituye un parteaguas en el ensayo literario mexicano, concediendo a Pitol un reconocimiento que lo había eludido en sus

---

7. El libro tiene además un notable error de edición. Publica un ensayo sobre Jorge Cuesta claramente más largo, que aparece impreso sólo en sus dos primeras páginas, que constituyen la introducción y el primer párrafo de un segundo apartado (93–94). Palou publicaría este ensayo años después. Véase Palou, "Un pesimista socrático". Este es otro ensayo esencial con relación al trabajo de Palou sobre Contemporáneos.

obras anteriores. Cercano a Palou, Pitol escribe un libro misceláneo en el que coinciden sus recuerdos personales ("Memoria"), su poética ("Escritura") y su crítica ("Lecturas"). Notablemente, es un libro desenfadadamente híbrido que teoriza desde distintas texturas de la escritura no ficcional (así como desde un uso juguetón de recursos equívocamente ficcionales) el pasado y el presente de la escritura. Como observa María del Pilar Vila, los ensayos de Pitol muestran "un autor que interpela a la institución literaria, es decir, a los escritores, a los críticos y a los académicos, figuras con las que entabla un diálogo, y para hacerlo no abandona el lugar que ocupa como escritor" (608).

En su argumentación, continúa Vila, los textos de Pitol y sus referencias a otros escritores y textos "muestran la función social y política de los trabajos" y "generan un campo de debate donde se pone a la crítica en estado de crisis" (609). Los textos que abren *Resistencia de materiales* son obras que caminan en esta dirección: un ensayo donde "el novelista comprueba sus materiales" y un ensayo sobre la novela policial, ambos haciendo eco de temas explícitamente presentados en *El arte de la fuga*. Palou, en este libro y en su enseñanza, reconoce también en Pitol a un representante de un canon novelístico que comenzaba a popularizarse gracias a editoriales como Anagrama y Alfaguara. Este canon incluía autores universales (el nombre de Antonio Tabucchi destaca aquí), pero también de Daniel Sada y Juan Villoro, cuya transnacionalización por la vía de Alfaguara precedió la que alcanzarían sus contemporáneos del Crack (sobre todo Jorge Volpi) por unos años.[8]

La segunda influencia es la de Alfonso Reyes. Reyes es el escritor mexicano que canoniza no sólo la centralidad del ensayo como género en el siglo XX, sino la publicación de un sinfín de libros misceláneos que captan por igual eruditas observaciones y textos de ocasión. Como parte de un proyecto modernizador y humanista descrito por Palou mismo en *La ciudad crítica* (49–52), Reyes otorga una centralidad crucial al ensayo como espacio de captura de distintas corrientes del pensamiento, y a la miscelánea como la posibilidad de hacer una compilación libre de textos publicados en distintas circunstancias intelectuales.[9] Al igual que Reyes, Palou se interesa en la

---

8. Sobre los debates de la novela cercanos al año 2000, con particular referencia a Sada y Volpi, véase Sánchez Prado, "The Persistence of the Transcultural", un ensayo donde planteo una visión desde Ángel Rama.

9. He discutido de manera muy amplia ambas cuestiones en *Intermitencias alfonsinas* (229–53 y 355–60). Margo Glantz escribe un texto de cualidades culinarias

miscelánea de *Resistencia de materiales* en preguntas relativas a la idea de la literatura, el rol de la tradición en la formación de la literatura y la evaluación de sus contemporáneos. Guiado por la pregunta que titula un ensayo satírico del libro, "¿Por qué demonios no ha muerto la novela?" (43–51), Palou examina distintos rincones de la producción literaria mexicana del siglo XX, así como algunas figuras señeras del resto del continente, exponiendo una relación entre forma literaria, campo literario y realidad. Dicho de otra manera, *Resistencia de materiales* no es un libro que se pueda deshebrar a partir de los argumentos teóricos que sustenta, como hago en otras secciones del presente ensayo. Se trata más bien de un recorrido de intuiciones y lecturas puntuales que tienen sentido en el modelo sistemático de la crítica de Palou, pero que también recuerdan lo esencial de los actos individuales de lectura.

Y aquí viene a cuento la tercera inspiración, un autor al que Palou recurre en muchos de sus trabajos pero que emerge de manera particular en *Resistencia de materiales:* Georges Mounin. Mounin es una referencia muy peculiar a la luz de todo el trabajo teórico de Palou, puesto que se trata de un ensayista que expone una resistencia férrea contra lo que llama las "tecnocracias" de la crítica, las cuales reducen la literatura a sus técnicas y formas que "confunden producción, o construcción, o estructuración, con creación" (7). Una afirmación en contra de los estructuralistas franceses que, a su vez, ubica a Mounin en las antípodas de la sociocrítica y la sociología de la literatura, central al trabajo de Palou en el periodo. Al final del ensayo sobre Villoro, Palou invoca a Mounin planteando que no podemos leer un poema para analizarlo, sino para que "los amemos (o rechacemos)": "la lectura ya no nos prepara para todo lo que sigue; al contrario; todo lo que sigue es, entre muchas otras cosas, una constante preparación para lograr la mejor lectura, para la posesión más íntima, para el gozo estético más alto" (129).

Un lector cercano a la obra de Palou vería en esta cita (en un ensayo crítico) una contradicción. Pero en realidad se trata de una tensión productiva: Palou propone un núcleo teórico en el cual el conocimiento de la producción y de la creación se acompañen y complementen de manera orgánica, hermanando el saber racional de la crítica con el gozo estético. Es una praxis donde placer y razón o son contradicción ni dialéctica sino partes tensionadas de la estructura común de la experiencia imaginativa de la literatura. Los ensayos

---

sobre el tema de la miscelánea, para apuntar el carácter de placer y reflexión en los libros (252–57).

de *Resistencia de materiales* avanzan colectivamente esta postura: "La literatura nos permite saber que somos una comunidad, que tenemos un mismo mundo y que, aunque las experiencias que narre un escritor de un país extraño no sean mías al leerlo las traduzco a mi propia vida, a lo que me preocupa y a lo que me sostiene. ¿Cómo ocurre esto? Gracias a las palabras, al lenguaje que es de todos y es de nadie, al lenguaje convertido en mediodía" (*Resistencia* 9).

El campo cultural y la forma literaria en la encrucijada de la modernidad. La apuesta metodológica de *La casa del silencio*

El grupo Contemporáneos es un referente fundamental de la obra de Pedro Ángel Palou desde sus inicios. Central a la historia de la literatura mexicana, el "grupo sin grupo", como ellos mismos se definían, agrupó a varios de los escritores esenciales de la década del veinte y treinta (Xavier Villaurrutia, Salvador Novo, Carlos Pellicer, Gilberto Owen, Jorge Cuesta, entre otros) a partir de su colaboración en la revista de la que proviene el nombre del colectivo. Como discute en detalle Tomás Regalado López ("De Contemporáneos al Crack"), la obra de figuras como Villaurrutia y Cuesta fue recuperada editorialmente en los años ochenta y es esencial a la identidad literaria del Crack. La historia intelectual de esta recuperación está por escribirse, pero basta decir que el trabajo de antología, edición y crítica de estudiosos como Vicente Quirarte, Luis Mario Schneider, Juan Coronado, Miguel Capistrán, Guillermo Sheridan, Víctor Díaz Arciniega y otros dieron nuevo aire a estos autores y permitieron su profunda reconsideración en el canon literario mexicano. Escritores jóvenes como Palou y Volpi partieron de esa recuperación para filiarse con una ideología cosmopolita de la literatura mexicana, que a la larga sentaría las bases del grupo del Crack. El resultado es la primera novela mayor de Palou, *En la alcoba de un mundo* (1992), en la que ficcionaliza la voz de Villaurrutia. Esta novela, comenta Eloy Urroz, "demuestra una perspicacia sociológica y cultural" en sus "reflexiones sobre el devenir y el presente político y cultural de México" (138). En otras palabras, la novela contiene en sí las semillas de la obra crítica de Palou sobre Contemporáneos. No es de sorprender que, al iniciar sus estudios de doctorado, Palou se enfocara en Contemporáneos como tema donde se entrecruzan sus intereses como creador y crítico.

A mediados de los noventa, Palou lleva a cabo sus estudios de doctorado en el Colegio de Michoacán. En concreto, Palou es parte del Doctorado en Ciencias Sociales, fundado a mediados de los ochenta, un programa único en el país. El Colegio de Michoacán fue fundado en Zamora en 1979 por el historiador Luis González y González, reconocido por su trabajo en torno a la microhistoria y la historia regional en México. En sus orígenes el Centro mantenía un enfoque en los estudios antropológicos e históricos. A mediados de los noventa se convirtió en un lugar de confluencia de académicos y estudiosos del barroco y la cultura virreinal novohispana, así como de científicos sociales y humanistas de fuerte inclinación interdisciplinaria. Entre ellos se encontraría Herón Pérez Martínez, un experto en estudios de la argumentación y patrística que se convertiría en el director de tesis de Palou.

La elección del Doctorado en Ciencias Sociales refleja tanto el deseo de Palou de salir de las constricciones filológicas y formalistas del estudio tradicional de la literatura en México —espíritu también reflejado en *La ciudad crítica*— como la búsqueda de una metodología de estudio de la literatura que capte lo social sin renunciar a las cualidades estéticas de la producción simbólica. En el Colmich de los años noventa se llevaba a cabo la traducción de Picinelli y existía un contexto de discusión de temas como la hermenéutica y la emblemática que daba pie a una transición intelectual para alguien que había escrito un libro como *Y esta es toda la magia*.

El trabajo doctoral de Palou conduce a su mayor libro de crítica a la fecha, *La casa del silencio*, publicado por el Colmich en 1997 y reeditado de manera definitiva en 2015 por el Instituto Veracruzano del Cultura.[10] Por este trabajo, Palou recibió el Premio Nacional de Historia Francisco Javier Clavijero del Instituto Nacional de Antropología e Historia de México, el primer libro de historia literaria en recibir este galardón. *La casa del silencio* se postula como una "aproximación en tres tiempos a Contemporáneos". La primera parte del libro es una reconstrucción minuciosa del campo literario en México, recorriendo libros, revistas y acontecimientos entre 1900 y 1939. La figura señera de esta primera parte es Pierre Bourdieu, de gran influencia en México en los años noventa tras la traducción al castellano de *Las reglas del arte* en 1995. Esta sección constituye probablemente el recuento más exhaustivo de la transición del modernismo a la vanguardia en México y en sí mismo una contribución fundamental del libro. Tan es así, que una versión expandida con toda la investigación se publicó en la BUAP en 2001 como un libro separado con el título *Escribir en México durante los años locos*. La segunda parte del libro es

---

10. Este libro también cuenta con un prólogo mío (Sánchez Prado, "*La casa del silencio*") que abunda con otros detalles en los asuntos discutidos aquí.

un estudio fuertemente influido por sociocríticos como Rama de la relación entre escritor y modernidad, seguido de una discusión de las novelas líricas del grupo Contemporáneos, quizá la contribución más novedosa de Palou al estudio del grupo. La tercera parte es un estudio sociocrítico de los poemas mayores de Contemporáneos desde una perspectiva sociocrítica, conectando el trabajo de Bourdieu con el trabajo más formalista y lingüístico del sociocrítico Edmond Cros.

En su panorama sobre la recepción de Bourdieu en México, Mabel Moraña anota que "el estudio de Palou se realiza a partir de nociones como las de nacionalismo cultural, modernidad periférica, autonomía relativa del campo literario, asumiendo un enfoque que combina el interés por la recuperación de lo estético con la comprensión de estructuraciones políticas y sociales que impactan los procesos de producción simbólica" (99). Así, continúa Moraña, "interesa sobre todo a este crítico la posibilidad de 'objetivar la subjetividad' como modo de lograr incorporar lo social a la acción productora y receptora de material simbólico sin determinismos ni mecanicismos" (100). Resulta difícil resumir mejor que Moraña la manera en la que Palou adopta las nociones bourdieusianas. Frecuentemente rechazadas por críticos formalistas por su enfoque en las dinámicas de los productores culturales, las tesis de Bourdieu emergen del análisis de Palou como completamente compatibles con el reconocimiento de la especificidad de la forma literaria en el análisis al observar que no existe contradicción entre una forma literaria que estetiza dentro de una historicidad precisa, y los mecanismos de capital simbólico del campo cultural que les otorga valor relativo dentro de un contexto institucional.[11]

La novedad de Bourdieu en los estudios literarios mexicanos de esta época es profunda y Palou es uno de los primeros en desplegar al sociólogo francés de esta manera (Moraña 98). Resulta imposible pensar en otro libro de crítica literaria mexicana donde el modelo bourdieusiano de los campos literarios sea avanzado de manera tan amplia. Bourdieu plantea como base metodológica:

---

11. Uso aquí la terminología bourdieusiana sin explicar, puesto que ha circulado de manera amplia en la crítica literaria de los últimos años, y muchas de sus categorías están naturalizadas en el lenguaje de los críticos. Para una introducción a la terminología de Bourdieu respecto a los estudios literarios, es posible consultar Speller, *Bourdieu and Literature*. Uno, por supuesto, también podría consultar la muy útil glosa de la teoría de Bourdieu que el propio Palou hace en *Casa* (39–50).

La cuestión fundamental consiste entonces en saber si los *efectos sociales de la contemporaneidad cronológica o tal vez incluso de la unidad espacial* [...] tienen poder suficiente para determinar más allá de la autonomía de los diferentes campos una problemática común, entendida o no como un *Zeitgeist*, una comunión espiritual o de estilo de vida, pero sí como un espacio de los posibles, sistema de tomas de posición diferentes respecto al cual uno tiene que definirse. (*Las reglas* 299–300)

Palou usa esta definición como punto de partida y complementa:

Todo esto resulta del objetivo de especificar las relaciones internas, el estado del campo que luego relacionaremos con el campo de poder, porque no buscamos la unidad perdida ni la armonía epistemológica de la lengua saussureana, ni el principio universal de la *literariedad* jakobsoniana. Antes bien vemos el espacio—en cada momento—como un *campo de fuerzas*, como la sede de tensiones entre grupos que se disputan el control del discurso y su legitimidad—escuelas literarias canonizadas y no canonizadas—, que tiende a un equilibrio inestable y que no es ni puede ser comprendido en su *inmanencia* (ni como sistema de sistemas en Tinianov, no como discurso o episteme en Foucault). (*Casa* 53; énfasis en el original)

Palou nos recuerda sin embargo que Bourdieu tiene en su formulación "la hipótesis (confirmada por el análisis empírico) de una homología entre el espacio de las obras definidas en su contenido propiamente simbólico y en particular en su *forma* y el espacio de las posiciones en el campo de producción" (Bourdieu 308). Palou reconoce a partir de esta aseveración que el espacio que permite el auge de un grupo como Contemporáneos "no es un espacio de los posibles *puros*, sino que estas elecciones dependen de la posición de los agentes en la estructura del campo como distribución de capital específico, y el reconocimiento, institucionalizado o no, que les es concedido por sus pares-competidores" (*Casa* 56). La atención a la homología entre forma textual y campo literario es rara vez visitada por la crítica bourdieusiana, en vez de verla como una relación entre campos.[12] Aquí, creo, podemos

---

12. Este es el caso, por ejemplo, en Speller (64). Incluso la discusión en torno a la "sociología de las obras" realizada por Gisèle Sapiro, la gran discípula de Bourdieu, en su manual *La sociología de la literatura* (77–108), el concepto de homología no

encontrar la vigente originalidad del análisis de Palou, cuya aproximación a Bourdieu como parte esencial del estudio crítico de obras concretas tiene pocos paralelos.

Es importante explicar que homología en Bourdieu no significa reflejo, sino describe una relación de correspondencia estructural en la cual las tomas de posición de un campo autónomo se formalizan (tanto en términos de *habitus* como de forma cultural) con relación a relaciones entre clases. Bourdieu indica así que la homología es un mecanismo de "resemblance within a difference" que permite al campo (literario en este caso) ejercer "a critical mediation between the practices of those who partake it and the surrounding social and economic conditions" (Bourdieu y Wacquant 105–06). La aplicación precisa de Palou del término sugiere, llevando esta intuición a una dimensión de análisis literario ausente en la obra de Bourdieu, que uno puede en efecto leer al campo como un espacio de mediación entre las estéticas literarias y las condiciones sociohistóricas de producción, añadiendo, como discuto a continuación, una dimensión marxista que lleva a Palou a complementar a Bourdieu con la obra de autores como Marshall Berman o Walter Benjamin. Esta dimensión marxista, sin embargo, tiene una historia particular en la sociocrítica francesa, específicamente en *La teoría de la novela* (1964) de Lucien Goldmann, texto esencial para Ángel Rama y para Palou.

Los tres tiempos con los que Palou organiza el libro siguen una lógica cuidadosamente diseñada: el primero se dedica a un análisis descriptivo del campo que utiliza las herramientas de la sociología y la sociohistoria para crear una base empírica al análisis. La segunda parte retoma esta base empírica para plantear una reflexión teórico-filosófica sobre el problema de la modernidad y la escritura para después comenzar un estudio textual de carácter sociocrítico de la prosa de Contemporáneos. Esto concluye en la tercera parte, con una lectura también textual de la poesía a través de los instrumentos formalistas de la sociocrítica informada no tanto por la sociología sino por formas historizadas del estructuralismo, la semiótica y la hermenéutica. Como Palou mismo explica (*Casa* 34), cada uno de los tres "libros" que componen al libro en general tiene sus propias apuestas teóricas. El libro no es entonces

---

aparece, privilegiándose la idea, también común con Palou, de "revolución simbólica". En otras palabras, Sapiro se interesa más en las "estrategias" de las obras y los autores que en el estudios de la correspondencia formal de obras específicas con el campo literario y el campo de poder.

la aplicación de Bourdieu o de ningún otro teórico, sino un tríptico orgánico que elabora a partir de distintas fuentes una teoría sociohistórica y sociocrítica de la literatura modernista y vanguardista mexicana, con una serie de aproximaciones empíricas que definen tanto la cartografía literaria de la época como la naturaleza estética y textual de obras completas. Su mayor mérito metodológico es el equilibro envidiable entre reflexión teórica y trabajo crítico empírico, dominando formas del pensamiento y el análisis que se encuentran con frecuencia separados e incluso asumidos como incompatibles en la crítica literaria latinoamericana.

La discusión teórica neurálgica de la segunda sección del libro es donde aparece con mayor fuerza el pensamiento de Palou en este momento. Moraña acertadamente nota la confluencia de Bourdieu con Rama en el libro, observando la forma en que ese diálogo crea la postura metodológica de Palou: "Palou se mueve en la dirección de una socio-crítica actualizada, que ya no sólo lee, como la socio-historia, las relaciones entre cultura y sociedad, sino que materializa los intercambios del producto simbólico dentro de un mercado donde la literatura circula de acuerdo a leyes de oferta y demanda, más allá de toda idealización" (100–01). Incluso, observa Moraña, Palou encuentra en la obra de Octavio Paz un concepto de la literatura que coincide con esta interpretación del texto como hecho social, subvirtiendo la noción de que Paz define al texto literario sólo como una construcción inherente (101).

El análisis de Moraña, interesado en Bourdieu, se puede suplementar observando que la teoría de la literatura de Palou alcanza este punto porque acompaña las contribuciones del sociólogo francés con una constelación teórica sobre la relación entre literatura y modernidad que ensambla a partir de lecturas con distintos niveles de impacto en la crítica mexicana. Rama por supuesto es uno de los autores relevantes. *Las máscaras democráticas del modernismo* (1985), libro de escasa circulación en el país, otorga a Palou una imagen de una literatura latinoamericana que, de manera simultánea, alcanza sus primeros espacios de autonomía relativa y profesionalización, a la vez que se revoluciona la naturaleza de las formas escriturales preponderantes en las estéticas literarias de la región. La obra crítica de Rama se destaca, según Palou, precisamente porque la constitución crítica de lo que el crítico uruguayo llamaba la "fractura del cuerpo cultural" visible en el cotejo de las diferencias entre la "serie literaria" y otras "series culturales" (Rama, *Literatura y clase social* 9). Palou discute así el problema en *La ciudad crítica*:

Creo que uno de los grandes logros de Rama fue ponernos en la pista de lo que Deleuze y Guattari llaman *puntos de fuga*, es decir, que la autonomía discursiva se logra mediante varias operaciones sucesivas sobre el discurso literario (revierten o deconstruyen) e intervienen sobre él mediante una doble *retorsión* léxica y sintáctica. (*Ciudad* 78; énfasis en el original)

Rama cita a Deleuze y Guattari para afirmar que el capitalismo de fin del siglo XIX,

ya estaría liberado de los marcos originarios y operaría en un desasido imaginario 'sobre flujos descodificados, sustituyendo los códigos intrínsecos por una axiomática de las cantidades abstractas en forma de moneda', como han visto Deleuze y Guattari y, aun mejor, del irrestricto manejo del crédito y del capital financiero. (Rama 85–86; cita interna: Deleuze y Guattari 145)

Siguiendo la pista de Deleuze y Guattari, uno podría observar que el argumento de Palou complementa a Rama al teorizar el potencial de la obra literaria de convertirse en punto de fuga precisamente y ser una máquina de significación autónoma capaz de inscribir en el cuerpo sin órganos del capitalismo interrupciones (o desterritorializaciones) de la lógica estriada y territorializada del capital. Cabe recordar que para Deleuze y Guattari los cortes e interrupciones al interior del capital son productivos: "En las máquinas deseantes todo funciona al mismo tiempo, pero en los hiatos y las rupturas, las averías y los fallos, las intermitencias y los cortocircuitos, las distancias y las parcelaciones, en una suma que nunca reúne sus partes del todo" (Deleuze y Guattari 47). La sociocrítica de Palou opera así bajo la noción de que la naturaleza social fundamental del texto literario es precisamente su condición de ruptura, intermitencia, cortocircuito *vis-à-vis* la estructura social.

Palou concluye su lectura de Rama enfatizando que la manera en la que Rama integra la idea nietzscheana del carnaval y la máscara en la cultura moderna (Nietzsche 483–84; Rama, *Máscaras* 82–83) y el concepto benjaminiano de la reproducción técnica (Benjamin) para "*suplantar el texto* del pasado con la *interrupción moderna*" (Palou, *Ciudad* 79; énfasis en el original). En *La casa del silencio*, Palou retoma este hilo al inicio de la segunda sección, al plantear un recorrido que va del "carnaval de la modernidad" a la cosmópolis (*Casa* 255). Palou hace particular eco de Marshall Berman y su influyente libro *Todo lo sólido se desvanece en el aire* (1982), donde el crítico tematiza al "modernismo de un modo marxista, sugiriendo como sus energías, percepciones y ansiedades características emanan de los impulsos y las tensiones de la vida económica moderna" (Berman 119). El tríptico de Nietzsche, Benjamin y Berman, en diálogo con los escritos de Rama sobre el modernismo, permite a Palou sentar las bases axiomáticas de una teoría formal del lirismo vanguardista mexicano.

Para llegar ahí, Palou sigue la pista de una serie de periodizaciones que implican una modernidad literaria (paralela al concepto anglosajón de "*Modernism*") que abarca de mediados del siglo XIX y que experimenta una ruptura hacia la vanguardia de 1910 en adelante (*Casa* 276). Palou entreteje aquí de manera específica la periodización propuesta por Raymond Williams en *The Politics of Modernism* (1989), quien plantea la sucesión de tres fases sucesivas de innovación: la defensa estética ante la creciente dominación del mercado artístico y la indiferencia de las academias formales, que da pie a la creación de parte de los artistas de espacios propios de producción literaria y que resulta en formaciones culturales completamente opuestas al orden social (Palou, *Casa* 273-75; Williams 49-51). Palou verifica esto en paralelo a la discusión del crítico suizo Marcel Raymond, parte de la escuela de Génova, quien traza un recorrido de Baudelaire al surrealismo centrado en la tensión entre la creación y la modernidad.[13]

Otra referencia es *Axel's Castle* de Edmund Wilson, un clásico estudio de 1931 donde el crítico estadounidense plantea respecto al simbolismo y sus legados "the fact that in the utilitarian society which had been produced by the industrial revolution and the rise of the middle class, the poet seemed to have no place" (*Casa* 280; Wilson 268). Finalmente, las reflexiones cierran con el clásico estudio de Nicolau Sevcenko sobre la vanguardia europea y paulista, donde estudia a figuras como Cocteau y Marinetti como puntos de inflexión de esta transición (*Casa* 284-85; Sevcenko 182-86). Así, el cuidadoso trabajo sociológico de la primera parte de *La casa del silencio* se complementa con una historia intelectual del poeta bajo el capitalismo que constituye por momentos un punto ciego de Bourdieu, cuya noción de clase es distinta a la del marxismo, y frecuentemente rechaza la existencia de la idea marxista del capitalismo. Sobre esta base, la adopción pionera de Bourdieu en el libro de Palou no es una aplicación, sino un engarzamiento crítico y

---

13. Otro crítico central de la Escuela de Genova al recuento de Palou es Jean Starobisnki, introducido en México gracias a la antología de Rall.

polémico con las tradiciones de estudio de la modernidad de corte marxista, profundamente compatibles con la teoría de los campos, pero no siempre exploradas dentro de ella.[14]

Una estética de la interrupción. Palou y la sociocrítica de los Contemporáneos

La doble intervención crítica que define *La casa del silencio* es la exploración de la novela lírica seguida por la idea de una sociocrítica de la poesía. En el primer caso, Palou traza las relaciones de homología y correspondencia del "desbocado lirismo" que emerge en la prosa hispanoamericana con la emergencia de la posición del intelectual con relación al caso Dreyfus en Francia, así como las polémicas en torno a la función del arte tras la crisis del realismo decimonónico. Contra la tesis orteguiana que consideraba al lirismo una "deshumanización del arte", Palou argumenta que el lirismo es una estética de la crisis de la representación que viene no sólo del capitalismo sino de la *malaise* espiritual del periodo de entreguerras, creando un periodo de incertidumbre estética dentro del campo literario. En este espacio, se multiplican las tomas de posición y los intentos de emerger en una posición hegemónica. El lirismo como forma, en este contexto, constituye para Palou una toma de posición, no "para llegar al poder" sino "lo que era más apremiante, asumir una legitimidad discursiva, construirse una ficción del yo —ficción autobiográfica al fin— para poder, desde ese lugar, construir el discurso, e incluso en muchos, la obra posterior" (*Casa* 328). En otras palabras, este lirismo leído como una claudicación frente a las funciones sociales del arte, o como una maquinaria de géneros menores en el contexto de vanguardias más contestatarias, es redimido por Palou como una forma literaria que media entre la crisis de la posición del artista frente al mercado y las posibilidades de la incipiente autonomía del campo cultural, ubicándose, en la periodización de Williams, en el momento en el cual el arte del mundo de habla hispana comienza a construir sus instituciones.

---

14. Como describe Wacquant, Bourdieu profundiza la idea marxista de que la sociedad no está compuesta por individuos sino por relaciones con la idea del campo, que abarca las relaciones históricas de las posiciones en el espacio social con el depósito de ellas en los cuerpos individuales vía el *habitus* (Bourdieu y Wacquant 16).

Mutatis mutandis, la novela lírica de Contemporáneos es recuperada por Palou como la esencial toma de posición de los jóvenes escritores del grupo, un "doble golpe" en el sentido de Bourdieu. Este doble golpe se asesta en el contexto de la apertura estética posibilitada por la explosión del campo literario modernista durante la Revolución y la pluralidad de estéticas literarias emergidas en los años veinte, incluyendo corrientes como los virreinalistas que escribían nostálgicamente en el periodo colonial o los escritores que buscaban la representación realista de la Revolución.[15] Palou postula: "Las tensiones del campo literario siempre reflejan tensiones de la misma índole de la vida social. Por ello los golpes artísticos son siempre dobles golpes, contra su propio campo y contra las pugnas que mueven su vida externa" (*Casa* 351). Los Contemporáneos así apuntan su toma de posición dentro de su campo literario abierto tanto a la "vida externa" (el imperativo hegemónico de constitución de una cultura propiamente revolucionaria) como al intenso debate al interior del campo literario sobre las estéticas que corresponderían con dicho imperativo.[16] Novelas como *El joven* (1928) de Salvador Novo, *Novela como nube* (1928) de Gilberto Owen o *Dama de corazones* (1928) de Xavier Villaurrutia, olvidadas detrás de la reputación de poetas de sus autores y apenas editadas de manera sustancial en antologías de los años ochenta (Sheridan; Coronado), son significativas porque el lirismo no apela a ser una versión legítima de la estética revolucionaria sino por su radical negativa a aceptar lo revolucionario como axioma de la incipiente literatura posrevolucionaria.

Armados con un arsenal de revoluciones estéticas circulantes en la época, los Contemporáneos producen novelas cortas que, en palabras de Palou, "son también la negación de la verosimilitud realista y el regodeo en el encanto del misterio" (*Casa* 364). Frente a la idea de dar cuenta de la epopeya del pueblo mexicano en la reciente Revolución, los Contemporáneos, según describe Palou, se informan de técnicas provenientes de los recursos estéticos del cine mudo —el montaje, la atmósfera en blanco y negro, el silencio— y, sobre todo del "ambiente fantasmagórico" generado por dichos recursos. El cine "les permitía esa zona de niebla por la que transcurren sus ficcionalizaciones del yo" (364). El corolario de este análisis es que la novela lírica de Contemporáneos es una forma homóloga al proceso de modernidad cosmopolita y capitalista

---

15. Continuando el trabajo de Palou, esto lo he discutido en mi libro *Naciones intelectuales* (17–41).

16. Sobre este tema, véase Díaz Arciniega.

que describen Berman, Wilson y Sevcenko, materializada en parte con los avances tecnológicos propios del momento (aquí Walter Benjamin es la referencia esencial) para dar una orientación futura al campo literario mexicano. Con esto interrumpen (en el sentido deleuziano descrito anteriormente) el intento de territorialización del campo literario al campo de poder revolucionario al crear un punto de fuga frente a la rearticulación del realismo como estética hegemónica.

Como debe quedar claro aquí, no se trata simplemente de que la novela lírica resiste la estética revolucionaria. Más bien, la novela lírica es una novela de la revolución, porque la estructura autonómica del campo literario mexicano en el que operan los Contemporáneos es posibilitada por, y mantiene una correspondencia estructural con, la radical reestructuración del campo de producción cultural más amplio (incluyendo el muralismo, el nacionalismo musical y otras formas de la cultura) y el campo de poder (es decir, el Estado nacional-revolucionario).[17] Los Contemporáneos de la novela lírica, llevando el análisis de Palou a consecuencias ulteriores, emergen así como el punto de fuga que permite a la literatura ser una máquina deseante que interrumpe la totalización cultural de la cultura mexicana posrevolucionaria.

La tercera parte del libro agrega un elemento final, que ya se ha mencionado anteriormente: la sociocrítica de carácter lingüístico-estructuralista. La figura crucial aquí es Edmond Cros, figura central a la sociocrítica y uno de los más distinguidos hispanistas de la segunda mitad del siglo XX. En *Literatura, ideología y sociedad* (1986), Cros retoma la idea de campo literario y autonomía de Bourdieu y avanza de manera decisiva en el pensamiento de las consecuencias lingüísticas y formales de dichos postulados. Cros reformula a Bourdieu observando que "la esfera de producción cultural restringida, aunque no es independiente de las leyes económicas —¿cómo podría serlo?— se caracteriza al menos por el hecho de que, dentro de este campo, el sujeto *vive y reivindica* su estatuto como autónomo" (40). En otras palabras, la autonomía es *habitus* no sólo por el performance y la incorporación individual de formas del capital simbólico en el espacio social, sino también en la constitución de

---

17. Pocos años después y con conocimiento del trabajo de Palou, la investigadora española Rosa García Gutiérrez publicó un libro que abiertamente llama a las novelas de Contemporáneos "la otra novela de la Revolución mexicana", terminando de consolidar, en mi opinión, el trabajo de recuperación que se venía haciendo en México y que desemboca en *La casa del silencio*.

formas de ser vitales, que son socialmente construidas. Por lo tanto, continúa Cros, "la representación de la práctica social constituida por la práctica de la literatura se convierte evidentemente en un efecto ideológico" (40; énfasis en el original). Esta intuición abre para Cros una pregunta más profunda sobre el problema de la escritura en sí y la naturaleza misma de autonomía de los dos campos de producción de capital (el económico y el simbólico): "se entiende entonces con mayor claridad que lo que separa a uno y otro campo es la especifidad del *decir* de cada uno, más que las eventuales variaciones de sus temáticas, lo que equivale a decir que al pasar de uno a otro el signo cambia de estatuto" (41).

Estas ideas son sumamente generativas para llevar a cabo la sociología de obras literarias líricas o abstractas precisamente porque supone (como hace Bourdieu en la idea de homología citada anteriormente) "que la reproducción de los modelos sociales no operaba a nivel de los contenidos sino al nivel de las estructuras" (Cros, *Literatura* 40), idea que Cros toma del trabajo de Umberto Eco.[18] Así, Eco —quien sostiene la idea de que la obra tiene un sistema interno de relaciones homólogas de significación que llama "ideolecto" (142)— abre la puerta para que Cros revise a Bourdieu, observando la posibilidad de identificar unidades de significación sin escindir el texto de lo social. Cros llama a estas unidades "ideosemas" (*Ideosemas* 8–11). Palou retoma a Cros y afirma "que las prácticas sociales —discursivas y no discursivas— se manifiestan en la reproducción de normas de comportamiento, de valores, de estrategias, de un aparato ideológico o de un aparato ideológico de Estado" (*Casa* 450). Palou encuentra en Cros un lenguaje teórico que reconoce la articulación semiótica de lo social y la articulación discursiva al interior de un texto como estructuraciones autónomas mediadas ideosemas y unidades mórficas que se pueden estudiar como un objeto en sí.

Uno podría pensar que este análisis conduciría a Palou a una árida aplicación de esta metodología estructuralista, pero su aproximación es más indirecta. La discusión central de la poesía en *La casa del silencio* se basa en una

---

18. Sin abundar en Eco, conviene simplemente recordar que para el semiólogo italiano, "la semiótica se ocupa de los signos como fuerzas sociales" pero esta fuerza social no opera en relación con la identificación de referentes. Más bien para Eco, como para Cros, la semiótica identifica dentro de las redes de significación de lo social "unidades culturales" que permiten crear convenciones compartidas en la comunicación. Eso es lo que Cros llamará ideologemas. Véase Eco (62–130).

rigurosa lectura textual que, más que centrar la metodología, utiliza como axioma el concepto sociocrítico del lenguaje para aproximarse a los textos centrales de Contemporáneos. Quizá donde se observa mejor la metodología es en el estudio del poeta Carlos Pellicer y su más conocido trabajo, "Esquemas para una oda tropical" (Pellicer 11). En este poema, Pellicer plantea los principios que debería seguir una oda tropical en vez de escribirla directamente, un grado de autorreflexividad atractivo para un análisis sociocrítico y bourdieusiano como el de Palou. Palou propone revisar el encasillamiento de Pellicer como poeta del paisaje, planteándolo como un poeta de la ausencia "el poeta pertenece a un lugar —Tabasco— y es la ausencia de éste y sus toponímicos más visibles —el trópico, la selva— lo que le provoca la intención de recuperarlos estéticamente en el espacio del poema" (*Casa* 523).

De esta manera, continúa Palou, una lectura del poema no debe caer en su objeto representado sino en la homología estructural entre el poema y el acto mismo de poetizar dentro del campo literario: "no se trata entonces de la fijación fotográfica del paisaje, sino de reconstrucción de sus vectores semánticos en la superficie —nada opaca— del texto" (523). Al poetizar "esquemas", Pellicer se localiza, según Palou, "más allá de la poesía cívica —bolivariana y vasconcelista— y más acá del poema-imagen sobre el trópico" (523). Palou recupera así al poeta más aparentemente cívico de Contemporáneos a la tradición artepurista, al mostrar que el poema no debe ser leído en la afirmación de sus referentes (tenues y abstractos en realidad) sino en la homología formal entre el texto y las estructuras de capital simbólico del campo literario dentro de lo que se produce.

En esto se ubica "Esquemas para una oda tropical" en el mismo espacio formal y estructural que "Muerte sin fin" de José Gorostiza y "Canto a un dios mineral" de Jorge Cuesta, los dos poemas largos que suelen encarnar la relación de la poesía mexicana con la poesía pura de Valéry y con una postulación del sujeto poético y sus epistemologías. Sobre Gorostiza dice Palou: "*Muerte sin fin* se asume desde su concepción como un alegato —a la larga el más efectivo— contra las condiciones en que se escribe en el México revolucionario" (545).[19] Palou enmarca este argumento en las tesis sobre el discurso social

---

19. Vale la pena cotejar el excelente trabajo sobre *Muerte sin fin* que un discípulo de Palou en la UDLAP, Gabriel Wolfson, llevó a cabo en su tesis de licenciatura, publicada posteriormente como libro, *Muerte sin fin. El duro deseo de durar*. Es un trabajo que atiende la forma (sobre todo el uso de la silva como forma poética en el poema) y el contexto sociohistórico.

del lingüista belga-canadiense Marc Angenot. Angenot es de interés porque su trabajo teoriza la constitución de los límites históricos de lo decible y lo pensable y las fronteras que definen la totalidad de la enunciación discursiva en un contexto sociohistórico. Angenot teoriza en particular la cuestión de la hegemonía en el discurso social, a través de "la manera en que una sociedad dada se objetiva en textos, en escritos (y también en genero orales)". Como parte de una "hegemonía cultural más abarcadora", continúa Angenot, la hegemonía discursiva es parte de las estructuras de significación de una sociedad (29–30).

En el argumento de Palou, un poeta como Gorostiza tiene como función cuestionar la hegemonía discursiva dentro el discurso social, una "radicalización de una de las salidas de lo decible: la apuesta por un purismo como forma de exacerbación de una postura por el arte autónomo" que resulta "en la crítica de todas las categorías humanas" (*Casa* 546–47). Si "Esquemas para una oda tropical" desarrolla de manera autorreflexiva la naturaleza de los límites de lo decible, "Muerte sin fin" enuncia un lenguaje que busca asomarse más allá de las fronteras del discurso social: he ahí la clave de su abstracción y su hermetismo formal. No es el arte por el arte, sino la poesía como un instrumento cognitivo capaz de establecer en sí una crítica de la condición estructurante y objetivante del discurso.

Así, *La casa del silencio* es uno de los libros más significativos en una tradición sociocrítica que recoge varias de las innovaciones conceptuales de los años setenta a noventa, y las engarza para un estudio del grupo Contemporáneos que es la vez uno de los más exhaustivos estudios sociocríticos en América Latina.[20] En un último guiño a la sociología de la novela de Goldmann, Palou concluye su *ricorso* que cierra la terca parte exponiendo la forma en la que la sociocrítica avanza en el estudio formal dentro el territorio sociológico establecido por Bourdieu. "No debe perderse de vista que lo social no es sólo un efecto de campo, o una toma de posición consciente, sino [...] la

---

20. Dejo dos pistas más en el tintero, pero quiero visibilizarlas. La primera es la cercanía de la sociocrítica con nuevas vertientes de la historia cultural. Véase Perus, comp., donde autores como Cros son acompañados de una serie de ensayos sobre teoría de la recepción, hermenéutica y sociopoética. La segunda es la idea de "modernidad periférica" que recorre la reflexión de Palou en la segunda parte. El dato de interés es que Palou no acusa conocer el libro fundacional de Beatriz Sarlo sobre el tema. Su fuente es una serie de ensayos sobre Vicente Huidobro compilados por Ana Pizarro, particularmente de autores como Jacques Leenhardt y Hugo Achugar. Véase, Pizzaro, comp.

actividad inconsciente de un número grande de prácticas discursivas e ideológicas". Palou concluye con un llamado metodológico que definiría no sólo el resto de su derrotero crítico, sino su trayectoria autorreflexiva como escritor participante de un campo literario y una tradición: "lo social es textual, está ahí, en su materialidad, siempre y cuando no lo consideremos como una categoría fenomenológica, sino sociohistórica, que se mueve en los horizontes de producción/lectura" (*Casa* 554). El novelista y el crítico encuentran aquí uno de sus puntos de inflexión.

El escritor y la toma de posición. Palou en los manifiestos del Crack

No es posible omitir de una discusión en torno a la crítica de Palou el hecho de que su pensamiento crítico en los noventa se refleja en sus intervenciones dentro del movimiento del Crack. Participante del manifiesto lanzado por el grupo en 1996, y autor con *Memoria de los días* de una de las cinco novelas que acompañaron al manifiesto, resulta claro que Palou interviene en el grupo a partir de dos posiciones desarrolladas en su crítica: la idea de un escritor autorreflexivo que debe localizarse estratégica y críticamente en su campo literario y la idea de la novela como un género cuyas formas deben constituir líneas de fuga contra la hegemonía (en el sentido tanto de Bourdieu como de Angenot) del discurso social. Se ha observado además que el Manifiesto del Crack es un texto de raíz académica y teórica (Castillo Pérez 84; Regalado López, *Historia* 54; Sabo), resultado en parte de que varios de los miembros cuentan con doctorados en letras y trayectorias como profesores universitarios y funcionarios culturales. Y, claramente, la idea del "grupo sin grupo" de Contemporáneos, la reunión de autores con estéticas literarias distintas como toma de posición ante la hegemonía del campo, es una de las bases estratégicas del Crack como colectivo. No me parece necesaria en este contexto una discusión abundante del Crack o el Manifiesto, en parte porque esa tarea ha sido llevada a cabo por varios libros recientes tras dos décadas de virtual ninguneo académico del grupo.[21] Una paradoja, sin duda, si se considera las discusiones académicas que la obra del Crack invoca.

---

21. Sin intentar una lista exhaustiva, los libros más importantes son: *Literatura del Crack*, Alvarado; *La "nueva narrativa"*, Sabo; *McCrack.*, Brescia y Estrada; *The Mexican Crack Writers*, Jaimes; *Historia personal del Crack*, Regalado López. A

En el contexto del Crack, Palou tiene tres intervenciones cortas que corresponden, respectivamente a: su participación en el manifiesto en 1996 ("La feria del Crack [una guía]"); su intervención en el libro autocrítico del grupo *Crack. Instrucciones de uso* de 2004 ("Pequeño diccionario del Crack"); y su contribución al "Posmanifiesto del Crack" publicado en ocasión del vigésimo aniversario del manifiesto en 2016 ("El Crack. Una Poética"). Cada uno de los textos tiene una estructura deliberada y programática, que refleja el carácter autorreflexivo que Palou inscribe en estos textos colectivos. El primero adopta abiertamente las *Seis propuestas para el próximo milenio* que el escritor Italo Calvino postuló en su libro póstumo sobre el tema, seguido de un tetrálogo de "mandamientos" que constituyen el programa del novelista del Crack. El segundo texto, como lo indica el título, es un diccionario de breves definiciones (algunas satíricas) de los términos, personas y hechos que definieron al grupo. El tercero está escrito como un decálogo estableciendo los principios que, según Palou, definen la labor novelística del Crack veinte años después del lanzamiento. Estas formas de ensayar sobre el género novelístico corresponden a la filosofía de la literatura que Palou desarrolló en su obra crítica de los noventa y que siguen siendo vigentes en su pensamiento. En una entrevista con Regalado López, "creo que la literatura, como cualquier otra práctica es una práctica política y una práctica ideológica. La literatura moderna ideologizó ciertos recursos como los literarios" (*Historia* 190). De esta manera, Palou se define como "un narrador que piensa" y que explora temas análogos a su novelística desde el ensayo porque "la intuición ficcional" no siempre basta para entender la cuestión narrada.

"La feria del Crack" hace eco de la idea central de Calvino: una "obra literaria" que "se enlaza con la multiplicidad de lo existente y lo posible" (Calvino 140). Palou propone así la escritura de novelas que "no nacen de la certeza, madre de todos los aniquilamientos creativos, hermana mayor del conocimiento" ("Feria" 31). Palou además plantea una oposición programática a lo que llamaríamos hoy en día autoficción o narrativa del yo: "si la posesión más preciada del novelista es la libertad de imaginar, estas novelas exacerban el hecho buscando el continuo desdoblamiento de sus narradores" (31–32).

---

esto podría agregarse un escaso pero constante flujo de artículos académicos que sobraría citar aquí. Mi contribución a este debate y mi discusión detallada sobre el grupo puede encontrarse en *Strategic Occidentalism* (77–138).

Sin abundar en las consecuencias novelísticas, el diálogo con Calvino es un ejemplo claro de dos cuestiones que provienen de la crítica. En primer lugar, las conferencias póstumas de Calvino constituyen un ejemplo de un escritor plenamente consagrado en la literatura mundial que resiste las condiciones del presente para pensar el rol de lo literario en un campo de producción cultural revolucionado por la política y la tecnología —como los Contemporáneos resistiendo el doble embate de la Revolución y el futurismo o el Crack resistiendo la neoliberalización de la publicación y el realismo mágico como imperativo para el escritor latinoamericano—.[22] Un malentendido del Crack (justificado por cierta grandilocuencia sobre la novela pura y total en los textos de los manifiestos) radica en entender como contradicción la toma del campo literario que intentaban con el artepurismo de su estética de ese entonces. Calvino, como los Contemporáneos, ejemplifica en realidad otra cosa: autores que prevalecen estéticamente (y en el caso de Calvino económicamente) sin desistir de la idea de la literatura como espacio antihegemónico.

La segunda idea que Palou desarrolla a partir de Calvino es la coincidencia en escritores de ambición cosmopolita respecto a una tradición de obras (como *Don Quijote*, *Tristram Shandy* o *La metamorfosis*) que explican que esa mirada al futuro es también una reconstitución de una tradición del pasado que debe estar plenamente pensada, sin sucumbir a un presentismo que niega la persistencia de las líneas de fuga de la historia literaria. Palou enfatizaba eso en otro curso de la UDLAP, áridamente titulado "Modelos literarios: novela", construido a través de una lectura cuidadosa de las novelas de Miguel de Cervantes y Lawrence Sterne, junto con *Gargantúa y Pantagruel* de François Rabelais. Finalmente, los manifiestos de Palou son una guía para un concepto de la literatura que se mantiene comprometido a una idea simultáneamente autónoma y estructurante del discurso social. Esto se ve claramente en el texto del postmanifiesto: "Los estilos novelescos son sistemas de operación dentro del lenguaje cuyos efectos buscan ser extralingüísticos. Son máquinas estilísticas portables" (69). Estos elementos son otra condensación del cuidadoso trabajo académico y teórico de Palou: un sistema de pensamiento devenido programa estético.

---

22. Estas cuestiones las discuto en detalle en *Strategic Occidentalism*.

El regreso de la nación

La publicación en 2006 de la novela *Zapata* significó de muchas maneras una reorientación radical de la trayectoria de Palou como novelista y como crítico. A partir de ahí, Palou salió casi completamente de la estética que cultivó prácticamente toda la década anterior, una estética de novelas subjetivas, a veces totales, que estaban marcadas por un sistema denso de referencias literarias y una escritura autorreflexiva en busca del goce estético y lo sublime. *Paraíso clausurado* (2000), en mi opinión, constituyó el pináculo de esa época. Una novela erudita con fuertes características del ensayo que ficcionaliza el tema de la melancolía, y lo encarna en su protagonista, Juan Gavito, como una línea de fuga espiritual y creativa en contra de la hegemonía discursiva del neoliberalismo cultural.[23] Además, es una novela que cierra muchas líneas intelectuales, empezando por el hecho, identificado por Eloy Urroz, de que Gavito está modelado en Jorge Cuesta (141). Ya en 2003, se vislumbraba un cambio radical, cuando Palou publica *Con la muerte en los puños*, una novela sobre un boxeador que funciona con un registro vernáculo sumamente inusual en la obra de Palou. Tras años de circular como un escritor para una audiencia relativamente reducida, este libro tuvo un éxito de nuevas dimensiones, sobre todo al recibir el Premio Xavier Villaurrutia, quizá el máximo galardón al que puede aspirar un libro de literatura mexicana.

Zapata, sin embargo, conduce a otro derrotero: ya más de década y media dedicada a la historización de figuras centrales de la historia de México, con una serie que, a la fecha, en 2022, ha narrado a seis personajes: Emiliano Zapata, José María Morelos, Cuauhtémoc, Juan de Palafox y Mendoza, Porfirio Díaz y Lázaro Cárdenas. Este mismo año, Palou publica la *summa* de este proyecto, *México: la novela*, una titánica obra que deja la perspectiva individual y narra la saga de cuatro familias que recorren la Ciudad de México desde la Conquista hasta el terremoto de 1985. Además, estas novelas se han acompañado con obras de divulgación incluido un ensayo sobre Morelos parte de la serie "Charlas de café con..." de editorial Grijalbo y la contribución de textos a la reciente iconografía de Zapata publicad por la BUAP y el periódico *La Jornada*. Palou se ha convertido en estos últimos años en un novelista de mucha salida comercial, lo cual se demuestra por la continua reedición de sus libros, incluida la serie que se lanza en paralelo a *México* y que el verano ha

---

23. Para mi lectura detallada de esta novela, véase *Strategic Occidentalism* (129–38).

conquistado las mesas de novedades de Sanborns. Esto es un signo indudable de un escritor cuya comunidad lectora excede al medio literario.

En este apartado no me interesa tanto la cuestión del éxito comercial y el efecto en la novelística de Palou, aunque es una pregunta que convendría contestar en otro espacio sin el facilismo que distingue "lo literario" de "lo mercantil", una postura que el mismo Palou parece haber trascendido. Pero resulta indudable que las obras críticas importantes de Palou a inicios de la década pasada —*La culpa de México* (2009), *El clasicismo en la poesía mexicana* (2010) y *El fracaso del mestizo* (2014)— encarnan un giro paralelo en su pensamiento literario, distanciado parcialmente (nunca del todo) del artepurismo que rigió su obra crítica en los noventa. La existencia de la vocación histórica en Palou no debe sorprender. A final de cuentas, su padre Pedro Ángel Palou Pérez, al que dedica *La culpa de México*, fue el cronista histórico de la Ciudad de Puebla y autor de magníficas obras de historia local y regional. Asimismo, al doctorarse en historia en el Colegio de Michoacán, Palou estuvo muy cerca del trabajo microhistórico de Luis González y González y sus discípulos. Como secretario de cultura del Estado de Puebla, fue responsable del patrimonio histórico de la entidad. La historia de México siempre ha acompañado intelectual y profesionalmente al Palou cosmopolita.

Quizá la mejor evidencia se encuentra en textos programáticos. En *Resistencia de materiales*, la subjetividad estaba siempre acechada por la historia: "Es preciso hablar, también, de la urgencia de la ficción: el novelista, de pronto, se siente asaltado por su historia, un hilo delgado que lo une con el mundo y todo —literalmente todo— se transforma en materia novelesca" (9). En el "Pequeño diccionario del Crack", bajo la entrada "Calvino", Palou observa:

> El *Crack* es calvinista (no de Calvin & Hobbes ni a veces del reformista, pues no creemos en el predestinacionismo, menos aún en la literatura), porque adora la abstracción pura en literatura ¿Prosa pura: *Palomar*? Pero también la ternura de la historia, la perfección del detalle, la validez del paso del realismo a la fantasía, del viaje en todas las latitudes del *imago fictio* y el *imago mundo*. (195)

Claramente, aun en los momentos de reivindicación del purismo radical, la historia está presente, puesto que la naturaleza social del texto y su base estructurante no puede nunca salir de ella.

La culpa de México (2009) es un ensayo histórico que revisa la historia del liberalismo mexicano.[24] La tarea, por supuesto, no es nueva, se trata quizá de uno de los temas que más han obsesionado a los escritores mexicanos. Palou busca sin embargo un ángulo distinto. Su trabajo busca apartarse del "intento de legitimar distintas versiones y variantes del liberalismo" —como hacen autores como Carlos Monsiváis (*Las herencias*)— para escribir "una historia narrativa del siglo XIX que nos devuelva el rostro, que nos responda con seriedad cuando se jodió México" (12). Como discutí anteriormente, Palou entiende al ensayo como una vía de pensamiento y reflexión hacia territorios a los que no accede necesariamente la narrativa. No debe sorprendernos entonces que este libro cubre fundamentalmente el espacio histórico entre la independencia —narrado en su novela *Morelos. Morir es nada* (2007)— y el Porfiriato —centro de su novela *Pobre patria mía* (2010)—.

En esta empresa, emergen varias de las influencias intelectuales del proceso formativo de Palou. El libro lanza una tesis provocadora: "el liberalismo decimonónico, como el entronizado por la Revolución mexicana, clausuró las soluciones regionales por una vasta utopía nacional, desde la idea de unidad que aquí buscaremos desmontar mediante un recorrido por ciertos instantes de la modernidad mexicana en su primer siglo de construcción y definición" (12). Se puede mencionar de nuevo que El Colegio de Michoacán, donde estudió Palou, estaba a la vanguardia de estos trabajos, sobre todo siguiendo la pista del libro fundador de la microhistoria mexicana, *Pueblo en vilo* (1968) de Luis González y González. Hijo de un practicante de la historia regional y egresado de una de sus instituciones más prestigiosas, el libro apunta a la unificación nacional como una forma de supresión de las distintas socialidades

---

24. En otras notas, he citado un trabajo mío que hace referencia a la obra de Palou, con la intención de mostrar la forma en que mi maestro ha impactado mi propia trayectoria intelectual. Este libro, como *El fracaso de México*, invierten la dinámica, y Palou tiene la generosidad de citar al alumno que escribe estas líneas. En este caso, me parece sumamente raro citar la cita de mi trabajo y he decidido no hacerlo. Los lectores pueden encontrar esas referencias en los libros de Palou. Me parece sin embargo relevante escribir esta pequeña nota porque esas citas no sólo son evidencia de las maneras en que como su discípulo dialogo naturalmente con su obra, sino también testamento de la generosidad de un maestro que reconoce el trabajo de su alumno.

del territorio que se convertiría en México. Esto sienta las bases de un liberalismo contradictorio que opera en la tensión de tres ejes: un "proyecto de organización nacional" que buscaba mantener las estructuras coloniales sin relación con la metrópoli, un "proyecto liberal criollo" asentado en la división civilización-barbarie y la supresión de las insurgencias regionales y un proyecto "liberal-mestizo" que buscaba mayor fidelidad a las realidades sociales locales (162).

Para Palou, el liberalismo mexicano se predica en "la dislocación entre ideología y práctica social porque se negaba la colonia por ser un pasado ilegítimo como para fundar en él las raíces de la nacionalidad y lo que se estaba haciendo era, en realidad, descalificar el propio discurso fundacional" (162). Aquí, Palou recupera una línea cercana a sus lecturas de *La ciudad crítica*. La sociohistoria de la cultura latinoamericana del siglo XIX floreció en los años ochenta y Palou fue uno de los primeros en capturarla. De hecho, este pasaje particular es en parte retomado de *La ciudad crítica* (45), demostrando un engarzamiento de las reflexiones que Palou desarrolló en los noventa con la preocupación histórica que su obra manifestaría a partir del 2006. En *La ciudad crítica* existía un diálogo claro con *La ciudad letrada* (1984) de Rama, pero otra fuente esencial da forma al pensamiento de Palou: el trabajo de Beatriz González Stephan sobre la historiografía literaria del siglo XIX: "como se puede desprender del trabajo de Beatriz González Stephan no se pueden integrar elementos disgregados para generar una unidad artificial" (*Ciudad* 45). En *La culpa de México* Palou lleva esta intuición, originalmente dedicada al problema de las literaturas nacionales, hacia el concepto mismo de ciudadanía en general.

A esto, Palou aúna dos libros de gran influencia en los estudios latinoamericanistas del siglo XIX, pero cuyo impacto en México es relativamente modesto. Uno es *La pobreza del progreso* (1990) de E. Bradford Burns, una historia del siglo XIX latinoamericano que constituye el modelo formal del libro de Palou. Burns traza una historia revisionista que cuestiona la valoración que se hace del liberalismo decimonónico en América Latina, planteando la idea de que sus resultados esenciales fueron la dependencia de la región a otras naciones, la persistencia de conflictos bélicos devastadores, y el declive de la calidad de vida de las poblaciones mestizas, indígenas y afrodescendientes. De igual manera, Palou invoca el clásico ensayo de Roberto Schwarz, "As idéias fora do lugar" (9–31), que estudió para el caso brasileño el significado la modernización decimonónica, desarrollado no en la economía capitalista industrial que le dio forma en Europa, sino en una sociedad esclavista contraria a las ideas de ciudadanía y nación (Palou, *Culpa* 11). Palou con esto desmitifica el liberalismo como ideología, lo cual constituye una de las bases de su novelística, que muestra a personajes históricos en formas que contradicen las narrativas de la historia oficial que se han desarrollado sobre todo en el siglo XX. De ahí, *La culpa de México* concluye dejando abierta la puerta a la crítica de la mestizofilia, la encarnación del liberalismo vigesémico, que terminó por ser unificador "por dotar a un proyecto de Estado de un principio político que era al mismo tiempo darle dirección intelectual a lo que eran hechos consumados" (*Culpa* 170).

Antes de entrar a *El fracaso del mestizo,* hay que anotar que en los libros de este periodo Palou continúa una exploración sociocrítica de las tradiciones literarias. Aunque *La culpa de México* es más bien un ensayo histórico, Palou cierra mencionando las obras de escritores como José Tomás de Cuéllar, Ignacio Manuel Altamirano y Manuel Payno, en los que se vuelven palpables las contradicciones del modelo liberal (164–65). Es claro además que las fuentes teóricas de Palou (Schwarz, González Stephan, Rama) desarrollan sus tesis desde la crítica literaria, lo cual a su vez implica un sentido de interpretación de la historia desde los instrumentos epistemológicos de la literatura. Esto es patente en la manera en que sus novelas se acompañan de proyectos ensayísticos y críticos, como es el caso de la novela *Morelos* con las *Charlas de café* escritas ensayísticamente desde la voz del prócer, o la escritura de *Tierra roja,* novela centrada en Lázaro Cárdenas, con la co-edición de un libro académico repensando los legados teóricos y críticos del cardenismo (Del Valle y Palou).

Palou mantiene en este periodo una mirada hacia la literatura mexicana y su estatuto sociocrítico. En un breve libro de 2010 titulado *El clasicismo en la poesía mexicana (una indagación),* Palou estudia la evolución de las formas poéticas. El libro retoma la estructura y temas de un ensayo de Alfonso Reyes, "El paisaje en la poesía mexicana del siglo XIX" (Reyes 195–245), interrogando en la evolución histórica una estética. Siguiendo la idea de clasicismo de Jorge Cuesta —desarrollada a su vez en *La casa del silencio* y en su ensayo "Un pesimista socrático"—, Palou retoma temas de su ensayística anterior, como el problema del liberalismo criollo y la naturaleza de la escritura de vanguardia, para trazar una ruta que va del romanticismo, pasando por el quiebre modernista, hasta los inicios del siglo XX. Metodológicamente el ensayo plantea la tensión entre una sociocrítica de la poesía amarrada a la relación entre forma y modernidad, y un concepto agonístico de la historia poética, fuertemente amarrado a las teorías de Harold Bloom en torno a la angustia de las influencias. Es una forma de leer a la nación que mantiene la fe en el poder de la forma literaria misma y la posibilidad de reconciliar metodológicamente con el estudio del carácter social de la forma, pero es claro que en este libro el problema de la expresión concretamente mexicana ocupa un lugar mucho más preponderante que en los estudios sobre Contemporáneos.

El fracaso del mestizo retoma la batuta de los dos libros anteriores y propone una historia cultural del auge y caída de la mestizofilia en el cine y la literatura mexicanas. Palou lo presenta como una continuación de *La culpa de México*, un intento de "ahondar en esa fractura estructural de nuestro país" (11). El libro es un salto importante tanto en metodología como en fuentes teóricas, y creo que otorgó una bocanada de aire fresco a la trayectoria crítica de Palou. Es su primer libro desde su mudanza a Tufts University, donde sigue enseñando e investigando a la fecha. Sin salir completamente de los legados de Bourdieu y la sociocrítica, el libro claramente dialoga con los estudios literarios y culturales mexicanistas en Estados Unidos, de los que Palou comenzaba a ser parte importante. Sin duda, la mudanza a este país ha dado a Palou una suerte de incomodidad productiva, una forma de dialogar con nuevas tradiciones a la vez que resistir desde el ideario de su trayectoria crítica la normalización en una sociedad y en una academia donde los latinoamericanos nunca acabamos de pertenecer del todo.[25]

Palou explica que el libro realiza una interrogación "sobre la construcción, el auge y la caída del Estado mexicano moderno. Lo hace a través de dos prácticas materiales de la cultura: la literatura y el cine, y no desde el discurso político o el cuestionamiento de sus instituciones democráticas" (13). Esta elección, continúa Palou, "permite ahondar en cómo se dio la creación del mito genial del mestizo, en tanto sujeto privilegiado del Estado soberano, y también indagar en por qué fracasó, sobre todo después de 1982, esta utopía ideológica" (13). El libro representa un avance en los trabajos de Palou sobre Bourdieu, al incorporar el trabajo del sociólogo francés sobre el Estado, recién conocido en 2012 con la edición de sus conferencias en el Collège de France. Palou retoma la idea de que "la retórica de lo oficial, el Estado" constituye "una suerte de reserva simbólica, de un orden simbólico que él mismo establece mediante la reproducción de la educación" (20). En Palou, la cultura

---

25. Palou dedica un ensayo experimental a esta incomodidad, titulado "El boom hizo crack (instrucciones para *no* vivir en EU)" (*Enfermiza* 25).

del mestizaje constituye una "sociodicea", neologismo acuñado por Bourdieu secularizando el término teodicea, la "argamasa, la amalgama de esa pretendida unidad nacional" del México posrevolucionario (20-21). Este cambio es importante, porque la constitución autónoma de campos cede su lugar a un interés más profundo en las relaciones estructurantes entre texto literario y cinematográfico y los mecanismos simbólicos del campo de poder mismo. Palou adquiere aquí como interlocutor a Gareth Williams de quien subraya la manera en que la reproducción técnica que subyace al cine y el proceso de soberanía durante la Revolución cambia fundamentalmente la función del arte en México (Williams 47; Palou, *Fracaso* 30).

El fracaso del mestizo es un libro difícil de sistematizar porque, a diferencia de *La casa del silencio* no está guiado por argumentos teóricos amplios. Más bien, cada capítulo atiende cuidadosamente un pareo de una obra literaria y una obra cinematográfica. En los capítulos más ricos —como el que conecta *Los olvidados* (1950) de Luis Buñuel con *El luto humano* (1943) de José Revueltas— encontramos quizá el funcionamiento de la tesis de la obra de arte como línea de fuga a la hegemonía del discurso social en su manifestación más precisa. Más allá de los detalles de las lecturas, lo que interesa aquí notar es que Palou muestra una enorme atención al corpus crítico sobre literatura y cines mexicanos producido fundamentalmente en inglés, que ha contribuido a la teorización de la literatura dentro de filosofías políticas contemporáneas (autores como Bruno Bosteels, el mencionado Williams o Joshua Lund). Asimismo, *El fracaso del mestizo* atiende a la tradición anglófona de estudio del cine mexicano, que han en años recientes, gracias al trabajo de críticas como Laura Isabel Serna o Dolores Tierney, construido discusiones que sofistican y amplían los archivos visuales del país y que desterritorializan obras clásicas del cine nacional de su lectura alegórica respecto al nacionalismo revolucionario. El canon de *El fracaso del mestizo* es conocido para los mexicanistas, incluyendo varias de las obras más canónicas pero renovado por su atención crítica. Junto con otros proyectos, como el libro sobre Juan Rulfo editado con otro ex alumno de la UDLAP, Francisco Ramírez Santacruz, muestran que Palou acompaña la escritura de sus novelas históricas con una constante sociocrítica de las ideas y las formas simbólicas de la tradición literaria mexicana frente a la que se posiciona.

La Coda de *El fracaso del mestizo* anuncia un derrotero teórico que Palou no ha desarrollado del todo, pero que quizá sugiere nuevas vías para su pensamiento sobre la literatura. Palou cierra sus estudios hablando de una inclinación utópica en la salida del mestizaje: "En ese *futuro olvidado* se encuentra quizá la clave para des-hacer el mestizaje, cuya trayectoria este libro ha buscado explorar como parte de esa lectura necesaria y de ese *posible imposible*" (204). Palou adopta un registro lacaniano sobre la subjetividad, quizá demasiado complejo para describir en detalle aquí, pero cuyo punto es pensar la literatura como un mecanismo que da forma a la "intromisión desestabilizadora de lo real que excede todas las clasificaciones y categorías sociales" (205). Palou invoca a Maria Ruti, quien, desde la teoría lacaniana, discute la "singularidad del ser", es decir, los aspectos de la subjetividad que resisten cierre social e integración a los imaginarios colectivos. Añadiendo al pensador italiano Giacomo Marramao a la discusión, Palou discute el rol de la literatura y el cine en la imaginación de un "universalismo de lo múltiple en este mundo finito que es el presente, espacialmente comprimido y temporalmente acelerado". El fin de las fuerzas territorializantes de la nación que vienen con el fracaso del mestizo, o al menos el *interregnum* abierto ante la crisis de soberanía que se manifiesta en dicho fracaso, permite una imaginación utópica y revolucionaria que hace eco de los autores y pensadores cuya formas literarias eran desestructurantes del discurso nacionalista: "El sujeto, nos decía Revueltas en su Hegel, solo puede realizar un acto profundo, una *memoria de lo no ocurrido* si se resiste la falsa interpelación de la identidad, si se sigue deshaciendo, siempre" (213).

Envío. Una micrología del presente

En *Si hace crack es boom*, Ignacio Padilla, camarada de grupo y también profesor por un tiempo en la UDLAP describe a Palou como uno de los mayores polímatas e hipérgrafos en la literatura mexicana:

> Desde sus comienzos como animador de fiestas infantiles hasta su consagración como gestor cultural y académico de cepa, desde su paso por el arbitraje profesional hasta su impetuosa incorporación al mundo de la alta cocina, Pedro desconoce cualesquiera de los límites que usualmente buscan imponerse a la creatividad en un campo concreto. Para él, todo es parte de una imbricada red donde las actividades e intereses en apariencia más disímbolos se causan, se deben y se contagian unos a otros en una armonía que para el resto de nosotros es tan críptica como eficiente. (76–77)

Palou, el escritor, entiende la novelística y la vida como actividades profundamente sociales, en las que todos los elementos están orgánicamente constituidos. Ajeno a la autobiografía, la escritura de Palou constantemente ensaya el mundo, y las continuidades entre su crítica y su narrativa las unifican en un solo proyecto.

El libro más reciente dentro de la ensayística de Palou, *La enfermiza apariencia de las figuras de mazapán* (2018), acusa un doble movimiento. Repitiendo la invocación a *El arte de la fuga* de Pitol como modelo, como en *Resistencia de materiales*, este libro es una miscelánea de "ensayos urgentes" que mezcla ensayos satíricos, crítica literaria y reflexiones sobre el presente. Palou llama a esta tarea una "micrología", el estudio "pequeñas cosas nunca del todo insignificantes" (9). "De todo hay (como en botica)", se titula la primera sección, recordándonos la omnipresencia de la mente del escritor frente al mundo. Palou describe así la empresa:

> En un tiempo en que los grandes temas, las grandes metanarrativas han dejado su lugar a la incertidumbre, en pleno *interregnum*, hay que interrogar otras cosas. Yo lo hago, juguetonamente, desde la novela, el género que más me interesa y el que menos sobrevivirá la muerte de lo literario. Lo hago desde el ocio, la atención y la lectura, tres actividades que requieren de silencio y tiempo, dos recursos no renovables. Lo hago desde lo urgente, porque al ser esencial y estar frente a nuestras narices se nos olvida y lo pasamos por alto. (9)

Palou es un practicante de la "obligación moral de ser inteligente", como la llamaba Lionel Trilling. Esta sección tiene un tono distinto a la ensayística anterior, más personal, menos académico. Varios de los ensayos expresan una preocupación fundamental por la condición del presente, el vivir como latinoamericano en los Estados Unidos y los efectos de la tecnologización digital en las posibilidades cognitivas de la literatura. En una serie de textos breves, Palou muestra preocupación respecto a una nueva "economía del sentido, donde los objetos de la cultura —música, literatura, artes visuales pero también comida, vino o fútbol— carecen de sentido en sí mismos, carecen de finalidad" (*Enfermiza* 41). Palou invoca al escritor italiano Alessandro Baricco para observar que la cultura ya no se consume como sentido sino como movimiento, "y es ese movimiento, es fluir, el único sentido del sinsentido, no fijo, lábil y aleatorio, colectivo" (*Enfermiza* 41; Baricco, *Los bárbaros*). Palou refrenda en estos ensayos la idea de que la novela, siempre en crisis y siempre triunfante, es la forma de confrontar los desafíos de una etapa que diagnostica como oscura y preocupante.

El segundo es una larga reflexión en dos tiempos sobre la novela, titulada "el arte de perder".[26] Palou describe esta empresa "como si quisiera ser el diario apócrifo de una novela escrita", reflexionando en torno a los grandes diarios de novelistas y la imposibilidad de escribir una novela. Desfilan por esta reflexión antiguas referencias de Palou —William Faulkner, Roland Barthes— junto con nuevas fuentes —la notablemente autorreflexiva escritora francesa Annie Ernaux, por ejemplo—. Palou complementa este segundo texto con un apartado llamado "La novela que sí puede escribirse. Un ensayo en aforismos", donde lanza seis manifiestos con más de un centenar de tesis en total, pensando el problema de la novela. Es un ensayo que apunta hacia la escritura y el pensamiento futuro, dejando en claro que su trayectoria novelística y crítica continúa abierta. Por esa razón es sólo posible concluir con un envío, a la espera de esas nuevas reflexiones, que abren posibilidades para avanzar las ricas, productivas y provocadoras agendas que Palou ha desarrollado por más de treinta años. Cierra Palou: "La pregunta central sobre el significado de lo humano en un mundo en donde la respuesta no puede estar más allá de lo humano, no fuera sino dentro de nosotros, es así central" (*Enfermiza* 197). Lo humano, la perenne agenda utópica de la novela por-venir.

Bibliografía

Nota:

Cito las ediciones originales, así como las definitivas de la obra ensayística de Palou. En todos los casos, las referencias en este ensayo son a las ediciones definitivas, con excepción de *El fracaso del mestizo*, cuya edición de bolsillo no constituye un cambio mayor. Algunos libros tempranos aparecen publicados con su segundo apellido (Palou García), pero dado el hecho de que su *nom de plume* se ha fijado en Pedro Ángel Palou, omito el "García" en la bibliografía. He decidido registrar tan exhaustivamente como me ha sido posible las ediciones de la obra ensayística de Palou porque no se han catalogado de esta manera en ningún trabajo anterior. En el caso de la narrativa de ficción, me limito a citar la edición consultada de cada novela, registrando la edición

---

26. Esta segunda parte fue publicada como un libro bajo el título *El arte de perder (novela jamás escrita)* y claramente es un proyecto distinto a "De todo hay".

original en paréntesis sólo cuando cito una versión posterior. Sin excepción, las obras de Palou se listan en el orden de su publicación original, comenzando con la más reciente, debido a que la secuencia es significativa para el argumento del presente ensayo. Las citas textuales corresponden en general a la edición definitiva, debido a mi deseo de apuntar hacia aquellas versiones accesibles a los lectores. Sin embargo, cuando cito un texto de la versión original faltante en la versión definitiva, se indica en la cita parentética el año de la edición original.

Alvarado Ruiz, Ramón. *Literatura del Crack. Un manifiesto y cinco novelas.* Arlequín, 2016.

Andreas, Juan V. *Las bodas químicas de Christian Rosenkreutz.* Prisma, 1988.

Angenot, Marc. *El discurso social. Los límites históricos de lo pensable y lo decible.* Eds. María Teresa Dalmasso y Norma Fatala. Trad. Hilda H. García, Siglo XXI, 2010.

Baricco, Alessandro. *Los bárbaros. Ensayo sobre la mutación.* Trad. Xavier González Rovira, Anagrama, 2008.

Benjamin, Walter. *Iluminaciones II. Poesía y capitalismo.* Trad. Jesús Aguirre, Taurus, 1972.

Berman, Marshall. *Todo lo sólido se desvanece en el aire. La experiencia de la modernidad.* Trad. Andrea Morales Vidal, Siglo XXI, 1988.

Beuchot, Mauricio. *Hermenéutica, lenguaje e inconsciente.* Benemérita Universidad Autónoma de Puebla, 1989.

Bourdieu, Pierre. *Sobre el Estado. Cursos en el Collège de France (1989–1992).* Trad. Pilar González Rodríguez, Anagrama, 2014.

———. *Las reglas del arte. Génesis y estructura del campo literario.* Trad. Thomas Kauf, Anagrama, 1995. Edición original en francés: Seuil, 1992.

——— y Loïc J. D. Wacquant. *An Invitation to Reflexive Sociology.* U of Chicago P, 1992.

Brescia, Pablo y Oswaldo Estrada, eds. *McCrack. McOndo, el Crack y los destinos de la literatura latinoamericana.* Albatros, 2018.

Burns, E. Bradford. *La pobreza del progreso. América Latina en el siglo XIX.* Siglo XXI, 1990.

Calvino, Italo. *Seis propuestas para el nuevo milenio.* Trad. Aurora Bernárdez, Siruela, 1988.

Castillo Pérez, Alberto. "El Crack y su manifiesto". *Revista de la Universidad de México* 31 (2006): 83–88.

Conde Gaxiola, Napoleón. "Breve historia del movimiento de la hermenéutica analógica (1993–2003)". *Diánoia* 52 (2004): 147–62.

Coronado, Juan, ed. *La novela lírica de Contemporáneos. Antología*. Universidad Nacional Autónoma de México, 1988.

Cros, Edmond. *Ideosemas y morfogénesis del texto. Literaturas española e hispanoamericana*. Vervuert, 1992.

———. *Literatura, ideología y sociedad*. Trad. Soledad García Mouton, Gredos, 1986.

Del Valle, Ivonne y Pedro Ángel Palou. *Cardenismo. Auge y caída de un legado político y social*. Revista de Crítica Literaria Latinoamericana, 2017.

Deleuze, Gilles y Félix Guattari. *El anti Edipo. Capitalismo y esquizofrenia*. Trad. Francisco Monge, Paidós, 1985.

Díaz Arciniega, Víctor. *Querella por la cultura "revolucionaria" (1925)*. Fondo de Cultura Económica, 1989.

Domínguez Michael, Christopher. "La epopeya de la clausura. *La ciudad letrada*, revisitada". *Revista de la Universidad de México* 98 (abril de 2012): 98–99.

Eco, Umberto. *La estructura ausente. Introducción a la semiótica*. Trad. Francisco Serra Cantarell, Lumen, 1999.

Flores, Malva. *Sombras en el campus. Notas sobre literatura, crítica y academia*. Bonilla Artigas, 2020.

Gadamer, Hans-Georg. *Verdad y método*. 2 vols. Trad. Ana Agud Aparicio y Rafael de Agapito, Sígueme, 1996.

García Gutiérrez, Rosa. *Contemporáneos. La otra novela de la Revolución Mexicana*. Universidad de Huelva, 2000.

Glantz, Margo. "Dos textos sobre Alfonso Reyes". En *Alfonso Reyes y los estudios latinoamericanos*. Eds. Adela Pineda Franco e Ignacio M. Sánchez Prado. Instituto Internacional de Literatura Iberoamericana, 2004. 245-57.

Goldmann, Lucien. *Pour une sociologie du roman*. Gallimard, 1964.

González y González, Luis. *Pueblo en vilo*. Fondo de Cultura Económica, 1985.

González Rodríguez, Sergio. *De sombra y sol*. Sexto Piso, 2006.

González Stephan, Beatriz. *La historiografía literaria del liberalismo hispanoamericano del siglo XIX*. Casa de las Américas, 1987.

Gorostiza, José. *Poesía y prosa*. Comp. Miguel Capistrán, Siglo XXI, 2007.

Jaimes, Héctor, ed. *The Mexican Crack Writers. History and Criticism*. Palgrave Macmillan, 2017.

Jung, Carl-Gustav. *Psicología y alquimia*. Trad. Alberto Luis Bixio. Obras completas de Carl-Gustav Jung 12, Trotta, 2015.

Klossowski de Rola, Stanislas. *El juego áureo. 533 grabados alquímicos del siglo XVII*. Trad. José Antonio Torres Almodóvar, Siruela, 1988.

Mariaca, Guillermo. *El poder de la palabra. Ensayos sobre la modernidad de la crítica cultural hispanoamericana*. Tajamar, 2007. Edición original: Casa de las Américas, 1993.

Marramao, Giacomo. *The Passage West. Philosophy After the Age of the Nation State*. Trad. Matteo Mandarini, Verso, 2012.

Monsiváis, Carlos. *Las herencias ocultas de la reforma liberal del siglo XIX*. Debate, 2006.

Moraña, Mabel. *Bourdieu en la periferia. Capital simbólico y campo cultural en América Latina*. Cuarto Propio, 2014.

Mounin, Georges. *La literatura y sus tecnocracias*. Trad. Jorge Aguilar Mora, Fondo de Cultura Económica, 1983.

Nietzsche, Friedrich. *Obras completas 3. El eterno retorno. Así habló Zaratustra. Más allá del bien y del mal*. Trad. Eduardo Ovejero Maury, Aguilar, 1965.

Ortega y Gasset, José. *La deshumanización del arte y otros ensayos de estética*. Austral, 2000.

Padilla, Ignacio. *Si hace crack es boom*. Umbriel, 2007.

Palou, Pedro Ángel. *México. La novela*. Planeta, 2022.

———. *El arte de perder (novela jamás escrita)*. Universidad Veracruzana, 2020. Originalmente publicado en *La enfermiza apariencia* 91–197.

———. *La enfermiza apariencia de las figuras de mazapán. Ensayos urgentes*. Albatros, 2018.

———. "La feria del Crack (una guía)" y "El Crack. Una poética". *Manifiesto Crack y postmanifiesto del Crack 1996–2016* de Ricardo Chávez Castañeda, Ignacio Padilla, Pedro Ángel Palou et al. Ed. Tomás Regalado López, Universidad Veracruzana, 2018. 27–32 y 67–70.

———. *Tierra roja. La novela de Lázaro Cárdenas*. Planeta, 2016.

———. *El fracaso del mestizo*. Ariel, 2014. Edición definitiva: Booket, 2021. Edición ilustrada en inglés: *Mestizo Failure(s). Race Film and Literature in Twentieth Century Mexico*. Trad. Sara Potter, Art Life Lab, 2016.

———. *Pobre patria mía. La novela de Porfirio Díaz*. Planeta, 2010.

———. *El clasicismo en la poesía mexicana (una indagación)*. Benemérita Universidad Autónoma de Puebla, 2010.

———. *Charlas de café con... José María Morelos*. Grijalbo, 2009.

———. *La culpa de México. La invención de un país entre dos guerras*. Norma, 2009.

———. *Morelos. Morir es nada*. Planeta, 2007.

———. "Un pesimista socrático. Decepción y tradición en Jorge Cuesta". *Revista de Crítica Literaria Latinoamericana* 65 (2007): 139–60.

———. "Pequeño diccionario del Crack". *Crack, Instrucciones de uso* de Ricardo Chávez Castañeda, Alejandro Estivill, Vicente Herrasti et al. Literatura Mondadori, 2004. 193–205.

———. "Emblemática y alquimia. Un discurso problemático". En *Las dimensiones del arte emblemático*. Eds. Bárbara Skinfill Nogal y Eloy Gómez Bravo. El Colegio de Michoacán, 2002. 381–406.

———. *Escribir en México durante los años locos. El campo literario de los Contemporáneos*. Benemérita Universidad Autónoma de Puebla/ Fondo Nacional para la Cultura y las Artes, 2001. Versión ampliada de la primera parte de *La casa del silencio*.

———. *Resistencia de materiales (ensayos)*. Instituto Politécnico Nacional, 2000.

———. *Paraíso clausurado*. Tusquets, 2016. Edición original: Muchnik, 2000.

———. *Y esta es toda la magia. Alquimia, literatura, emblemática*. Secretaría de Cultura del Estado de Puebla, 1998.

———. *La casa del silencio. Aproximación en tres tiempos a Contemporáneos*. El Colegio de Michoacán, 1997. Edición definitiva: *La casa del silencio. Aproximación en tres tiempos a los Contemporáneos*. Instituto Veracruzano de Cultura, 2015.

———. *La ciudad crítica. Imágenes de América Latina en su teoría, crítica e historiografía literarias*. Universidad Pontificia Bolivariana, 1997. Edición definitiva y aumentada: Universidad Veracruzana, 2019.

———. *Memoria de los días*. Joaquín Mortiz, 1995.

———. *En la alcoba de un mundo*. Fondo de Cultura Económica, 1992.

——— y Francisco Ramírez Santacruz, eds. *El llano en llamas, Pedro Páramo y otras obras (en el centenario de su autor)*. Iberoamericana Vervuert, 2017.

Pellicer, Carlos. *Hora de junio. Práctica de vuelo*. Fondo de Cultura Económica, 1998.

Pereda, Carlos y Gustavo Leyva. "La recepción de la filosofía alemana en México". En *Las relaciones germano-mexicanas. Desde el aporte de los hermanos Humboldt hasta el presente*. El Colegio de México/ DAAD/ UNAM, 2001, pp. 215–64.

Perus, Françoise. *Literatura y sociedad en América Latina. El modernismo*. Siglo XXI, 1976.

———, comp. *Historia y literatura*. Instituto Mora, 1994.

Picinelli, Filippo. *El mundo simbólico*. Coords. Eloy Gómez Bravo y Rosa Lucas González. 23 vols. El Colegio de Michoacán, 1997-presente. Proyecto en curso.

Pitol, Sergio. *El arte de la fuga*. Era, 1996.

Pizarro, Ana, comp. *Modernidad, postmodernidad y vanguardias. Situando a Huidobro*. Ministerio de Educación de Chile/ Fundación Vicente Huidobro, 1995.

Rall, Dietrich, comp. *En busca del texto. Teoría de la recepción literaria*. Universidad Nacional Autónoma de México, 1987.

Rama, Ángel. *Las máscaras democráticas del modernismo*. Arca, 1994.

———. *Literatura y clase social*. Folios, 1984.

———. *La ciudad letrada*. Ediciones del Norte, 1984.

Ramírez Santacruz, Francisco y Pedro Ángel Palou, eds. *Cervantes transatlántico. Transatlantic Cervantes*. Peter Lang, 2019.

Raymond, Marcel. *De Baudelaire al surrealismo*. Trad. Juan José Domenchina, Fondo de Cultura Económica, 1960.

Regalado López, Tomás. *Historia personal del Crack. Entrevistas críticas*. Albatros, 2018.

———. "De Contemporáneos al Crack. Jorge Cuesta y Xavier Villaurrutia en la novela mexicana de fin de siglo". *Lectura y signo* 10 (2015): 45–67.

Ruffinelli, Jorge. "La crítica literaria en México. Ausencias, proyectos y querellas". *Revista de crítica literaria latinoamericana* 31–32 (1990): 153–69.

Ruti, Maria. *The Singularity of Being. Lacan and the Immortal Within*. Fordham UP, 2012.

Sabo, María José. *La "nueva narrativa" en los años noventa. El manifiesto Crack en la teoría-crítica latinoamericana*. Eduvim, 2015.

Sánchez Prado, Ignacio M. "The Persistence of the Transcultural. A Latin American Theory of the Novel from the National-Popular to the Global". *New Literary History* 51.2 (2020): 347–74.

———. *Intermitencias alfonsinas. Estudios y otros textos (2004–2018)*. Universidad Autónoma de Nuevo León/ Universidad Iberoamericana Torreón, 2019.

———. "Prólogo. *La ciudad crítica* y la ausencia de la tradición latinoamericanistas en México". En Palou, *La ciudad crítica*, 2019: 19–28.

———. "*La casa del silencio*, casi dos décadas después". En Palou, *La casa del silencio*, 2015: 15–27.

———. *Strategic Occidentalism. On Mexican Fiction, the Neoliberal Book Market and the Question of World Literature*. Northwestern UP, 2018.

———. *Naciones intelectuales. Las fundaciones de la modernidad literaria mexicana (1917–1959)*. Purdue Studies in Romance Literatures, 2009.

Sapiro, Gisèle. *La sociología de la literatura*. Trad. Laura Folica, Fondo de Cultura Económica, 2016.

Schwarz, Roberto. *Ao vencedor as batatas. Forma literária e processo social nos inicios do romance brasileiro*. Livraria Duas Cidades/ Editora 34, 2000.

Sefchovich, Sara. *México. País de ideas, país de novelas. Una sociología de la literatura mexicana*. Grijalbo, 1987.

Sevcenko. Nicolau. *Orfeu extático na metrópole. São Paulo, sociedade e cultura nos frementes anos 20*. Companhia das Letras, 1992.

Sheridan, Guillermo, ed. *Homenaje a los Contemporáneos. Monólogos en espiral. Antología de narrativa*. Instituto Nacional de Bellas Artes/ CULTURASEP, 1982.

Speller, John R. W. *Bourdieu and Literature*. Open Book, 2011.

Trilling, Lionel. *The Moral Obligation to Be Intelligent. Selected Essays.* Ed. Leon Wieseltier. Farrar, Strauss & Giroux, 1999.
Urroz, Eloy. *Siete ensayos capitales. Borges, Carpentier, Fuentes, Vargas Llosa, Padura, Pereira, Palou.* Taurus, 2004.
Vila, María del Pilar. "La alquimia de un género. Sergio Pitol y el ensayo literario". *Revista Iberoamericana* 240 (2012): 605–21.
Williams, Gareth. *The Mexican Exception. Sovereignty, Police and Democracy.* Palgrave Macmillan, 2011.
Williams, Raymond. *Politics of Modernism. Against the New Conformists.*Verso, 2007.
Wilson, Edmund. *Axel's Castle. A Study in the Imaginative Literature of 1870–1930.* Charles Scribner's Sons, 1931.
Wolfson, Gabriel. *Muerte sin fin. El duro deseo de durar.* Universidad Veracruzana, 2001.
Zapata. Documentos. Arte Gráfica. La Jornada/ Secretaría de Educación Pública/ Benemérita Universidad Autónoma de Puebla, 2019.
Zima, Pierre V. *Pour une sociologie du texte littéraire.* Union Générale d'Éditions, 1978.

RAMÓN ALVARADO RUIZ
UNIVERSIDAD AUTÓNOMA DE SAN LUIS POTOSÍ

Pedro Ángel Palou, "una actitud intelectual expansiva"

DE ENTRADA, HABLAR DE Pedro Ángel Palou es hablar de su obra. Habría que remontarnos a 1986 cuando publica sus primeros cuentos —*Adiós a la luna*— y seguir, a partir de ahí, una trayectoria de escritura que se extiende ya por más de treinta años y que acumula en su haber, hasta este año, 64 obras de los más diversos géneros.[1] No es mi afán ser concluyente con una obra tan vasta escrita por "uno de los más prolíficos autores de la literatura mexicana reciente" (Sánchez Prado, "*Paraíso clausurado*" 164), sino mostrar a un escritor en ciernes y cuyas obras iniciales prometían trazar nuevas sendas para la literatura mexicana, pero, que posteriormente se desdibuja en cuanto a la atención crítica y el conocimiento pleno de la obra por parte del medio académico.

La intención de este capítulo es presentar al autor y su obra. Tarea nada sencilla, además, porque sigue siendo una obra en progreso. Por otra parte, tenemos a un escritor que, si bien parece discreto en su actuar, es de capital importancia para entender el presente de nuestra literatura, tanto por su desempeño individual como por ser integrante del controvertido grupo del Crack, desde donde hay que entender, también, las directrices de su obra.

---

1. Este número ha sido cotejado y constatado con el autor. En lo personal cuento con 53 de esos libros; es el resultado del trabajo de reunir, no solo la obra de Pedro Ángel Palou, sino de los cinco escritores del Crack a fin de tener una mejor perspectiva de lo escrito a raíz de su conformación como grupo.

Pedro Ángel Palou: un pasado

Separar al autor de su obra resulta difícil. Las discusiones teóricas sobre la presencia del autor en su escritura se han dado desde conceptos tales como los de autor implícito y autor explícito. Por otra parte, no podemos dejar de lado el contexto. Como apunta Maldonado Alemán:

> Lo que en realidad distingue a la literatura no es simplemente el conjunto de obras y autores que la integran, en cuanto entidades autónomas e invariables, sino las acciones comunicativas que en ella se realizan, o sea, el complejo formado por actante-texto-contexto, y la forma de organización de esas acciones, esto es, su configuración como sistema social. (24)

Esto es algo que Palou sabe muy bien y lo deja ver a raíz de la escritura de su libro *La casa del silencio*, guiado, ante todo, por la teoría de los campos de Pierre Bourdieu. Ahí, actante, texto y contexto, quedan plenamente definidos en el estudio del grupo de los Contemporáneos y su entorno. Esto hace ver la importancia de los elementos externos e internos para intentar comprender, en este caso, a un grupo tan controvertido en la literatura mexicana. Ante dicha complejidad nuestro autor se pregunta: "¿Cómo estudiar el campo literario mexicano?" (Palou, *La casa* 31) y yo parafraseo: ¿Cómo estudiar a Pedro Ángel Palou?

La respuesta puede parecer sencilla, pero, hay que recordar que Pedro Ángel Palou no es un autor en solitario y el camino de su escritura es una trayectoria construida en un momento coyuntural de la literatura mexicana durante la década de 1990. Hay que decir que emplearemos herramientas similares a las utilizadas por él para, apenas, esbozar un primer trazado de su obra e intentar dar sentido a una escritura polifónica y diversa. Bourdieu lo expresa muy bien al señalar que:

> El análisis biográfico comprendido de este modo puede conducir a los principios de la evolución de la obra en el transcurso del tiempo: en efecto, las sanciones positivas o negativas, éxito o fracasos, estímulos o advertencias, consagración o exclusión, a través de los cuáles se manifiesta a cada escritor (etc.) —y al conjunto de sus competidores— la verdad objetiva de la posición que ocupa y de su devenir probable, son sin duda una de las mediaciones a través de las cuales se impone la redefinición incesante del 'proyecto creador' ya que el fracaso propicia la

reconversión o la retirada fuera del campo mientras que la consagración refuerza y libera ambiciones iniciales. (Bourdieu 386)

Valga la cita extensa para delinear la pretensión de este escrito: si bien no la parte biográfica, sí poner de manifiesto un proyecto de escritura que parece disperso por la diversidad de sus obras, pero que responde a una trayectoria construida que puede ser sustentada por la evolución manifiesta en sus obras.

El nombre de Pedro Ángel Palou está asociado al grupo del Crack que en 1996 se hace de conocimiento público, como pública se hace la presencia de sus firmantes. Pero, el primer libro de Pedro Ángel Palou que amerita un elogio de la crítica se publica en 1992; un elogio, por demás grandilocuente, para alguien con apenas 26 años figurando en un momento de la narrativa mexicana copado por las figuras del recién laureado Octavio Paz y el prominente Carlos Fuentes. Una novela arriesgada, además, al mostrar una faceta del controvertido escritor Xavier Villaurrutia, integrante de los Contemporáneos a quienes —entre otras cosas— "los acusaban en los periódicos de afeminados y traidores a la realidad" (Palou, "En la alcoba" 28).

Es una novela que rompe con ciertos esquemas o ideas que tenemos de la misma, si pensamos en el orden cronológico o la intervención del narrador. Palou estructura la novela en tres momentos de la vida del poeta: la etapa de crecimiento (1903-1936), la etapa de madurez (1936-1949) y la muerte (1950). Los recursos de los que echa mano son diversos, "la tentación del palimpsesto" (Palou, *Memoria* 278) dirá después. Lo que queda claro desde esta primera escritura es que, para contar una historia, no se puede quedar con una única versión. Hay que dejar hablar a los testigos, incluido el personaje, para tener una versión de lo más completa posible o, en este caso, "para hacer más amplia la visión sobre Xavier Villaurrutia" (Palou, "En la alcoba" 17). En ese cúmulo de páginas condensa no solo la historia del poeta si no, también, el contexto cultural y social de la época. Esto es importante para que el lector mismo pueda ir tejiendo sus inferencias sobre lo dicho acerca de Villaurrutia y el grupo de Contemporáneos.

Hay, pues, en esta novela una serie de recursos que identificaremos en otros de sus textos posteriores y que, puedo decir, son parte de su estilo: ceder la escritura a un "novelista anónimo", insertar versiones testimoniales, incluir los poemas del mismo Villaurrutia y asistir al proceso de creación. Lo dice al final de la novela el transcriptor, que no el autor: "Se puede notar que esto hace muy diferente este libro: pastiche, rompecabezas reordenación" (Palou, *En la alcoba* 231). Apropiación, podríamos decir, de una tradición literaria para hacerla propia y encontrar un estilo.

Queda claro que la escritura para Palou es una reescritura: se trata de tejer historias diversas contadas con los más diversos recursos. Engañar al lector o, mejor dicho, obligarlo a no creerse todo lo que lee. Suma a ello el manejo del lenguaje: una prosa poética que acompaña muy bien la historia y dota con ello de verosimilitud al relato. Y no lo digo solamente por la inserción de poemas, si no por la cadencia del texto mismo:

> Los invade un gozo adolescente, enfebrecido. Ambos se miran entre los ojos diciendo —mintiéndose— que la entrega es absoluta, posible, íntegra. Los distrae una ventana que se abre; cristalino su sonido golpea contra el muro. La luna sigue siendo falsa y la noche burda, de tramoya corriente. (Palou, *En la alcoba* 73)

Estos elementos, entre otros, considero son los que lo hacen notable, sin duda, para ser considerado posteriormente por la editorial Joaquín Mortiz —con quien publica *Memoria de los días*— como una "de las promesas literarias promovidas por el grupo editorial Planeta/Joaquín Mortiz" (Castro, "Autores y libros").

Lo que queda claro es que Palou tiene un comienzo en solitario, mismo que pasa desapercibido —salvo por la novela sobre Villaurrutia—; por eso, resulta inevitable asociar el despegue de su carrera como escritor con el grupo del Crack cuando publican el Manifiesto y la propuesta de renovar el género de la novela. Lo que sucede, toda vez que se da este acto aparentemente subversivo, es de conocimiento general en cuanto a la crítica negativa y los ataques del ámbito cultural. En *Historia personal del Crack* (2018), Tomás Regalado presenta en el primer capítulo la relación que se establece entre el grupo y el campo literario de la década de los noventa. Es una descripción minuciosa a partir, también, de los conceptos de Bourdieu para entender la toma de posición en un medio literario ajustado a sus propias reglas y donde de manera muy clara los escritores del Crack buscan incidir.

Dicho lo anterior, si revisamos la bibliografía previa a 1996 hay ya un camino de escritura recorrido: los libros de cuentos *Adiós a la luna* (1986),[2]

---

2. El primer libro casi no es considerado —de hecho, no contamos con él— y pasa desapercibido por la mayoría de los reseñistas de su obra, Chávez y Santajuliana sí lo consignan en *La generación de los enterradores II*.

Música de adiós (1989) y *Amores enormes* (1991); la novela *Como quién se desangra* (1991) y la antología *Puebla una literatura del dolor. Antología histórica de la literatura poblana (1610-1994)*, 2 volúmenes (1995) y *Memoria de los días* (1995). Contrario a todo pensamiento que considera su literatura a partir del Manifiesto, se descuidan los orígenes de su escritura.

Además, a contracorriente de lo publicado en el Manifiesto que privilegia la novela como género, su prosa primera tiene que ver con la narrativa breve. Al respecto, señala: "Concibo, además, los libros de cuentos como todos orgánicos —no como el cajón de sastre en el que el escritor deposita sus creaciones de una época— donde cada una de las historias se comunica con las otras" (Palou, *Los placeres* 7). Acierta en ello, ya que, revisando las primeras antologías, es justo lo que pasa. Queda más claro en *Amores enormes*: al ser cuentos escritos desde la fábula, no sabemos si en homenaje a Monterroso o más al acto de contar desde la brevedad, porque en el acto de escribir deja entrever que "se trata de *amores enormes* a la literatura" (Palou, *Amores* 81).

Los cuentos de *Música de adiós* serán guiados por la intertextualidad y las posibilidades de la realidad, donde el amor es una constante en ese juego de planos alternos a modo de la literatura de Kafka, y en *Amores enormes* se sirve de la fabulación para crear relatos donde los animales son protagónicos de sus cuentos:

> Ser cocodrilo pudiera parecer ser aburrido. No para Efraín. Cazaba una liebre, la comía y se tiraba a descansar. Un animal así no da mucho problema: puede estar quieto por varios días y parecer dormido o muerto. Si tiene calor se da un baño y basta. Así regula la temperatura de su cuerpo. (Palou, *Amores* 59)

Así es como "Palou intenta experimentar con el uso de los animales radicalmente, comparado con los fabulistas tradicionales y hasta con los que renuevan el género, como Arreola y Monterroso. Ahora el personaje de la fábula no es cualquier animal sino un individuo particular en la sociedad contemporánea" (Kang 361). Lo que muestra desde ya la habilidad para concebir una escritura con registros nuevos en relación con la anterior. Este último libro le valió recibir el Premio de Narrativa Jorge Ibargüengoitia en 1991, motivo que suma para no dejar de lado la narrativa breve sobre la que precisa volver.

En *Música de adiós*, llama la atención las notas al final del libro. Excusas para dar cuenta del proceso creativo, de las ideas que llevaron al producto final y en las que podemos entrever las lecturas de nuestro autor. Es la brevedad del relato la que impera al igual que en *Música de adiós,* terreno en el que se mueve con soltura y que, de un libro a otro, se nota mejoría en el dominio del trazado de las historias.

Más allá de la primera escritura y las costuras que se muestran al iniciarse en el arte de narrar, estos libros nos dejan ver las lecturas de las que se va nutriendo: "En *Música de adiós* la presencia de las lecturas de formación es violenta...Pero esa ausencia de impostación o declaración de inocencia, como se prefiera, dan como resultado una escritura, que, aunque deslucida,...es más personal" (Domínguez, "Tríptico" 27). Lo dicho por el crítico puede sumarse también a *Amores enormes* ya que veremos desfilar en lo dicho por él diversas plumas de la literatura a las que rinde homenaje. A final de cuentas, "La literatura revela y devela una realidad insuficiente y la expande" (Palou, *Amores* 83), y es lo que hace a partir del relato breve.

El inicio novelístico viene dado con *Como quien se desangra* (1991), cuyo título evoca las líneas finales de *Don Segundo Sombra* y, me atrevo a decir, que coloca la novela del escritor mexicano dentro de la genealogía latinoamericana. Lo que resalta es el manejo de la lengua —"escrita en *nicaragüense*"— así como la trama profunda que logra elaborar en reducidas páginas:

> Y decí Yalacagüina, Palacagüina, Pis-Pis, Condenga, Estelí, Ocotal, porque son tierras que sé de memoria. Todas me conocen. Y luego, para agarrar fuerzas, pensá en El Chipote, la montaña de Sandino, imaginala [sic] húmeda, con mucha neblina, porque así es. Y pensá en los monos pálidos que la habitan y la caoba y los palos y el ocote que la componen. Oí cómo chillan los pocoyos y los tucanes trinan o no sé qué sonido producen, pero están ahí, en el refugio del general de hombres libres. (Palou, *Como quien* 78)

Una novela que da cuenta del tiempo latinoamericano signado en la década de los ochenta por las dictaduras y los movimientos guerrilleros, de la esperanza que después sería fracaso en la utopía revolucionaria. Palou hace el tiempo histórico humano, desde el monólogo de Álvaro, guerrillero que ha caído preso, y que será juzgado por un viejo amigo ahora en el bando contario. Podemos apreciar ya "su diversidad de tonos y sus múltiples registros" (Samperio, "Como quien") nada fuera de lugar considerando los antecedentes de su escritura ya mencionados desde la narrativa breve y que aquí va consolidando. La sorpresa viene desde el recurso elegido para contar una historia de amor y traición que, si bien es personal, es la misma tónica del acontecer nacional. Palou experimenta y arriesga, tiene las herramientas para ello y da un paso más hacia la construcción de su estética narrativa.

Son estos los primeros pasos de su escritura que lo llevan a publicar la ya mencionada *En la alcoba de un mundo,* que en palabras propias del autor "se presenta como un libro intenso y polémico, siendo que toca uno de los aspectos más delicados de la generación de escritores que cambió para siempre el panorama de la cultura mexicana" (Palou, "En la alcoba" 189). El acierto, como mencionamos, está en recuperar la figura de Xavier Villaurrutia, el poeta, e indagar en el pasado literario del grupo; es, además, una novela que hermana con la publicada por Jorge Volpi, *A pesar del oscuro silencio,* en cuanto al tema de los Contemporáneos y que se puede considerar como un primer referente de la idea que años después concretarían al publicar el Manifiesto y aquí es donde está el germen de conformar un grupo con las características de la vanguardia.

En estos años iniciales no podemos dejar de lado al académico —hablaremos más adelante de esto— y hay un libro en dos volúmenes que, también, suele quedar fuera del radar de la crítica. Se trata de la antología *Puebla una literatura del dolor. Antología histórica de la literatura poblana (1610-1994)* que se publica en 1995. Un libro que sienta un precedente respecto del estudio de la literatura regional y que "sirv[e] como punto de partida para futuras investigaciones sobre las letras en nuestra entidad" (Palou, *Puebla una literatura* 7). En las breves líneas iniciales llama la atención la referencia a la antología de Cuesta que tanta polémica generó en su momento para con ello justificar las omisiones que puede hacer, además de que "[le] ha vencido la necesidad de autoanalogarme [sic]" (15). Así, Palou se incluye sin reparo alguno —¿a la manera de Cuesta?— consciente del papel que va adquiriendo con su escritura además de trazar un primer contorno de la literatura poblana. Se presenta aquí con un fragmento del libro *De lo que no se puede hablar* (Palou, "Puebla II" 76) —título que publica posteriormente con el nombre de *Bolero*—.

Palou llega a 1996 con un capital cultural mínimo, si se quiere, pero sólido. Porque no solamente es lo que está construyendo como escritor, sino también como académico: "Pedro Palou ha seguido el más convencional camino de la institución educativa tradicional para impartir su visión de la literatura" (Chávez y Santajuliana 137). Es posible apreciar su trabajo desde la academia y en algunos casos se puede notar como el ser escritor se complementa con el quehacer académico. Es lo que sucede con *La casa del silencio. Aproximación en tres tiempos a Contemporáneos*: "un libro que estudia al grupo Contemporáneos (central a la vanguardia mexicana) rompiendo con las tradiciones esteticistas y filológicas y usándolos como punto de partida para la reflexión sobre el problema de la modernidad literaria mexicana..." (Sánchez Prado, "Prólogo" 22). Es la voz del académico, quien desde la sociología de Bourdieu establece el campo literario del grupo para ver el momento tan complejo en el que irrumpen y comprenden muchas de las polémicas en las que se vieron envueltos. Hay que recordar que, ya con antelación, había trazado una obra de ficción en torno al poeta Xavier Villaurrutia, ¿o sería a la par mientras reúne las notas y estudia de manera puntual al grupo?

Otro ejemplo en estos años es la parte que le corresponde escribir en el Manifiesto y en la que enumera las *Seis propuestas para el nuevo milenio* de Italo Calvino. Una concepción teórica que marca la pauta de cómo deben ser las novelas que se escriban desde el Crack. Y hace suyo esos presupuestos para escribir *Memoria de los días* (1995) y *El último campeonato mundial* (1997). Obras que pueden considerarse un metatexto de *El castillo de los destinos cruzados* y *El barón rampante* en los que está presente también, como se ha destacado ya, "la tentación del palimpsesto, quizá. Pero en especial la necesidad del diálogo con esos pocos amigos que nos acompañan en la vida..." (Palou, *Memoria* 278).

Palou cumple, pues, con un perfil académico: más allá de ponderar sus estudios, importa mencionar su conocimiento sobre el medio literario; conocimiento que, estamos casi seguros, aplica al momento de pensar en conformar un grupo como el Crack, así como lo aplica en su escritura previa y sabe bien lo que busca. Si bien no es el propósito dirimir sobre aquellos aciagos años, su vinculación con el Crack a decir de Sánchez Prado ha significado más un aspecto negativo:

> Palou, by far the most productive writer of the lot, has never been published in English in book form. I maintain that this lack of attention can be explained by three factors: the backlash to their Manifesto in Mexico; the fact that their work refuses to participate in discourses of Latin American specificity and identity that many critics hold dear, particularly in the U.S. academy; and the meteoric rise of Roberto Bolaño as the stand-in figure of Latin American literature in the U.S., a rise that has eclipsed the Crack writers'.... (*Strategic Occidentalism* 80)

La irrupción del grupo no se tomó como una "broma en serio" como suelen argüir ellos; lo dicho con antelación permite ver que tienen un camino recorrido en la escritura y que hay toda una intención al irrumpir como grupo. La mella que hicieron se comprende como una *toma de posición* que alteró el orden establecido y supuso la intromisión de nuevos escritores tal como se deja ver primero con la antología *Dispersión multitudinaria* (1996) y después con la *Antología del cuento Latinoamericano del siglo XXI*. *Las horas y las hordas* (1997), de los cuáles el Crack es una parte minúscula si consideramos los 130 escritores nacidos a partir de 1960 enlistados en *La generación de los enterradores* (2000).

Respecto de los otros dos factores, hay parte de certeza en lo expresado por Sánchez Prado ya que consideramos que habría que revisar con mayor minucia la parte ensayística del escritor poblano. En relación a Roberto Bolaño, si bien como señala eclipsa a los escritores del Crack, es una figura que se convierte en un referente para ellos y uno de los pocos escritores, como padre literario, que inspira en el camino de las letras a esa generación nacida en la década del sesenta y que se siente huérfana: "Sí hay un hilo conductor entre el boom y nuestra generación del crack, que lo construyen autores mexicanos, pero también un autor muy querido y admirado por nosotros, Roberto Bolaño" (Mora, "El 'crack'").

La repercusión del Crack, más allá de lo consabido en cuanto al ataque y desacreditación del grupo, queda más claro con los libros de Chávez Castañeda y Santajuliana, *La generación de los enterradores I y II* (2000 y 2003). El campo cultural es bautizado como Continente Narrativo Mexicano y para escenificarlo lo equiparan a un castillo —"es una mesa oval donde confluyen élites del pensamiento literario" (*La generación de los enterradores II* 35)— en el que es posible identificar los distintos actores de este medio tan competido para que quede claro que "El campo cultural es un sistema de privilegiada independencia que genera tanto sus bienes como las lógicas de adjudicación de éstos, y por la apropiación o por la custodia que, en este caso, los escritores disputan" (32). Es así cómo se entiende el impacto, el porqué del descrédito, ya que irrumpe en un bien establecido y demarcado campo literario.

Pedro Ángel Palou: un proyecto de escritura

¿Cuál es el papel de Palou? Precisa la pregunta porque ante la falta de acogida de lo propuesto en el Manifiesto, se da una desbandada de los escritores que coincide con la partida de suelo mexicano para realizar sus estudios de posgrado, excepto Palou, que justo está terminando su doctorado y cuya tesis da como resultado el libro *La casa del silencio. Aproximación en tres tiempos a contemporáneos*. Para Chávez y Santajuliana, Palou es muestra de la profesionalización del escritor, una "síntesis entre ejercicio literario y desarrollo profesional" (*La generación de los enterradores II* 140) ya que llega a ocupar cargos públicos y además es un escritor muy prolífico.

El período posterior al Manifiesto implica para Palou enfrascarse precisamente en el ámbito académico y de gestión cultural. Al libro sobre los Contemporáneos, le sigue *La ciudad crítica. Imágenes de América Latina en su teoría, crítica e historiografía literarias:* un texto conformado por una serie de ensayos que dan cuenta del pensamiento crítico latinoamericano y sus principales vertientes, sumando así las reflexiones ya hechas de manera específica sobre el campo literario mexicano. Decir que Palou es académico no es tan simple. A partir de lo expresado en *La generación de los enterradores II* y revisando su obra, tiene mayor sentido este doble movimiento del péndulo —académico y creativo— en el que "ha reivindicado siempre su derecho a la distancia.... Ha hecho de sí una poética de la independencia y de la libertad" (141–42). Pareciera que nos contradecimos en el sentido de, primero, hacer ver su dependencia con el grupo, pero, ahora, manifestar su autonomía: "Mi posición sigue siendo la misma, alejado de las mafias. La provincia puede ser terrible pero te libera de una posición y te libera de pertenecer a mafias o a grupos" (*La generación de los enterradores II* 142).

Es una manera de camuflaje si queremos verlo así. Palou, se aleja refugiado en el academicismo de toda aquella polémica alrededor del grupo. Es así como "Pedro Ángel Palou reivindica su independencia tratando de distanciarse de unos y otros, sin embargo el *Crack* es una referencia obligada en su trayectoria" (Chávez y Santajuliana, *La generación de los enterradores II* 142) de la que no puede soslayar su pertenencia, pero, la asume de otra manera. De nueva cuenta, una cosa no impide la otra. Palou cumple plenamente con el perfil académico, aspecto que se deja ver en sus ensayos: *Y esta es toda la magia. Alquimia, literatura, emblemática* (1998), *Resistencia de materiales* (2000) y *Escribir en México durante los años locos. El campo literario de los Contemporáneos* (2001), inclusive tiene dos libros didácticos de redacción publicados en 1997. Durante este lapso no deja de lado la escritura creativa y un momento crucial fue recibir el premio del 2003 que significa un primer reconocimiento a una obra en desarrollo. ¿Cuál es su producción de este tiempo? Consideremos a partir de 1997, el año inmediato al Manifiesto. Un libro ya fue señalado, *El último campeonato mundial* y, otro, es *Bolero,* que se venía anunciando bajos otros nombres —*De lo que no se puede hablar, En prensa, Cal y Arena* [sic] (Palou, "Puebla II" 89)—. Novela que no fue bien recibida por la crítica:

> *Bolero*, la novela de Pedro Ángel Palou, es tal vez la más decepcionante. Al leerla resulta difícil dejar de compararla con obras anteriores y absolutamente respetables del autor como *En la alcoba de un mundo* o sus admirables ensayos. El lector se preguntará: ¿cuál es el origen de esta aburrida novela, donde la nostalgia de esa Puebla antigua se siente impostada? (Sánchez Nettel 47)

Este punto comparativo con obras anteriores será una constante, más cuando la obra ha merecido algún tipo de elogio como es el caso de la mencionada. ¿Es tan aburrida la novela?

Respondo, primero hablando de la estructura que se ajusta al nombre de la melodía que da título a la obra: un bolero es una "canción de ritmo lento, bailable" (*RAE*). ¿De ahí el ritmo lento de la misma que, para algunos, resulta aburrida? La obra se divide a su vez en dos partes, Lado A y Lado B como los discos de vinilo de antaño; cada lado contiene cinco subapartados bajo el título de una canción marcando además el tiempo de duración y en la página siguiente un verso de la pieza musical. Además, la tonada se va intercalando en el capítulo correspondiente por intermedio de la voz narrativa. Acusa, pues, diferentes niveles narrativos en una forma de experimentación más coherente si tomamos como referente *El último campeonato mundial* del mismo año. ¿Qué es lo que debemos juzgar? ¿La historia por sí sola ajena a esta estructura que marca el *tempo* de la novela? ¿La estructura soportada por un género musical que evoca las épocas pasadas y con la que se construye no solo una historia de amor y la resolución de un crimen, sino también la memoria de un espacio?

¿Qué sigue? Continúa con la prosa breve: *Pequeño museo de la melancolía* (1997), *Un hombre con suerte* (1999) y *La naturaleza de las cosas* (2002), tres textos de los que constatamos su existencia y solo contamos con el segundo. En *Los placeres del dolor* (2002) encontraremos los relatos de *Música de adiós* que son recuperados juntos con sus cuentos iniciales en este volumen, donde también están los relatos de *Amores enormes* (1991), libro acreedor del Premio Jorge Ibargüengoitia. Los textos presentan diversos recursos y abundan de nueva cuenta en las alternativas cotidianas, en la manera de establecer un paralelismo con las historias planas y sin sentido en la que se torna a veces la realidad. No hay simpleza, si buscamos lo elementos que conecten, se hacen presente de nueva cuenta las intertextualidades y la búsqueda de alternativas ante la realidad evidente del amor que implica la mayoría de las veces una contraparte de la que surgen diferentes rutas de exploración.

En la antesala del premio Villaurrutia encontraremos *Paraíso clausurado* (2000), *Demasiadas vidas* (2001), *Malheridos* (2003) y *Qliphoth* (2003). Sobre la primera novela de esta enumeración "puede considerarse como una temprana summa de la poética de Palou, y los diversos factores que rodean a su obra han contribuido ampliamente a la escritura del libro. La actividad ensayística de Palou se observa en *Paraíso clausurado*, que podríamos calificar de novela 'sapiencial'" (Sánchez Prado, "Palou" 164). Coinciden Sánchez Prado y Santajuliana en notar la madurez que alcanza con la escritura de dicha novela, así como de *Demasiadas vidas* "y se ha configurado el aura de autor en expansión" (*La generación de los enterradores II* 147).

Son obras de diversas temáticas, lo que resulta obvio a primera vista, pero esta diversidad ha sido vista más como una dispersión y falta de un proyecto literario. Como apunta Lemus:

> A la manera de sus compañeros, no tiene un estilo personal y menos un proyecto literario. Dueño de un oficio probado, escribe cada libro de modo distinto y nunca apunta en un mismo sentido. Inútil buscar en su obra la coherencia literaria de, digamos, Mario Bellatin o cierta fidelidad a una voz íntimamente decantada. Es un autor tornadizo: va de aquí para allá sin alejarse nunca de los requisitos editoriales inmediatos. Desde luego es violenta, previsiblemente disparejo. (Lemus, "Nocaut")

Las palabras anteriores fueron escritas a razón de su novela *Con la muerte en los puños*, que para el crítico resulta un fracaso. Por ello, volviendo sobre las novelas, esa diversidad que acusa en cuanto al tratamiento temático, si bien por unos es visto como carente de una unidad, para otros es más bien un distintivo, volveremos sobre ello.

Malheridos se inscribe en la línea de las novelas sobre el nazismo, sino de manera directa sí en cuanto a la historia de uno de los personajes. Dicho esto, por las novelas previas de sus compañeros de grupo —Volpi y Padilla— que generan fuertes críticas en cuanto al *falso cosmopolitismo* y querer atribuirse el derecho de incluir esta temática. En *Demasiadas vidas* todos los ingredientes están dispuestos para una novela que sintetiza la expresividad narrativa del autor poblano.

Así es como llegamos al reconocimiento merecido por una novela que lo hace volver al terreno mexicano y donde la construcción del lenguaje juega un papel determinante también. *Con la muerte en los puños* significó una llamada de atención sobre la obra de Palou, ya que al indagar sobre su filiación de escritura las sorpresas asomaron, no solamente por la novela en sí, si tenemos en consideramos la ruptura en cuanto a sus obras anteriores.

Es decir, por ejemplo, pasamos de una novela densa —*Paraíso clausurado*— donde prima la parte ensayística, a otra cercana a lo popular y no solo por el tema, el boxeo, sino también por la inclusión de registros musicales; el título mismo alude a una melodía de José Alfredo Jiménez incluida al inicio de la novela. Las obras están conectadas, aun cuando sea de manera alusiva y Gavito es, además, quien detona el motivo para que nuestro personaje cuente su historia.

Esta novela desconcierta, como señalábamos líneas arriba, a raíz de la crítica que emite Lemus y mueve a pensar que Palou no tiene un estilo definido y que es muy voluble en cuanto a escritura se refiere:

> Tiene obras relevantes, como *Demasiadas vidas* o *En la alcoba de un mundo*, y otras francamente insostenibles. *Con la muerte en los puños*, su novela más reciente, es un triste ejemplo de lo último: un libro inocuo, malogrado, quizá trabajado apresuradamente. No sirve para afianzar su obra sino para dispersarla. No avanza en la construcción de un estilo, sino en la destrucción de los pilares anteriores. Es uno de esos raros libros vueltos contra su propio autor. (Lemus "Nocaut")

Es contundente el crítico al demoler lo hasta ahora construido, pero, sin argumentos sólidos en cuanto a la lectura de la obra ya que solamente se mencionan las dos que son más de dominio común hasta este momento.

Chávez y Santajuliana lo ven desde otra perspectiva y reparan en la libertad de escribir:

> No hay mejor camino para probarse, experimentar, explotarse estéticamente, de libro a libro, que convertirse en una especie de minero e ir haciendo estallar los textos que se dejan atrás para recomenzar de un seguramente ilusorio pero seguramente enriquecedor punto cero. *(La generación de los enterradores II* 145)

Coincido con ello porque el recorrido de lo escrito hasta este 2003 permite ver eso y estamos más de acuerdo con esta falta de linealidad, de un registro modelo que permite identificar a un autor. Se comprende no solamente desde la polifonía narrativa, sino desde las propuestas diversas que bien pueden estar en la esfera de una literatura con altos vuelos estéticos o simplemente como una obra cuya intención es transmitir una historia sin mayor complicación.

Pedro Ángel Palou no tiene nada que probar y sin embargo lo hace. Se prueba a él mismo en un reto constante de encontrar nuevas maneras de ir generando literatura. Es esa inquietud de la academia y el ensayo que lo llevan también a buscar otras formas en cada obra que escribe, además de la disciplina que implica el oficio. Un reconocimiento que bien podría significar un nuevo posicionamiento y su consolidación en el campo literario mexicano es un triunfo agridulce porque a la par que se reconoce el mérito de lo escrito se cuestiona su trayectoria.

Lo que a nivel personal no se le da como mérito, sí lo tiene desde el posicionamiento grupal toda vez que se publica el libro *Crack: instrucciones de uso* y que implica, al menos, hacer notoria la presencia de los escritores. Se suman otros elementos como los puestos públicos que van ocupando cada uno de ellos, por ejemplo, Jorge Volpi director de Canal 22 o Palou como Secretario de Cultura; hechos que permiten ver cómo incrementan su toma de postura y, también, es la oportunidad de reafirmar la idea de grupo que "proviene de la unidad de escritores por motivos de amistad, de co-formación profesional o por objetivos comunes" (*La generación de los enterradores II* 142). El objetivo común es hacer patente los presupuestos del Manifiesto en 1996, no solamente en cuanto a la escritura de novelas sino también en la irrupción en el Continente Narrativo y sus dinámicas.

Para este momento, Pedro Ángel Palou cuenta ya con un capital cultural sólido; no es solo la escritura, comprende muy bien las reglas del juego y sabe que debe alternar con la academia. Sigue sin sujetarse a una estética común y produce tres novelas dispares: una lésbica aun cuando es un amor trágico, *Casa de la magnolia* (2004); *El diván del diablo* (2005), marcada por lo onírico y en la que las fronteras entre realidad y locura marcan la historia de Claudio y *Quien dice sombra* (2005), intertexto de un poema de Paul Celan.

Después, publica en 2006 *Zapata*, en 2007 *Morelos: Morir es nada* y un año después *Cuauhtémoc. La defensa del quinto sol*. Novelas que marcan el punto de arranque del proyecto de novelas históricas centradas en los personajes de momentos que son un hito en la historia de México: *Pobre Patria mía. La novela de Porfirio Díaz* (2010), *No me dejen morir así: Recuerdos póstumos de Pancho Villa* (2014) y *Tierra roja: La novela de Lázaro Cárdenas*

(2016). Diez años le lleva construir, aquí sí, una estética, novelas cuyos tonos están marcados por una reconstrucción histórica que cuestiona los hechos desde las vivencias de los personajes. Cada una de ellas merece la atención en lo individual ante todo por el ejercicio literario-histórico que hace Palou.

Son novelas que trastocan el concepto de historia: "La novela histórica sólo tiene valor si podemos lograr hacer vivir de nuevo a los actores y sus circunstancias" (Palou, *Pobre patria* 185). Es lo que busca, al desencadenar una serie de novelas en las que su afán es presentar los hechos desde otras perspectivas. Es otra historia, sí, la de la ficción se podría argumentar, pero, Palou lleva los hechos más allá de lo que el dato inamovible de la historia fija en la memoria. Se trata de encarnar a los personajes, dialogar con ellos y entrever otras posibilidades.

Si decimos que hay una articulación lo es porque el mismo autor así lo expresa en las páginas finales de dichas novelas en las que da cuenta del proceso de escritura:

> Esta novela forma parte, como he dicho en otros lados, de una proyectada tetralogía de sacrificios históricos mexicanos. Empecé con Zapata quizá por la cercanía en el tiempo. Alejarme a la lucha de Independencia ha sido aprender a leer este país injusto, racista y pobre donde los reclamos más elementales no han sido satisfechos. De ahí la idea de *sacrificio*. Con Morelos, como con Zapata uno se cuestiona si la empresa valió la pena. (Palou, *Morelos* 263)

Como se aprecia, Morelos es el segundo y tiene en claro un proyecto que lo lleve a indagar sobre la historia de México desde sus actantes. El proceso reflexivo está presente, importa decirlo, ya que las acusaciones constantes contra los autores del Crack es su pronunciado cosmopolitismo y alejarse de las temáticas mexicanas.

Palou instaura una línea que le permite exponer, como he dicho, momentos claves y controvertidos de nuestra historia. No hay que perder de vista que el inicio de este proyecto se liga y es cercano a la conmemoración de los 200 años de independencia, no solamente de México, aspecto que sin duda estimula la empresa narrativa y ensayística de nueva cuenta. En 2009 se publican dos libros: *La culpa de México. La invención de un país entre dos guerras* y *Charlas de café con José María Morelos*. El primero es un ensayo que no da respiro al lector, escrito en un único capítulo que recorre el siglo XIX y hace suya la frase de Vargas Llosa: "¿En qué momento se había jodido el Perú?" (15).

Precisamente se trata de eso, de pensar nuestra historia, de cuestionarla desde otras posibilidades y otras voces que pueden contradecir las verdades dichas.

Sobre esos mismos temas extiende las ideas a otro libro: *El fracaso del mestizo* (2014) que puede verse, si no como una continuidad, sí como un extensión de ideas respecto del libro *La culpa de México* tal como lo deja ver en los agradecimientos y lo elabora sumando a la literatura el cine: "Lo que podemos comprobar al analizar el cine mexicano del siglo XX en contraste con las novelas centrales de nuestra narrativa fundacional, son los cambios en los modos de percepción de la realidad y en la construcción social de la realidad misma" (Palou, *El fracaso* 30). Así, lo que había quedado pendiente en el libro previo lo salda ahora reflexionando sobre ese proceso identitario y cómo lo hacemos manifiesto.

Se reafirma lo dicho respecto de que Palou se desplaza en dos ámbitos: el creativo y el académico. Otro ejemplo más tiene que ver con el libro *Tierra Roja* y el volumen coordinado con Ivonne del Valle, *Cardenismo, auge y caída de un legado político y social* (2017), donde reúnen una serie ensayos sobre la figura de Lázaro Cárdenas y que anunciaba en la novela como una forma de continuar el diálogo y expresar aquello que no quedaba escrito en la ficción. Culmino estas ideas diciendo que Pedro Ángel Palou encuentra un equilibrio entre ambas profesiones y complementa muy bien lo que en uno u otro ámbito no calza o, mejor dicho, establece un diálogo con sus textos que, de hacer el ejercicio de lectura de ambos textos, sin duda tendríamos una visión más que completa.

Lo que muestra que lo hasta ahora escrito es una trayectoria que, si bien empieza dando traspiés, más por la recepción que por el autor al no entender una idea de proyecto y ver como inconsistente su propuesta, se ha ido consolidando al conjugar el oficio de escribir con el académico. "Una actitud intelectual expansiva" define muy bien el proceso a lo largo de estos ya treinta años de dedicación al arte de narrar y que no se queda solamente en la parte de ficción. Sabe muy bien que no se puede agotar todo en las páginas de una novela, son apenas asomos a formas de contar la realidad y lo que ahí no puede expresar queda para escribirlo desde el ejercicio como crítico.

No es solamente la visibilidad que adquiere con el grupo al margen de seguir siendo ignorados por quienes detentan el control de las letras mexicanas, sino las acciones que repercuten para que su generación incida en el ámbito literario. Consideramos que un momento clave es el homenaje realizado para Carlos Fuentes en 2008, por los cincuenta años de *La región más transparente* y por su octogésimo aniversario. Ello por la figura que implicaba el escritor mexicano al asumir un papel preponderante y capital no solo de la literatura sino de la cultura a la muerte de Octavio Paz en 1998.

Aquí es donde consideramos se da un cambio de estafeta de manera simbólica. Es una forma más que clara en la que los escritores jóvenes asumen el papel que se le había negado y se instalan con sus obras en el continente narrativo mexicano. Ahora bien, vincular esto a la carrera literaria de Pedro Ángel Palou implica el espaldarazo a una obra que como hemos dicho aquí se consolida. Opinión contraria a la común, el respaldo firme de Fuentes lo es hacia él. ¿Por qué? De parte de Fuentes hay dos gestos en lo literario: el primero implica al grupo del Crack, al ser incluido un capítulo en el libro *La gran novela latinoamericana* específicamente para hablar de grupo, con yerros ya que incluye ahí a Cristina Rivera Garza y Xavier Velasco. El otro gesto es el cuento "Calixta Brand" dedicado "Naturalmente, a Pedro Ángel Palou", donde además es integrado como un personaje del cuento: "Llamó a expertos que la auxiliaran.... Y el novelista y estudioso de la BUAP Pedro Ángel Palou trajo a un equipo de restauradores para limpiar el oscuro cuadro del vestíbulo" (Fuentes; *Inquieta* 1738).

De esta manera podemos atestiguar este tipo de gestos que consolidan a un grupo y a un escritor y que significan un reconocimiento en función de su producción literaria. De ahí que afirmemos la consolidación del escritor poblano plenamente dedicado en este tiempo a su proyecto de novela histórica más allá de lo nacional con obras como *El dinero del diablo* (2009), *Varón de deseos. Una novela sobre el barroco mexicano y su gran mecenas: Juan de Palafox* (2011), *El impostor. La verdadera historia de San Pablo, el espía que se convirtió en apóstol* (2012) y *La amante del ghetto* (2013). Nuevamente la diversidad temática que muestra su destreza para trazar rutas inusitadas y que bien podrían desconcertar por lo ya dicho, pero, que ponen de manifiesto esa voluntad de no tener un referente seguro y buscar superarse con cada obra escrita.

Durante la segunda década del siglo XXI, a la par de las obras históricas ya mencionadas, incursiona en la poesía y sigue desarrollando de manera sólida el trabajo ensayístico. Suma, también, narrativa breve y cuento, obras que siguen manifestando su incansable compromiso con la escritura:

> Como todo escritor significativo, Pedro Ángel es un atajo para comprender ciertos aspectos del CNM [Campo Narrativo Mexicano], en

este caso el perfil de escritor puro: dominio del oficio, del lenguaje y de la tradición literaria, amplio poder cognoscitivo, representante de una literatura donde los libros surgen de otros libros eligiendo precursores, quebrando o fortaleciendo una tradición, dejando ver las lecturas nutrientes a través de las diversas fórmulas disponibles para fijar una intertextualidad. (Chávez y Santajuliana, *La generación de los enterradores* II 147–48)

Palou en sí es una intertextualidad como lo hemos venido mostrando. Ante todo, si pensamos en ese doble movimiento pendular que es fundamental para comprender su obra: el oficio de escritor y el oficio académico. Que no se contrapone, se complementan y expanden su obra.

Cuesta trabajo hacer un cierre cuando en los últimos años tenemos un trabajo de reedición de la obra de Pedro Ángel Palou; esto es significativo, sobre todo, por las obras pasadas y no leídas. Es una muestra, también, del valor que adquiere su obra y la necesidad de conocerla para tener una mejor idea de quién es nuestro autor. El espacio ganado no solo en el campo cultural mexicano lo ubican como un referente importante para comprender el presente de un autor que ha sabido construir con pulso su edificación literaria personal en resonancia a los presupuestos que veinte años atrás marcaron el rumbo de un grupo y de la literatura mexicana y que los ha hecho propios para crear su propia efigie como escritor.

Bibliografía

Buordieu, Pierre. *Las reglas del arte: génesis y estructura del campo literario*. Anagrama, 2011.

Castro, José Alberto. "Autores y libros 'Best-Sellers' de Joaquín Mortiz y su proyecto con nuevo escritores mexicanos". *Proceso*, 1995.

Chávez Castañeda, Ricardo y Celso Santajuliana. *La generación de los enterradores I*. Grupo Patria Cultural, 2000.

———. *La generación de los enterradores II*. Grupo Patria Cultural, 2003.

Domínguez Michael, Christopher. "Tríptico sentimental". *Vuelta*, 160, marzo 1990, p. 27

Fuentes, Carlos. *La gran novela latinoamericana*. Alfaguara, 2011.

———. *Inquieta compañía*. Alfaguara, 2004. Kindle ed.

Kang, Minji. "Hacia un nuevo modelo genérico: *Amores enormes* de Pedro Ángel Palo". *Actas del I congreso Iberp-Asiático de Hispanistas Siglo de Oro e*

Hispanismo general, editado por Vibha Maurya y Mariela Insúa, Servicio de Publicaciones de la Universidad de Navarra, 2011, pp. 357–69.

Lemus, Rafael. "Nocaut". *Letras libres*, 2003.

Maldonado Alemán, Manuel. "La historiografía literaria. Una aproximación sistémica". *Revista de Filología Alemana*, vol. 14, 2006, pp. 9–40.

Mora, Rosa. "El 'crack' que llegó de México". *El País*, 2000.

Palou, Pedro Ángel. "En la alcoba de un mundo". *La Palabra y el Hombre*, no. 138, 2006, p. 183–89.

———. *En la alcoba de un mundo. Una vida de Xavier Villaurrutia*. Seix Barral, 2017.

———. *Amores enormes*. Nuestra cultura, 1991.

———. *La casa del silencio. Aproximación en tres tiempos a Contemporáneos*. El Colegio de Michoacán, 1997.

———. *Como quien se desangra*. Consejo Nacional para la Cultura y las Artes, 1991.

———. *Como quien se desangra*. La Pereza Ediciones, 2018.

———. *El fracaso del mestizo*. Ariel, 2014

———. *Mar fantasma. Cuatro novelas breves*. Planeta Mexicana, 2016.

———. *Memoria de los días*. Joaquín Mortiz, 1995.

———. *Morelos: Morir es nada*. Planeta Mexicana, 2007.

———. *Con la muerte en los puños*. Alfaguara, 2003.

———. *Música de adiós*. Premia, 1989.

———. *Los placeres del dolor*. Grupo Patria Cultural, 2002.

———. *Pobre Patria mía. La novela de Porfirio Díaz*. Planeta Mexicana, 2010.

———. *Puebla una literatura del dolor. Antología histórica de la literatura poblana (1610–1994)*. Secretaría de Cultura de Puebla, 1995.

———. *El último campeonato mundial*. Aldus, 1997.

Quién. "Carlos Fuente inicia homenaje nacional", 9 de noviembre de 2008, https://www.quien.com/espectaculos/2008/11/10/carlos-fuentes-inicia-homenje-nacional.

Regalado, Tomás. *Historia personal del crack. Entrevistas personales*. Albatros, 2018.

Ruiz, Rodolfo. "Pedro Ángel Palou, a la rectoría de la UDLA". *Entre Líneas*, 2005.

Samperio, Guillermo. "Como quien se desangra (Novela)". https://www.tierraadentro.cultura.gob.mx/catalogo-editorial/fondo-editorial-tierra-adentro/1-50/22-como-quien-se-desangra/.

Sánchez Nettel, Guadalupe. "Cuatro novelas del Crack". *Vuelta*, 255, 1998, pp. 46–48.

Sánchez Prado, Ignacio. "*Paraíso clausurado* by Pedro Ángel Palou". *Chasqui*, vol. 30, No. 2, 2003, pp. 164–65.

———. "Prólogo". Palou, Pedro Ángel. *La casa del silencio. Aproximación en tres tiempos a Contemporáneos*. Instituto Veracruzano de la Cultura, 2015.
———. "Prólogo". Palou, Pedro Ángel. *La ciudad crítica. imágenes de América Latina en su teoría, crítica e historiografía literarias*. Universidad Veracruzana, 2019.
———. *Strategic Occidentalism: On Mexican Fiction, the Neoliberal Book Market, and the Question of World Literature*. Northwestern UP, 2018.

GAËLLE LE CALVEZ HOUSE
YALE UNIVERSITY

Del sujeto literario al sujeto político:
La narrativa de Pedro Ángel Palou

Tuve la dicha de ser su amigo. Me trató como su igual sin serlo.
Pedro Ángel Palou sobre Carlos Fuentes

EN ESTE CAPÍTULO EXAMINO la desintegración del sujeto literario y político en Pedro Ángel Palou (Puebla, 1966). Me enfocaré en *Manifiesto del Crack* (1996), *Postmanifiesto del Crack* (1996–2016), *El fracaso del mestizo* (2014), y *Tierra roja: La novela de Lázaro Cárdenas* (2016) que muestran cómo Palou se libera de la impronta nacionalista para releer críticamente la cultura mexicana. Esta selección revela al intelectual del siglo XXI que reconcilia y desafía los otrora contrastes entre binarios: lo cosmopolita versus lo nacional, lo culto versus lo popular, el prestigio versus el mercado. Estos textos muestran la dimensión poética de una escritura que se inserta en una rica tradición occidental y respira con su tiempo. A su vez, son obras que intervienen (directa o indirectamente) dentro un espacio cultural marcado por lastres coloniales y por una fuerte ideología nacional implementada en el siglo XX.

A pesar de su prolífica producción y de la variedad del público al que se dirige, la obra de Palou, como lo ha señalado oportunamente Ignacio Sánchez Prado, no ha sido atendida por la crítica con la misma intensidad que otros autores de su generación. Los estudios sobre su obra siguen siendo escasos, en contraste con la velocidad de una escritura que Sánchez Prado define como camaleónica, densa y dueña de una amplia variedad de registros (*Strategic Occidentalism* 129). Palou ha sido funcionario, administrador, investigador, profesor, crítico, poeta. Su sólida formación académica tanto en las humanidades (literatura, filosofía) como en las ciencias sociales (psicoanálisis, sociología, política) le permiten explorar —con una rara desenvoltura— diversos periodos históricos y géneros literarios. Palou ha incursionado en distintos campos culturales tanto en México como en el extranjero.

Su llegada a la academia norteamericana continúa una experiencia hecha anteriormente por Octavio Paz, Carlos Fuentes, Gustavo Sáinz y coincide con una nueva generación de escritores que Sánchez Prado ha bautizado "La legión extranjera". Entre ellos se encuentran: Valeria Luiselli (Bard College), Cristina Rivera Garza (Houston), Jacobo Sefamí (UC-Irvine), José Ramón Ruisánchez (Houston), Yuri Herrera (Tulane), Heriberto Yépez (UC-Berkeley), Oswaldo Zavala (CUNY) entre otros.[1] Al integrarse de lleno a la academia estadounidense, la mayor parte de ellos rompe

> con muchos prejuicios que aún colonizan la mentalidad mexicana (como el desdén a 'la teoría', en muchos casos basado en un desconocimiento de las corrientes teóricas actuales, o el uso de los términos 'académico' o 'profesor' como descalificaciones) y la posibilidad de pensar la literatura desde parámetros filosóficos e ideológicos incompatibles con las líneas humanistas y liberales que rigen todavía mucho del quehacer literario mexicano. (Sánchez Prado, "Legión extranjera" s/p)

Palou mantiene un perfil multifacético y una presencia relevante en ambos países. Procura participar en eventos literarios en México, publicar en editoriales mexicanas y "trabajar en su lengua".[2] Un rasgo común entre estos autores y académicos diaspóricos ha sido cuestionar la hegemonía cultural mexicana desde el extranjero, sin dejar de contribuir a la relectura y reescritura del canon. Inmersos en un contexto intelectual interdisciplinario, han incorporado nuevas herramientas para imaginar, representar e interpretar una obra literaria. Tal es el caso de Rivera Garza, cuya obra es influida por la filosofía y los estudios de género, quien ha elaborado su propia teoría de la escritura. El caso de Ruisánchez, quien teoriza sobre la obra de Rulfo o sobre la amistad desde una perspectiva psicoanalítica, o el de Luiselli quien examina la

---

1. Ver artículo en https://www.milenio.com/cultura/legion-extranjera-escritores-mexicanos-academia-estadunidense.
2. Ver el Ciclo Travesías: Literatura mexicana en Estados Unidos, 15 de agosto 2021, https://www.facebook.com/coordinacion.literatura.mx/videos/362936045456261

experiencia de ser madre, escritora y migrante.[3] La obra de Palou se involucra con la línea de pensamiento crítico que cuestiona las políticas identitarias, el agotamiento del Estado-nación y está atravesada por un diálogo ininterrumpido con el crítico Ignacio Sánchez Prado.[4]

A todas estas influencias intelectuales y experiencias académicas se suma el contexto histórico que, fuera del ámbito de la academia, ha forjado al escritor. Por un lado, el pensamiento filosófico zapatista que ha teorizado sobre una forma distinta de entender el poder y la izquierda. Por otro lado, desde las calles y desde las redes, las protestas feministas recientes, que han pedido una alto a la violencia de género y han articulado la necesidad de derribar el patriarcado. Los zapatistas redefinen el concepto de mestizaje al revindicar la diversidad lingüística y cultural; las feministas ponen el acento en lo privado para denunciar los distintos tipos de abuso que aún padecen las mujeres. Contemporáneo de ambos movimientos, Palou entiende la necesidad de cuestionar los paradigmas fallidos del siglo XX.

Los textos que a continuación analizo, *Manifiesto del Crack* (1996) *y Postmanifiesto de Crack* (1996–2016), *El fracaso del mestizo* (2014) *y Tierra roja* (2016), me permiten reconocer la influencia del zapatismo y del feminismo en la visión estética, ética y política de un escritor profundamente comprometido con la literatura y con la historia de su país. La escritura de Palou está marcada por un fuerte sentido de lealtad, reciprocidad y cuidado hacia sus influencias literarias (sus maestros, sus alumnos, sus pares), y su lugar de origen. Esta característica puede entenderse en un sentido más amplio, desde una dimensión política de horizontalidad donde el autor está al servicio de la escritura y del lector y no de su propia autoría.

En un primer momento revisaré su poética dentro del manifiesto y postmanifiesto del Crack. Posteriormente, examinaré su crítica al concepto de mestizaje y finalmente, me detendré en la representación del personaje político de Cárdenas. La selección de estos tres textos da cuenta de la transformación de

---

3. De Rivera Garza pienso en las obras *La muerte me da* (2007) y *Muertos indóciles* (2013); de Ruisánchez me refiero a *Historias que regresan* (2012) y *Pozos* (2015), y en *Los papeles falsos* (2010), *Tell Me How it Ends* (2017), y *Lost Children Archive* de Luiselli (2019).

4. El diálogo entre Ignacio Sánchez Prado y Pedro Ángel Palou puede verse en el capítulo dedicado al Crack de *Strategic Occidentalism* y en el *Fracaso del mestizo*, como muestro más adelante.

un escritor que, como él mismo lo ha postulado, apuesta por la ubicuidad, lo cosmopolita y la reescritura de la tradición.

El sujeto literario en éxodo

En 1996, Ricardo Chávez, Ignacio Padilla, Pedro Ángel Palou, Eloy Urroz y Jorge Volpi lanzaron su grito de guerra literario en su *Manifiesto del Crack* (1996). A diferencia de manifiestos que dan vida a autores inéditos o a acciones inminentes, los escritores aquí reunidos ya tenían más de dos obras publicadas. Su intervención confirmaba lo que eran: escritores con una nueva propuesta literaria. Su manifiesto articulaba una poética ensayada en sus libros y una protesta al ninguneo de [sus] contemporáneos en el poder (Jaimes, "Entrevista a Ricardo Chávez Castañeda" 275). La reunión de textos individuales reflejaba la intención del grupo de preservar su carácter heterogéneo y la voluntad de defender su propuesta estética. De acuerdo con Sánchez Prado, además de redefinir y ampliar los temas y geografías literarias, el movimiento literario del Crack trastoca la postura tradicional del escritor frente al mercado. El Crack complejiza la teoría de Bourdieu que disocia el éxito comercial y del prestigio literario (o capital cultural) y deshecha la imagen del escritor "genio" que escribe desapegado del intercambio comercial en el que participa.

En *The Mexican Crack Writers,* el crítico Aníbal González subraya que el sonoro "crack" propone el contundente regreso a la novela y un distanciamiento con el género testimonial, con la literatura light (de los años setenta y ochenta) y, sobre todo, con el Boom y el realismo mágico ("Science, Art, and Magic" 74). Regresar a la novela es un gesto de liberación creativa en un tiempo de transición en Latinoamérica (Jaimes, *The Mexican Crack Writers* 1) —paradójicamente— también representa un gesto de inscripción y asentamiento en la tradición literaria. Apuestan por la novela total y por el derecho de situar a la literatura, ante todo. El *regreso* a la novela significa la reinterpretación de un género que, además de contar una historia, desafía los procesos de legitimación y la autonomía del creador.

En su primer manifiesto, el grupo literario presenta su postura estética y establece un pacto con la tradición literaria europea e hispanoamericana. El manifiesto contiene y potencia en sí mismo ambas posibilidades: la ruptura y la continuidad. Leo los manifiestos del Crack como piezas literarias, y no sólo textos que anuncian valores artísticos y/o políticos. Los manifiestos, como afirma el crítico Osmar Sánchez Aguilar, no son únicamente "vehículos de expresiones polémicas e insurgencias distintivas" sino obras de arte literarias

("Para volver a empezar" 24–25). Por eso, en vez de escribir y publicar un solo texto firmado por sus cinco miembros, los escritores del Crack presentan cada uno su texto, subrayando así la importancia de la singularidad autoral. A pesar de compartir una misma poética, el *Manifiesto* y el *Postmanifiesto* distinguen cinco visiones, cinco estilos, y cinco propuestas individuales. Los múltiples textos aprovechan la hibridez del género del manifiesto para explorar sus temas e intereses personales sin abandonar su línea común de pensamiento. Eloy Urroz evoca la idea paciana de continuidad y ruptura. Reconoce su afiliación al grupo de Los Contemporáneos y al poeta Gerardo Deniz, gurú de una generación que deseaba —como todas— una escritura "arriesgada" y la renovación del género de la novela (*Manifiesto* 24). Ignacio Padilla describe su hartazgo por la literatura comprometida y los "discursos patrioteros" (*Manifiesto* 29); Ricardo Chávez Castañeda alaba la capacidad de las novelas para generar universo propio (*Manifiesto* 37–39) y Jorge Volpi celebra la noción de lealtad y comunidad del grupo. El manifiesto de Palou, en el que me detengo a continuación, es un texto abismado (manifiesto dentro del manifiesto) que se distingue por su inclinación teórica y su intertextualidad, dos tendencias que prevalecen a lo largo de su obra. El manifiesto se compone de dos grandes partes: la primera funciona como un ensayo teórico y fragmentario; la segunda anuncia los mandamientos del Crack.

Palou retoma las *Seis propuestas para el próximo milenio* de Italo Calvino (levedad, rapidez, multiplicidad, visibilidad, exactitud, consistencia) y las resignifica en el contexto popular de una feria para elaborar sobre cómo escribir en el nuevo milenio. Es imposible no pensar en la novela de Juan José Arreola, en su carácter fragmentario y experimental, así como en el sentido lúdico y espectacular del espacio.[5] "La feria del Crack (una guía)" elabora una

---

5. En *Juan José Arreola, un pueblerino muy universal* editado por Rafael Olea Franco destacan dos estudios recientes sobre *La feria* de Arreola. Olea Franco destaca la construcción histórica del pueblo de Zapotlán y las intertextualidades de la novela fragmentaria con *Pueblo en vilo. Microhistoria de San José de Gracia* de Luis González. Muestra cómo en *La feria* se conjugan las labores del historiador y del escritor, una ambición que también Palou se propone en sus novelas históricas. Por su parte, el crítico Ignacio Ortiz Monasterio, relee la novela en diálogo con las tesis de Bajtín para mostrar la dimensión religiosa de la fiesta popular, la importancia del rito carnavalesco, una dimensión que Palou no resalta en este manifiesto pero que complementa su interpretación y enriquece la visión de la fiesta.

propuesta estética, una crítica a la sociedad neoliberal, al consumismo voraz y a la inmediatez de la producción cultural. En el juego de la representación aparecen distintas "estaciones" (retos, experiencias) que van generando una suerte de mapa creativo. La primera, "El palacio de la risa", se relaciona con la primera propuesta de Calvino: *la levedad*. El primer reto del autor consiste en encontrar un balance entre la comedia y la tragedia. Después, en recrear emociones *artificialmente* —como en una "montaña rusa"— para un lector/espectador acostumbrado a observar con *rapidez*, indiferencia y sin distinción, escenas como el *hundimiento* del Titanic, las guerras del Pérsico o de Sarajevo (*Manifiesto* 11).

El escritor necesita "usar todo el potencial metafórico del texto literario", trabajar en *la multiplicidad* de la obra para que el lector pueda verse reflejado en el texto y entrar —desde cualquier perspectiva— a "La casa de los espejos". El texto también debe emular la noción de ritmo propuesta por Flaubert, para quien "un buen fragmento de prosa debe ser un buen verso". En el ritmo se produce la belleza y la emoción que representa el cuarto puesto de la feria: "La bola de cristal" o *la visibilidad*. La polisemia (multiplicidad) y la sonoridad (ritmo) potencian un significado, un efecto en el lector. Este ritmo se debe administrar, equilibrar y pulir, con *exactitud* como un "Tiro al blanco". La última sugerencia de Palou es *la consistencia* como pilar de un proyecto de vida para el escritor. La intertextualidad con Calvino conforma una poética de la imaginación (plural, lúdica, desparpajada) que le ofrece al lector historias y perspectivas simultáneas. Su gesto, profundamente liberador, rompe con la idea de que el escritor (mexicano) tiene que representarse o representar una identidad determinada *ad infinitum*.

En un segundo momento, Palou define la propuesta del grupo en cuatro mandamientos: 1) las novelas del Crack no son textos pequeños, comestibles; 2) las novelas del Crack no nacen de la certeza sino de la duda; 3) son novelas que exacerban el hecho buscando el continuo desdoblamiento de los narradores y 4) las novelas del Crack no son novelas optimistas, rosas, amables (*Manifiesto* 15–18). Estos principios reflejan la postura del novelista que entiende las novelas como un "churrasco", una obra jugosa que se degusta. El novelista que Palou describe es absolutamente contemporáneo y a la vez absolutamente "viejo". El narrador debe hacer un ejercicio extremo de desdoblamiento para vivir otras vidas, atender con igual atención su presente que lo escrito anteriormente: "Honrarás la esquizofrenia y escucharás otras voces;

déjalas hablar en tus páginas" (*Manifiesto* 17). La intertextualidad es presentada como uno de los recursos fundamentales en el quehacer literario. La obra de arte literaria es una feria, una fiesta, una tradición y, como toda tradición, se improvisa y se renueva con cada repetición, en cada lectura. El arte poética de Palou coincide con el arte poética de Huidobro: no hay que hablar de la rosa sino hacerla florecer.

En el *Postmanifiesto* escrito veinte años después, Palou reitera su apuesta por la literatura con L mayúscula y por la novela total y sin adjetivos: "Todo cabe en la novela, que es como el mundo pero no es el mundo" (71). Esta zona indefinida ("es como", "pero no") produce infinitas posibilidades: una mercancía internacional, una novela global, libre de regionalismos y adjetivos, que se resiste a la domesticación. Más aún, Palou describe a la novela como el género "más flexible", un organismo vivo que se construye mientras se cuestiona o se deshace a sí mismo. Un espacio de experimentación inagotable para el autor y el lector. Así, en diez mandamientos queda sintetizada la poética del Crack que puede leerse también como una poética de la novela *tout court*.

La idea de la novela como un espacio en el que todo cabe y que no se agota no coincide con tesis recientes que presentan lo híbrido y lo intertextual como una forma nueva de escritura. La hibridez y la disolución de la escritura ocurren, de acuerdo con Palou, desde *El Quijote* (70). Palou no está preocupado por la "originalidad", sabe que "no hay nada nuevo bajo el sol". Entiende que la familiarización y relectura de los "gigantes" de la tradición producirán *algo* nuevo. La novela no explica o informa, "crea situaciones" y así se renueva constantemente (72-73). "La novela reescribe hacia atrás toda la tradición novelística" afirma uno de los últimos mandatos de esta guía. La lectura, reescritura y la literatura crean un espacio simbólico en el cual el escritor, que "ya dejó de tener patria", habita. El autor, apunta Palou con sabiduría, escucha otras voces y "las honra dejándolas hablar". Esta postura de humildad y apertura también permite que el lector se sitúe en un espacio que *es* y *no es* el mundo. El pensamiento en estado de éxodo produce el hallazgo, el asombro, la belleza. Desterritorializado como el autor, el lector puede a su vez escuchar voces y vidas paralelas a su propia existencia. La tarea del escritor consiste en multiplicar, como un pequeño dios, las experiencias vitales. La novela se actualiza en cada ejercicio de lectura, desde cada perspectiva. Palou vuelve a poner al centro la literatura y las humanidades, como dos actividades lúdicas que nos devuelven dos retratos, el nuestro y del mundo.

La deconstrucción del sujeto político

El fracaso del mestizo (2014) es un ensayo que revisa de manera exhaustiva el mestizaje en la cultura. La crítica Rebecca Janzen advierte con acierto que leer al mestizo como "significante" marca la entrada de Palou a la academia norteamericana (210–11). Palou revisa la ideología puesta en marcha por distintas instituciones postrevolucionarias, en un análisis que expande el trabajo de Joshua Lund en el *The Mestizo State* (2012). Al igual que Lund, Palou estudia las fisuras de la ideología del mestizaje en la reinterpretación de productos culturales, pero se enfoca en el microcosmos familiar, como metonimia de la nación. ¿Cómo se manifiesta el fracaso de una política identitaria en el seno de la familia, cómo afecta y desteje las relaciones?

Palou deconstruye el concepto de "mestizo" y para ello analiza un amplio espectro de películas (*Santa, Los olvidados, Los Caifanes, El castillo de la pureza, Amores perros* y *Japón*) y novelas (*Al filo del agua, El luto humano, Pedro Páramo, Balún Canán, La región más transparente, Las batallas en el desierto, Lodo*) que contextualizan y cuestionan el mestizaje. Desde una perspectiva que aprovecha la teoría sociológica de Bourdieu y la teoría psicoanalítica de Lacan, Palou ofrece una reinterpretación sobre "lo mexicano" y "lo mestizo". El contexto de "habitus" de Bourdieu le permite distinguir las distintas relaciones y contextos en los que se producen las historias.[6] La visión del "mestizo" como significante muestra la complejidad de un término que se resignifica de acuerdo con sus circunstancias. Al ser estudiado en distintos contextos, el "mestizo" revela su frágil condición de sujeto. El sujeto mestizo se convierte en un personaje falible con una historia propia e irrepetible.[7]

---

6. En *Pierre Bourdieu in Hispanic Literature and Culture,* Palou analiza *La región más transparente* de Carlos Fuentes bajo tres conceptos de Bourdieu: el "habitus", el "campo" y la "illusio". El pensamiento teórico de Bourdieu que apunta Palou —en coincidencia con Ignacio Sánchez Prado y Mabel Moraña— permite una aproximación analítica y una valoración matizada y profunda del rol del intelectual y de los sistemas de producción en el México contemporáneo (65). Ver también *Bourdieu en la periferia: Capital simbólico y campo cultural en América Latina.* Cuarto Propio, 2014.

7. Como bien señala Palou el término "mestizo" no se origina con Vasconcelos: "The so-called intellectuals of the Porfiriato, such as Vicente Riva Palacio and Francisco Pimentel, had already spoken of the *mestizo* as a virile and vigorous

El enfoque en el núcleo familiar, en particular en personajes masculinos —hombres abusadores, maridos infieles, padres desobligados— delata las fallas y patrones dentro de una cultura misógina dominada por el mestizo. En *Pedro Páramo* la figura paterna del cacique abandona a sus hijos, a las mujeres y a su pueblo al que deja morir de hambre. El patriarca ejerce la violencia doble de someter y abandonar.[8] En *El castillo de la pureza* la figura del padre ejerce un control extremo sobre su familia. El exceso de "protección" contra el mundo exterior convierte la "pureza" en perversión. El patriarcado se vuelve abusivo. En *Los olvidados*, "todos padecen orfandad... el único de los personajes que *tiene* un padre, lo tiene en tanto versión frágil, vulnerada socialmente, infantilizada por el alcohol" (72). El patriarcado se desmorona. En *Amores Perros*, el padre abandona a su familia por una modelo. El mestizo fracasa una y otra vez como compañero, como padre, como marido, como soberano.

Entender la construcción del mestizo significa entender "el juego de la subjetividad humana... la desestabilizadora presencia de lo real y la proyección imaginaria" (212). Palou traslada la noción de orfandad de los personajes a los creadores mismos, para reflexionar sobre el papel del intelectual como padre

---

hybrid....in 1909... Andrés Molina Henríquez formulated the discourse of the *mestizo* as the central issue concerning the nation in *Los grandes problemas nacionales*" ("Reading Mexican mestizaje and Carlos Fuentes" 71–72).

8. *El llano en llamas, Pedro Páramo y otras obras*, editada por Palou y Francisco Ramírez, hace una revisión de la figura paterna en Juan Rulfo. El estudio conmemora el centenario de Juan Rulfo y a la vez ofrece una relectura crítica del canon que corresponde con el siglo XXI. Steven Boldy muestra cómo padre-hijo se convierten en una sola entidad con un trágico destino, Oswaldo Estrada examina la orfandad de los personajes rulfianos, Karim Benmiloud hace una fascinante lectura crística de dos cuentos ("La noche que lo dejaron solo" y "Diles que no me maten") para enfatizar el reclamo, la interpelación (oración) del hijo hacia al padre, Samuel Steinberg hace un análisis de la demanda (deuda y/o herencia) de los hijos hacia el padre, y muestra la desvinculación social del núcleo familiar. Asimismo, Brian L. Price se enfoca en la huella (influencia, paternidad intelectual) de Rulfo en José Agustín. Todos estos textos plantean una fuerte crítica al patriarcado, hecha en su mayoría por autores, un esfuerzo significativo que se suma a las demandas contemporáneas de paridad, justicia y redefinición de los roles familiares y de las instituciones.

o hijo literario. En otras palabras, a lo largo de su obra, Palou reflexiona sobre el papel del intelectual mestizo dentro de la sociedad.

> Los hijos de nuestras narrativas centrales siguen siendo huérfanos y solo pueden acogerse al Estado —El padre del Orden simbólico—...hijos del pasado inmediato, la Conquista,...el indígena. Desplazados, nómadas, siempre en trance de ser. El mestizo nunca *es*, siempre *está siendo*, es un proyecto.... El Estado asume la paternidad en tanto se esté dispuesto a estar incorporado. (101)

¿A quiénes obedecen, sirven o traicionan los intelectuales? ¿Quién patrocina su trabajo? Los creadores son patrocinados por aparatos ideológicos del Estado a través de becas en el Estado neoliberal y la articulación del sujeto se conforma en función de un determinado "orden simbólico" que estructura y somete, al mismo tiempo que excluye. Escribir al margen de las narrativas es posible desde el éxodo, un éxodo que rechace ser cooptado por el Estado, que mantenga una postura crítica o bien entendiendo el éxodo como una postura intelectual. Una postura intelectual desplazada o nómada puede entenderse, haciendo eco de la filosofía zapatista, como una postura que rechaza ser etiquetada en un género, en un público, en un estilo determinado.

El fracaso del mestizo es también el fracaso del patriarcado y de sus instituciones. Continuar la conversación crítica del mestizo alrededor de la inestable figura del padre y desde la orfandad lleva la discusión hacia la tarea pendiente de la reconfiguración y responsabilidad de los roles familiares y de la redistribución del poder.[9] La figura del mestizo fracasado es el espejo del Estado también fallido, incapaz de proteger a su pueblo, que como señaló el EZLN (Ejército Zapatista de Liberación Nacional) en su *Primera Declaración de la Selva Lacandona* no provee "ni un techo digno, ni trabajo, ni alimentación,

---

9. Además del estudio de Joshua Lund, *The Mestizo State* (2012), cabe destacar el libro reciente de David Dalton que expone la tensión entre la construcción nacional de la identidad mestiza y los lastres del colonialismo y la resistencia frente al imperialismo extranjero. Dalton realiza una crítica del texto seminal de Vasconcelos, resaltando las disidencias y contradicciones dentro de las representaciones culturales y la importancia de la tecnología en la construcción del mestizaje en el siglo XX. Un estudio igualmente importante sobre el mestizaje es de la historiadora y crítica Kathleen Myers, *In the Shadow of Cortés: Conversations along the Route of Conquest* (U of Arizona P, 2015).

ni educación...[ni] derecho a elegir libre y democráticamente a [sus] autoridades, sin independencia, sin paz ni justicia...para [sus] hijos." El sujeto fallido del padre y la condición de orfandad del mestizo revelan una estructura resquebrajada, abandonada, vaciada de sentido. Es necesaria la reescritura del mestizaje para imaginar formas donde constituirse como sujeto no implique abuso, violencia o abandono.

3. La reconstrucción de la figura política desde lo privado

Con la publicación de *Zapata* (2006), Palou inicia una serie de biografías históricas entre las que se encuentran: *Morelos: Morir es nada* (2007), *Cuauhtémoc: La defensa del Quinto Sol* (2008), *Pobre Patria mía: La novela de Porfirio Díaz* (2011), *Villa: No me dejen morir así* (2014). Este proyecto coincide con la tradición de escritores e intelectuales que, como Fernando Benítez, Adolfo Gilly y Enrique Krauze, reconstruyen la historia de México a partir de sus protagonistas.[10]

La novela *Tierra roja* (2016) reflexiona sobre los valores revolucionarios de Cárdenas y sobre su manera de integrarlos a los espacios cotidianos y domésticos. Representa al padre, al esposo, al compañero "[al] presidente [que] encarnó a la Revolución mexicana con pasión y fe en su utopía" (379). Esta biografía aparece a dos años de Ayotzinapa, en un momento donde los feminicidios van en aumento, en un país destripado por la impunidad y la injusticia. En este contexto de descomposición social, la representación de un gobernante como Cárdenas significa casi una restauración de la memoria colectiva, una forma de sanar a una sociedad traumatizada. La novela cumple con una función social. Permite re-imaginar una forma de masculinidad protectora, amorosa, justa, pacífica, ¿un patriarcado distinto? La novela regresa al pasado no para embalsamar nuevamente a Cárdenas, sino para humanizarlo.

---

10. Existe un amplio corpus de biografías y fuentes a las que Palou recurre para escribir esta obra. Entre los numerosos textos destacan *Lázaro Cárdenas: demócrata mexicano* de William Cameron Townsend, *Lázaro Cárdenas, general misionero* (1987) de Enrique Krauze, *El cardenismo una utopía mexicana* (1994) de Adolfo Gilly, *Cárdenas por Cárdenas* (2016) de Cuauhtémoc Cárdenas, por nombrar algunas (379–88).

Deshace al personaje idealizado y representa al hombre, al padre, al esposo, al líder.[11]

Influido por José Revueltas y Walter Benjamin, Palou recalca la importancia de narrar la historia en presente y de situarse y situar al lector como testigo en medio del desastre de lo que va ocurriendo. El epígrafe de Revueltas que abre la novela advierte: "Cuando se entra en contacto directo con la historia... se encuentra uno en el remolino... y no sabemos verla... la historia está obrando sobre todos nosotros". Palou sabe que la vida cotidiana —ese remolino— nubla nuestra capacidad de distinguir el sentido de los acontecimientos pero que la literatura puede producir —en retrospectiva— una experiencia lineal, un determinado sentido histórico. Palou se nutre de fuentes históricas y literarias para desentrañar ese remolino. De conformarnos con registros históricos y discursos políticos, no podríamos apreciar profundamente la figura histórica. Los discursos envejecen menos bien que la literatura y, descontextualizados, pueden ser malinterpretados fácilmente. Por ejemplo, si releemos el discurso de Cárdenas pronunciado en 1940 para la inauguración del primer Congreso Indigenista, podemos ver cómo el vocabulario político funciona casi en contra del personaje:

---

11. Ivonne del Valle y Pedro Ángel Palou editaron un dossier muy completo sobre el cardenismo para la *Revista de Crítica Literaria Latinoamericana*. Tanto críticos literarios como historiadores examinan el legado de Cárdenas en "una lectura no mítica, pero sí comprometida con el presente" (11). El conjunto de textos (centrado fundamentalmente en las dimensiones políticas, económicas y sociales del cardenismo) funciona casi como un gesto político que cuestiona el papel irresponsable del Estado contemporáneo, un Estado que no sólo se ha alejado de las demandas revolucionarias, sino que "administra los bienes nacionales para ponerlos al servicio de la burguesía local y extranjera" (14). Sánchez Prado afirma que *Tierra roja* ofrece "una nueva línea de novela histórica", una que se distancia de la narrativa épica y totalizante del pasado, para enfocarse en "el catálogo de afectos y prácticas materiales que lo formularon" (135). Lee en su estructura inacabada de la historia, la posibilidad de re-imaginar en el futuro, "una apertura simbólica ante el cierre simbólico del presente neoliberal" (136). Sin la necesidad de mencionar la palabra "infrapolítica", propone una interpretación que dialoga con el proyecto del pensador y crítico Alberto Moreiras.

La fórmula de 'incorporar al indio a la civilización', tiene todavía restos de los viejos sistemas que trataban de ocultar la desigualdad de hecho, porque esa incorporación se ha entendido generalmente como propósito de desindianizar y de extranjerizar, es decir, de acabar con la cultura primitiva; desarraigar los dialectos regionales, las tradiciones, las costumbres y hasta los sentimientos profundos del hombre apegado a su tierra... Nuestro problema indígena no está en conservar 'indio' al indio, ni en indigenizar a México, sino en mexicanizar al indio. Respetando su sangre, captando su emoción, su cariño a la tierra y su inquebrantable tenacidad, se habrá enraizado más el sentimiento nacional y enriquecido con virtudes morales que fortalecerán el espíritu patrio, afirmando la personalidad de México... México tiene entre sus primeras exigencias, la atención del problema indígena y, al efecto, el plan a desarrollar comprende la intensificación de las tareas emprendidas para la restitución o dotación de sus tierras. (Cárdenas, *Memoria política de México* s/p)

Una de las principales debilidades de este texto es su vocabulario, hablar del "indio" como "problema" lo cual ha sido señalado insistentemente por la crítica.[12] Leído a la distancia, el texto no recupera las acciones, los logros y las transformaciones hechas por el entonces presidente. No refleja las dudas, sacrificios y temores del ser humano detrás del sujeto político. No obstante, visto más de cerca, este fragmento deja entrever la voluntad del entonces presidente de traducir su promesa en un "plan" que reconsideraría las demandas revolucionarias: la tierra, las lenguas y las tradiciones.

En contraste con el discurso, la ficción otorga la posibilidad de reescribir la historia. Palou aprovecha las indeterminaciones históricas para imaginar espacios, atmósferas y personajes. A decir del historiador Javier Garciadiego, resulta complejo hacer la biografía de Lázaro Cárdenas, por su larga trayectoria. No es lo mismo referirse al gobernador que después al presidente porque su pensamiento va evolucionando (s/p). Palou concentra la narración entre 1936 y 1940, su estructura sigue la cronología que el mismo Cárdenas establece en sus *Apuntes*.

---

12. Analisa Taylor examina cómo el término "indigenismo" borra las diferencias étnicas, "desindianiza" y cómo el indio se convierte en un elemento del paisaje. Taylor subraya la ausencia de la figura indígena en la cultura y muestra en su estudio cómo el *problema* indígena es en realidad el gobierno.

El retrato de Palou también coincide con el tono sencillo y escueto que Cárdenas utiliza en sus apuntes personales para llevar un registro de sus viajes, de sus reuniones, o de los reencuentros con Amalia y Cuauhtémoc, sus anclas. Destaca su carácter discreto y a la vez preocupado por el bienestar de su familia. Cárdenas se refiere a su escritura como "apuntes" lo cual sugiere una actitud de distancia y respeto frente a la escritura, la conciencia de querer informar, sin entretener y mucho menos representar. Los apuntes, por lo general, describen eventos sin desarrollo o sin contextualización, guardan fechas, lugares, nombres. Sin embargo, el tejido de la escritura personal revela algo más de lo dicho, insignificante para la política, fundamental en la psicología de un personaje. Cárdenas escribe: "Encuentro a Amalia un tanto desmejorada… saldremos a Michoacán… en donde convive con gusto" (560). Palou retoma y aprovecha la escritura personal para construir al personaje como esposo, como padre, como compañero y amigo y representar a un ser humano en su contexto cotidiano y no sólo como una figura pública.

> Esa noche, antes de acostarse, va al cuarto de Cuauhtémoc y lo ve ya dormido. Amalia también ronca a pierna suelta en su habitación. Escribe en sus *Apuntes*: 'Me retiraré de la política cuando acabe mi periodo, o por el tiempo que sea necesario'…¿Había sido la suya una utopía irrealizable? ¿Había valido la pena sacrificar a su familia recién comenzada, estar lejos de los primeros años de su hijo, que iba creciendo sin padre con el amor incondicional de Amalia? (299)

Su ausencia paternal se compensa al acoger en Los Pinos a niños "que ha ido recogiendo en sus giras":

> Y son niños en plural…. Por un lado, eso les permite una nueva vida, escuela, oportunidades. Por el otro, asegura que Cuauhtémoc, como hijo único del presidente, no se vuelva engreído. Es uno más de los que la prensa llama *niños de Los Pinos*, mofándose un poco de la idea del presidente. (143)

La hospitalidad en el ámbito privado se replica en el ámbito político con una actitud de apertura hacia los refugiados, los perseguidos y los más necesitados. Valores que se traducen en múltiples giras y visitas a los lugares más remotos: "Es el primer presidente de la República que visita los apartados pueblos mixtecos y zapotecos, reparte agua, abre brechas y caminos, inaugura puentes y pone la primera piedra de escuelas y clínicas de salud" (165). Una labor que continúa aún después de terminar su presidencia.

El retrato del personaje público (el soberano) se corresponde con el personaje privado. Palou describe a Cárdenas en reuniones, huelgas, conflictos, en su toma de decisiones y en su cercanía con el ambiente intelectual, artístico y literario.[13] Enfatiza su carácter reservado, alguien "[que] habla lo necesario, casi siempre en primera persona del plural, para diluir quizás el peso de su investidura" (44). Un rasgo muchas veces malinterpretado:

> Lo tachan de lento, de dejar que las cosas sigan su curso, cuando su plan de operaciones es justo lo contrario. Mejor que no se den cuenta de las cosas, como en una escaramuza militar, estallen solas, que los ánimos se caldeen, que las partes se enfrenten, como dos batallones, hasta que queden claro que su intervención es necesaria y entonces no haya lentitud alguna: un solo golpe certero definitivo. Un ataque completo por vanguardia y retaguardia, cercando al enemigo, obligándolo a rendirse. (147)

Sin embargo, esa lentitud y ese silencio aparente en realidad esconden el pensamiento estratégico de su formación y experiencia militar. Una inteligencia enfocada en concretar obras mayores y no en perderse en los discursos que atiendan los "dimes y diretes". Palou describe dos huelgas, la de la compañía de luz y la del gremio ferrocarrilero y muestra cómo reacciona Cárdenas frente al disenso y la crítica. El Cárdenas de Palou no se impacienta con nada. La huelga de la Compañía de Luz y Fuerza estalla en julio de 1936 y deja sin luz a la ciudad "a punto de la histeria".

> Al pueblo le falta luz
> y al presidente energía,
> la huelga se está agravando
> y el presidente paseando. (121)[14]

---

13. En su "Apunte final" Palou recapitula todas sus fuentes entre las que destacan los cuatro tomos de los *Apuntes* de Cárdenas, las crónicas de Novo, las múltiples biografías, estudios históricos, conversaciones. También menciona las historias paralelas; las policiacas que decidí dejar fuera, merecen un estudio aparte.

14. Brian Price analiza la función del corrido en la biografía de *Zapata* de Palou. El corrido es una forma de acercarse a la historia del pueblo. John Holmes McDowell ha estudiado exhaustivamente este género, su origen, estructura y contexto. Se refiere al corrido como una "respuesta verbal" a la violencia, un objeto artístico y

El corrido incorpora la voz crítica de una parte del pueblo. Sin embargo, Palou aclara que el presidente "había decidido no intervenir" en la huelga, con el fin de no ayudar al dueño británico de la empresa mexicana. Cárdenas resuelve los conflictos favoreciendo al pueblo, a pesar de que en muchos momentos, intelectuales o miembros del partido comunista llegan a cuestionar su socialismo. Su inclinación socialista y sus ideales no vacilan; a diferencia del militante, el presidente debe negociar. El mandatario toma cierta distancia durante los conflictos para dejarlos madurar. En la huelga del gremio ferrocarrilero, Cárdenas también es fuertemente criticado por no resolver con velocidad las demandas de los agremiados.

> Vuelve a salir de gira. Reflexiona mucho sobre el tema de los ferrocarriles. Sabe que el haber declarado la huelga como ilegal no soluciona el problema, y seguirá preocupado por él durante todo un año. Las demandas laborales eran justas contra Ferrocarriles Nacionales de México. ¿Qué querían? Cosas simples: además de que se les pagara el séptimo día y aumentos moderados de sueldo, pedían nivelación de salarios… separación de jefes injustos. En este caso no podía dejar al país sin trenes. No es lo mismo que dejar por unos días a la capital sin luz. Trató de evitar el caos mientras se daba tiempo. Era injusto lo que Valentín Campa gritó en su contra…: '¡Cárdenas no es un verdadero revolucionario!'. (126–27)

De acuerdo con Palou, Cárdenas es consistente con sus principios de solidaridad revolucionaria hacia los trabajadores, los campesinos y los refugiados políticos. Cárdenas le da asilo a Trotsky y más adelante, recibe al contingente de 500 niños huérfanos que vienen de la España republicana (169). Para mostrar la templanza del líder, Palou se enfoca en describir su intervención estratégica en la resolución de los conflictos y en su apertura hacia los migrantes en tiempos de grandes crisis. La narración de estas acciones sirve para reiterar la fortaleza de un gobernante firme y a la vez generoso.

Resulta obvia la admiración de Palou hacia Cárdenas y el cardenismo. Palou toma su defensa en todo momento. Se apropia de fragmentos de sus *Apuntes* o diario y los incorpora a su propia narrativa. "*No todo es posible*, ésa es una de las máximas de la política, saber de las limitaciones del cargo y de los tiempos y ajustarse a ellas sin claudicar un instante en los planes" (143).

---

destaca su capacidad de curar, sanar. Ver sus libros *Poetry and Violence* (2000) y *¡Corrido!* (2015).

Como lectores es fácil aceptar la representación de un sujeto político que no contradice la memoria cultural colectiva de una nación.

El telón de fondo se desenvuelve como un ambicioso y colorido mural. La perspectiva de la narración sitúa al lector como testigo de cenas, intrigas, conversaciones y situaciones a las que se enfrenta un mandatario que no defrauda en su trato. Los diálogos entre el presidente y personajes como Diego Rivera o el líder sindical Valentín Campa recrean una atmósfera viva y dejan entrever las múltiples discordias al seno de la izquierda. Cárdenas es descrito como un gobernante que sabe escuchar, dejar hablar y cuyo pensamiento madura; en lugar de idealizar la Revolución la cuestiona:

> El general Cárdenas piensa inevitablemente en los caídos de su propia revolución. En los ajusticiados. Son tantos. Madero y Pino Suárez, Zapata y Villa, el propio Carranza... Muertes menores, como la de su primer mentor, el general García Aragón, fusilado en la Escuela de Tiro por órdenes zapatistas. ¿Todas las revoluciones se dividen y asesinan y se corrompen? No lo dice. No expresa sus sentimientos. Nunca lo hace en público. Deja hablar a sus invitados. Han traído café de olla y unos ates y quesos.... Rivera no deja de notar el ascetismo del presidente. Como otros comunistas desafía de su *socialismo*. (151)

Palou rescata a "Tata Lázaro" en un momento de descomposición social, protestas feministas y absoluto desencanto del patriarcado. La re-narración del personaje y de su contexto privado permite que los lectores experimenten y se acerquen a *su* historia en presente. La biografía enaltece al personaje sin monumentalizarlo, vuelve a apostar por la integridad del sujeto. La congruencia entre la vida privada y afectiva del hombre y la vida pública de un extraordinario gobernante quizás pueda ampliar y matizar la conversación entorno a la soberanía, las masculinidades y a la desgastada figura paterna. Al escribir sobre Cárdenas, Palou contribuye a la celebración de un personaje que despierta orgullo, valores morales y un sentido de pertenencia. *Tierra roja* no es la revitalización un proyecto de identidad nacional, es un texto que nos regresa a las preguntas más esenciales: no quiénes somos sino, ¿dónde estamos parados? ¿De qué estamos hechos?

Estos textos de Palou atienden con maestría las ansiedades del pensamiento zapatista con respecto al mestizaje y las demandas feministas de "tirar" al patriarcado. Proponen una revisión crítica de la memoria cultural y un rescate o reinterpretación de los valores perdidos. Tienen la virtud de estar en un lugar intermedio entre la crítica literaria y la escritura académica. Su experiencia como narrador hace que sus textos fluyan, su perspectiva académica le permite hacer tabula rasa de interpretaciones o valoraciones comerciales para releer obras desde un ángulo riguroso. En ellos confluyen sus preguntas existenciales, sus influencias y su determinación a representarlo *todo* con enorme cuidado. En un contexto devastado por un patriarcado malentendido, una violencia exacerbada, una crisis económica —y otra sanitaria—, regresar al pasado no necesariamente debería leerse como una tendencia conservadora. *Renarrar hacia atrás* quizás sea un acto de supervivencia y sanación necesario para distinguir y honrar nuestra diversidad, las muchas voces que nos conforman.

Bibliografía

Price, Brian L. "Where History Ends and the Corrido Begins in Pedro Ángel Palou's *Zapata*". *Latin American Literary Review*, vol. 40, no. 79, 2012, pp. 45–60.

Dalton, David S. *Mestizo Modernity: Race, Technology, and the Body in Post-Revolutionary Mexico*. UP of Florida, 2018.

Del Valle, Ivonne y Pedro Ángel Palou, editores. *Cardenismo: Auge y caída de un legado político y social*. Revista de Crítica Literaria Latinoamericana, 2017.

Cárdenas, Lázaro. *Apuntes*. Pref. de Gastón García Cantú. Introducción de Cuauhtémoc Cárdenas. Universidad Nacional Autónoma de México, 1972.

———. "Discurso del Presidente de la República en el Primer Congreso Indigenista Interamericano". En *Memoria política de México*. 14 de abril de 1940, http://memoriapoliticademexico.org/Textos/6Revolucion/1940PCM.html.

Coordinación Nacional de Literatura. Ciclo Travesías: Literatura mexicana en Estados Unidos, 15 de agosto 2021.

Garciadiego, Javier. "El breve periodo radical: el cardenismo". 27 de noviembre de 2020, https://colnal.mx/noticias/el-legado-mas-fuere-de-lazaro-cardenas-es-un-legado-moral- hasta-nuestros-dias-javier-garciadiego/.

González, Aníbal. "Science, Art, and Magic: Totalization and Totalitarianism in Jorge Volpi's *In Search of Klingsor*." *The Mexican Crack Writers*, edited by Héctor Jaimes, Palgrave, 2017, pp. 73–86.

Jaimes, Héctor, ed. *The Mexican Crack Writers: History and Criticism*. Palgrave, 2017.

———. "Veinte años después: Diálogo con 'la generación del Crack'. Entrevista a Ricardo Chávez Castañeda". *A Contracorriente*, vol. 13, no. 3, spring 2016, pp. 274–83.

Janzen, Rebecca. "*El fracaso del mestizo* by Pedro Ángel Palou". *Revista de Estudios Hispánicos*, vol. 49, no. 1, 2015, pp. 210–12.

Lund, Joshua. *The Mestizo State: Reading Race in Modern Mexico*. U of Minnesota P, 2012.

McDowell, John H. *Corrido! The Living Ballad of Mexico's Western Coast*. U of New Mexico P, 2015.

———. *Poetry and Violence: The Ballad Tradition of Mexico's Costa Chica*. U of Illinois P, 2015.

Myers, Kathleen. *In the Shadow of Cortés: Conversations Along the Route of Conquest*. U of Arizona P, 2015.

Olea Franco, Rafael, ed. *Juan José Arreola: un pueblerino muy universal*. El Colegio de México, 2021.

Palou, Pedro Ángel. *El fracaso del mestizo*. Ariel, 2014.

———. Manifiesto del Crack (1996). Postmanifiesto del Crack (1996–2016). La Pereza Ediciones, 2021.

———. "Reading Mexican Mestizaje and Carlos Fuentes Through Bourdieu". *Pierre Bourdieu in Hispanic Literature and Culture*, editado por Ignacio M. Sánchez Prado, Palgrave, 2018, pp. 65–84.

———. *Tierra roja: La novela de Lázaro Cárdenas*. Planeta, 2016.

———. y Francisco Ramírez Santacruz, editores. *El llano en llamas, Pedro Páramo y otras obras*. Iberoamericana-Vervuert, 2017.

Price, Brian. "Where History End and History Begins in Pedro Ángel Palou's *Zapata*." *Latin American Literary Review*, vol. 40, no. 79, 2012, pp. 45–60.

Sánchez Aguilera, Osmar, ed. *Manifiestos... de manifiesto. Provocación, memoria y arte en el género-síntoma de las vanguardias literarias hispanoamericanas, 1896–1938*. Bonilla Artigas, 2016.

Sánchez Prado, Ignacio. "'[La legión extranjera] Escritores mexicanos en la academia estadunidense." *Milenio*. 31 de mayo 2014.

———. *Strategic Occidentalism. On Mexican Fiction, the Neoliberal Book Market and the Question of World Literature*. Northwestern UP, 2018.

———. Anna M. Nogar y José Ramón Ruisánchez Serra, editors. *A History of Mexican Literature*. Cambridge UP, 2016.

Taylor, Analisa. *Indigeneity in the Mexican Cultural Imagination: Tresholds of Belonging*. U of Arizona P, 2009.

JULIO ENRÍQUEZ-ORNELAS
MILLIKIN UNIVERSITY

Fin de siglo en *Memoria de los días* de Pedro Ángel Palou

> *¿Dónde está la memoria de los días*
> *que fueron tuyos en la tierra, y tejieron*
> *dicha y dolor y fueron para ti el universo?*
> Jorge Luis Borges

EN MÉXICO LOS ESCRITORES del Crack recurren al apocalipsis para explorar el miedo y el deseo del "fin del mundo". Alberto Castillo Pérez especula que los temas apocalípticos fueron habituales en 1996 por el inminente fin de siglo a finales de los noventas. De esta generación Pedro Ángel Palou en 1995 es el primero en escribir la novela apocalíptica, *Memoria de los días*. En este estudio, la meta es ofrecer una lectura de *Memoria de los días* en donde se destaca el uso de Amado Nervo como escribano y el fin de siglo.

Según Héctor Jaimes, para los escritores del Crack "las nuevas realidades económicas habían cambiado enormemente los entornos sociales e históricos, de modo que los escritores podían crear una nueva esfera literaria y estética" (1). De ese contexto los novelistas mexicanos Jorge Volpi, Ignacio Padilla, Eloy Urroz, Ricardo Chávez-Castañeda, y Pedro Ángel Palou a finales del siglo XX demuestran en su escritura un deseo de permanecer y tomar presencia en el mundo literario por medio de su uso del lenguaje de manera posnacional como indica Tomás Regalado López. Así a nivel global se dio a conocer su manifiesto, y con eso se dieron a conocer los primeros textos narrativos. Alberto Castillo Pérez data de manera detallada y resumida algunas de las afirmaciones hechas por los mismos críticos mexicanos en cuanto a los escritores del Crack:

La recepción del *Manifiesto del Crack* no fue muy buena en México, para muchos era una cuestión de marketing publicitario con el único deseo de vender libros. Incluso algunos críticos como Christopher Domínguez Michael hablaban de 'mercadotecnia generacional de dudosa eficacia'. Otros, como Guillermo Fadanelli, criticaron su elitismo llamando a sus integrantes 'escritores del Frac'. Algunos como Cecilia Rodríguez acusaban su egocentrismo y otros como Guadalupe Sánchez Nettel auguraban hasta su desaparición. Sin lugar a dudas fue una mala acogida que para nada presagiaba la internalización, gran difusión y buena acogida que iba a tener el *Crack* más allá de México. (76)

Eso de no ser muy bien acogido en México por la misma gente suele ser conocimiento común entre la población. Las críticas hacia el manifiesto podrán permanecer vigentes para algunos de los escritores, pero sin lugar a duda los libros de Pedro Ángel Palou no desaparecen, permanecen. Hoy en día, años más tarde después del lanzamiento del "Manifiesto del Crack", los textos de Palou se siguen leyendo y él sigue escribiendo. Además, volver a finales del siglo XX permite reflexiones sobre lo que fue ese fin de siglo. De alguna manera ese deseo de permanecer como parte de la corriente literaria universal arraigada en una herencia posnacional es cómo se imaginan los escritores del Crack, así como también lo hizo Amado Nervo y sus contemporáneos a fin del siglo XIX.

Dentro de tal contexto cultural, podría decirse que las novelas del crack, e incluso las novelas en América Latina parten de una profunda ansiedad. Esa ansiedad al escribir en América Latina ha sido con el fin de situar la experiencia humana en continuidad a la de la imaginación cultural grecolatina. Ignacio Sánchez Prado, en su ensayo "La utopía del México neoliberal", afirma que con respecto a las producciones culturales como el cine y la novela a finales del siglo XX "la ideología neoliberal adoptada por el régimen mexicano a partir de los años ochenta construyó un mito de modernidad transnacionalizada cuya historia es conocida" (10). Pensando en tales palabras de Sánchez Prado es saber que común que ese mito se derrumbó. Por eso, textos como los de Palou ameritan ser releídos ya que por medio del lenguaje (español o castellano) forman las representaciones de un pensamiento humano; y éste en América Latina es uno en donde se destaca una ansiedad por entender el presente o futuro. Es de esta ansiedad donde surge la innovación en las formas de narrar en México.

En *Memoria de los días* existen un sin fin de referencias literarias. Por ejemplo, el título de la novela bien podría haber surgido del mismo poema de Borges, "¿Dónde está la memoria de los días...". El paralelismo entre el poema de Borges y la novela de Palou no sólo surge por la primera línea del poema de Borges, pero bien podría decirse que este poema es una cartografía poética, un plano, o un esqueleto para la novela de Palou. Esto no es decir que Borges y Palou tramaron esa continuidad literaria, pero los escritores latinoamericanos se leen y se corresponden al escribir. En el poema de Borges hay una preocupación por el aspecto cíclico de las cosas, más que nada la escritura y la creación poética, ese proceso se asocia con un principio y un final. Eso también es lo que se destaca en la novela de Palou.

Pedro Ángel Palou no solamente alude a la tradición literaria latinoamericana sino que también destaca la tradición europea como fuente de inspiración e innovación. Además, en la novela, Palou también alude a la literatura mexicana. Por eso no es sorprendente al descubrir en *Memoria de los días* cómo Palou crea un personaje de ficción llamado Amado Nervo. Palou se nutre de la literatura universal latinoamericana y en esa tradición literaria él también encuentra una fuente de inspiración e innovación al momento de narrar. En el texto desde un principio el lector inicia con lo siguiente: "Escribo. Soy el único que puede hacerlo ahora, cuando ya se han dado las señales inexorables del final. Los tiempos se han cumplido y yo ya he dejado de soñar: soy el escribano, el artífice de la palabra, el hacedor de la memoria" (13). Así, desde el principio, al lector se le presenta al narrador quien inicia con una serie de oraciones escritas desde la primera persona. Desde el comienzo, el mismo narrador de manera directa invita al lector a darse cuenta del lenguaje en sí. El lenguaje en este texto sirve como un instrumento para comunicar y también funciona como un instrumento para preservar la memoria, y después compartirla (el mismo libro, *Memoria de los días*). Además esto a nivel de trama alerta al lector a darse cuenta de que inicia el texto en medio de una acción.

Luego, conforme se va desenvolviendo la trama, el lector pronto aprende que la trama se desarrolla como un recorrido transnacional por tierras de Michoacán a Los Ángeles, California. El tiempo se concibe cíclicamente donde el pasado, el presente o el futuro son parte de un proceso eterno que nunca termina, y el retorno al principio siempre se realiza por medio del acto de contar y volver al sitio de origen: Ciudad de México. En dicha acción, sale a relucir oralmente la memoria, y así una vez enunciada pasa de la voz a lo escrito, la memoria. De ahí, la memoria ya en escrito se convierte en lectura y así pasa por otra memoria, la memoria del lector. El escribano de todo esto es Amado Nervo.

Palou optó por darle el nombre al personaje-escribano de Amado Nervo quien se recuerda por su poesía pero también por su narrativa. Los textos narrativos de Nervo los entiendo como escritura experimental, y siendo leídos como tal caen bajo la clasificación de lo raro como así consideró la narrativa de Nervo el mexicanista John S. Brushwood. Nervo se entiende como un narrador difícil de clasificar ya que los textos de él fueron diferentes en comparación con los autores de su época porque su escritura era filosófica, religiosa y exploraba espacios nuevos, extraños y no experimentados. Este "espacio extraño y no experimentado" se ha explorado en gran parte en el ámbito de su poesía, pero no en sus novelas: *Pascual Aguilar*, *El bachiller* y *El donador de almas*. Estas novelas, que aparecen como una trilogía, titulada *Otras vidas* (1905), han sido entendidas como una colección de novelas cortas que reflejan los elementos de la ficción modernista y los cuadros de costumbres. En estos textos breves, Nervo intentó darle sentido a la religión, pero cuando esto no funcionó, él confió en la ciencia para darle sentido a la religión al tratar a la ciencia como otra forma de religión.

La trilogía de novelas experimentales *Otras vidas* fue publicada en España a la vuelta de fin del siglo XIX quizá por su contenido tan fuera de la heteronormatividad porfiriana. Otro de esos textos marginales que no cabe ni entra en la visión literaria del momento es el cuento "La última guerra" de Nervo; una colección de cuentos publicada en 1906 como parte de *Almas que pasan*. Hoy en día dicho cuento es leído como un cuento de ciencia ficción supernatural y a finales de siglo cayó al margen del decadentismo francés de Joris-Karl Huysmans o el naturalismo de Émile Zola. En el cuento, se refleja ansia por lo que traerá el futuro, el principio del fin de la humanidad. Así, Nervo en su cuento intenta alertar a la humanidad del inminente peligro del presente sobre la tierra. En el cuento, la voz narrativa ve el trato que el hombre le da a los demás y esto es siempre con el propósito de su propio beneficio y un maltrato. Por eso, lo que decía Nervo a nivel narrativo cayó en lo marginal ya que la gloria y esplendor del porfiriato opacaban el inminente peligro del presente: el medio ambiente y el maltrato social de todos aquellos no formaban parte de la gente de las buenas costumbres durante el porfiriato. En sí, la obra narrativa de Nervo era más representativa de la corriente literaria en Francia de manera directa ya que su escritura no caía dentro de lo que canónicamente se entiende como el decadentismo en México. Es decir que la escritura en *la Revista Azul* "es indicativa de la manera en que el decadentismo, el progreso positivista y la moralidad católica se integraron en un mismo paradigma que respondía a una política cultural de carácter conciliatorio, característica del régimen de Díaz" (400) como lo explica Adela Pineda Franco. Dentro de dicho texto literario la escritura de Nervo no es incluida.

Rachel Hayward Ferreira afirma que Nervo especula que el fin del mundo viene en un futuro próximo. Para Hayward Ferreira "La última guerra" es el ejemplo más conocido de Nervo en donde se representa un apocalipsis en un futuro lejano. Hayward Ferreira explica que los textos ambientados en un futuro lejano, como el cuento de Nervo, tienden a estar ambientados en mundos hipotéticos que han alcanzado un destino final. El cuento de Nervo tiene lugar en 5532 y antes de la Primera Guerra Mundial; en este cuento el mundo llega a su fin por acciones humanas y no como resultado de un desastre natural. La interpretación de Hayward Ferreira de "La última guerra" enfatiza los elementos darwinianos actuales y concluye con la idea de Nietzsche del "eterno retorno". En el cuento, la humanidad ha logrado tres revoluciones, después de que cada raza ha reinado supremamente sobre la otra. Hayward Ferreira explica, "Así, la premisa del cuento se basa en las especies oprimidas que comienzan a organizarse para provocar una cuarta revolución" (120). Así, los caballos, perros, monos, y elefantes comienzan a conspirar y pensar como humanos, ya que desean ser como esta nueva raza hegemónica que los oprime. Esta revolución la logran una vez que se establece un lenguaje en común entre todos los animales. Para obtener el poder los animales deben reproducir la misma dinámica de poder, ya que para los animales el ser amo lo asocian con la libertad. Esta es quizá la crítica más fuerte que Nervo presenta en su texto ya que el deseo de dar fin a su condición social dará fin a la humanidad. De esta forma, el carácter cíclico del texto radica en la incapacidad de cada ser vivo en romper con el sistema de opresión ya que el ciclo de opresión continúa de una especie a otra. Como indica Hayward Ferreira, "Ninguna raza ha aprendido las lecciones de las tres primeras grandes revoluciones, y parece probable que esta cuarta revolución no sea 'la última guerra' sino simplemente la última en la que participarán los humanos" (124). El aspecto predominante del carácter apocalíptico de "La última guerra" no es que la historia se desarrolle en un futuro lejano luego de numerosas revoluciones, ni que la humanidad haya alcanzado un nivel de perfección, ni que los animales comiencen a tomar el lugar de los campesinos y desarrollen un idioma en común. El aspecto principal apocalíptico del cuento es sutil: se trata de la inevitable aniquilación de la humanidad tras la cuarta revolución liderada por los animales, ya que según la lógica del texto, cada camino nuevo siempre tiene éxito ya que el anterior no reconoce los defectos del camino anterior.

En *Memoria de los días*, el narrador crea un personaje de ficción llamado Amado Nervo y llega a la misma conclusión que el escritor mexicano de fin de siglo: el tiempo se concibe cíclicamente, el pasado, el presente o el futuro son parte de un proceso eterno que nunca termina. También hay dos paralelos significativos entre Amado Nervo, el narrador en *Memoria de los días*, y Amado Nervo, el escritor mexicano de fin de siglo. El primer paralelo es la religiosidad o fascinación por el apocalipsis del escritor y narrador. El segundo es la necesidad de ambos "Nervo" de encontrar un lenguaje nuevo.

En "Cinco problemas para el novelista mexicano (y latinoamericano) en el nuevo milenio", como sugiere el título, Palou explora las preocupaciones del novelista mexicano en este nuevo milenio. Palou sugiere que una de las principales inquietudes es el cambio actual en la narrativa de los "retos de confrontación con la estética" en la narrativa de Sergio Pitol y Carlos Fuentes a obras actuales que valoran la experiencia o la memoria de un individuo. Según Palou, narrar los pasos de Fuentes y Pitol puede resultar en marginación. Lo explica citando al escritor argentino Juan José Saer quien afirma que:

> un escritor en nuestra sociedad, sea cual fuere su nacionalidad, debe negarse a representar, como escritor, cualquier tipo de intereses ideológicos y dogmas estéticos o políticos, aun cuando eso lo condene a la marginalidad y la oscuridad. Todo escritor debe fundar su propia estética... en un mundo gobernado por la planificación paranoica, el escritor debe ser el guardián de lo posible. (Palou, "Cinco problemas" 177)

Por lo tanto, Palou tiene el mismo valor que Nervo, ya que intenta crear su propia estética a la luz de las nuevas tecnologías. En el contexto histórico de Palou estas tecnologías son la Internet y la televisión. Para Palou, las tecnologías modernas del siglo XXI valoran los actos arbitrarios y mundanos de cualquier individuo y su subjetividad como publicaciones convencionales y libros de autoayuda. El principal interés de Palou, como novelista, es el proceso de reflexión y no tanto, si su ficción proviene de sus propias experiencias personales; en cambio, utiliza la experiencia o la fusión inconsciente de experiencias para brillar a través de su narrativa (Palou, "Cinco problemas"). Palou cree que hoy en día la humanidad parece estar interesada únicamente en los actos mundanos de las personas, y para él esto se debe en parte a la incapacidad de las humanidades para identificarse con un héroe novelístico porque no existe el heroísmo o la posibilidad de una epopeya (Palou, "Cinco problemas" 176). Palou explica la función que desempeña una novela en su lector:

> Antes se leían novelas porque nuestro mundo era ancho y ajeno, insuficiente, hoy se leen memorias porque se considera que una vida, toda vida es autosuficiente. ¿No estaremos glorificando la banalidad? La crudeza ha sustituido a las verdades sutiles, incontrovertibles y la experiencia siempre individual, siempre egoísta con verdad o tintes de verdad —como en *Boys Don't Cry* o *Amores perros*— ha sustituido para siempre a la experiencia colectiva, social. Aquí y así nos tocó vivir. Lo privado se ha vuelto totalmente público, lo banal objeto de la mirada de *voyeur* del hombre sin atributos del siglo XXI. ("Cinco problemas" 176)

En consecuencia, para Palou esta glorificación de la banalidad es un síntoma de decadencia. Palou es consciente de que el lector actual busca lecturas fácilmente digeribles, que parecen ser meras recreaciones de las narrativas presentadas en la "televisión de la realidad" en forma de película, puestas a disposición a través de nuevas formas de lectura mediatizada, e incorpora esta estructura narrativa a *Memoria de los días*. Palou cree que los lectores buscan historias que parecen reales, aunque saben que todo es una invención que "parece real" como en los programas de televisión. Nuevamente, Palou consciente de este tipo de lectores, sabiendo o sin saberlo en *Memoria de los días* crea un texto que intenta dar un falso sentido de verdad a los lectores ya que desde el inicio de la narrativa todo parece ser "real". Esto precisamente hace hincapié con lo que Sánchez Prado afirma sobre la ideología neoliberal, "a partir de los años ochenta construyó un mito de modernidad transnacionalizada cuya historia es conocida: la promesa salinista del Primer Mundo, el NAFTA y toda esa efímera burbuja que concluyó con la crisis económica de 1994" (10). Esa ruptura claramente se manifiesta en la novela de Palou ya que hay un interés en narrar otra realidad, y no la del presente. Eso de crear e innovar en el presente imaginando otro tiempo en el futuro fue también lo que hizo Nervo en España un año antes que la Revolución mexicana diera fin al porfiriato.

El tema principal en *Memoria de los días* es La Iglesia de la Paz del Señor, una secta religiosa que se embarca en lo que parece ser una peregrinación que comienza en Michoacán y termina en Los Ángeles, donde esperarán el día del juicio en la Plaza Olvera. En su lectura Sánchez Prado afirma lo siguiente sobre dicha novela de Palou:

> narra una suerte de road-trip cuyo punto de origen es una Ciudad de México devastada, tomada por las ratas y en un proceso de destrucción constante. Este punto final al mito de la nación mexicana le permite sacar de las partes más oscuras de la nacionalidad una iconología oscura, basada en el chamanismo de Catemaco que, al yuxtaponerse con el uso de la ironía, permite imaginar un espacio de liberación en medio del desastre. (11)

En otras palabras, claro está que la novela bien puede leerse como un texto sintomático y crítico al mito de la nación mexicana. Aunque coincido con tal acertada lectura e interpretación es imprescindible considerar cómo Palou representa a Amado Nervo como un personaje que intenta reconfigurar el viaje de la secta religiosa La Iglesia de la Paz del Señor que espera el fin del mundo en la novela *Memoria de los días*.

Esta novela tiene lugar en un futuro próximo en 1999, y no en el presente ni en el pasado, sin embargo imagina un narrador del pasado —Nervo— para entender el futuro en el presente. Como ya se ha dicho la primera frase de la novela es "Escribo", dejando claro al lector que se trata de escritura, ambientada en el presente y en primera persona del singular. El tono es el de alguien que está contando una serie de recuerdos heredados. La voz narrativa de Amado Nervo comienza como si el mundo se acercara a su fin, creando un sentido de urgencia al decir: "Soy el único que puede hacerlo ahora, cuando ya se han dado las señales inexorables del final. Los tiempos se han cumplido y yo ya he dejado de soñar: soy el escribano, el artífice de la palabra, el hacedor de la memoria" (Palou 13). Paradójicamente, este Nervo le dice al lector que él es el arquitecto de las palabras y el hacedor de la memoria. Esto le informa al lector que la estructura de la narrativa, una persona que comparte su experiencia subjetiva para parecer "real", pero al mismo tiempo el narrador Nervo es un personaje de ficción basado en un hombre histórico real. En este contexto, la tarea del narrador es compartir su propia memoria, pero también fusionar las memorias colectivas de los diferentes miembros de la secta religiosa.

La llegada llena de suspenso del apocalipsis y la urgencia de Nervo de escribirlo todo antes de que sea demasiado tarde son evidentes desde el principio. En la novela, Nervo le pide al lector que considere lo siguiente:

> Todo lo que ocurrió fue para *esto*, para que yo copiara, juntara y cosiera los fragmentos del Universo sin alterarlos, porque omitir o añadir una letra puede llevar a la destrucción del mundo. No es ese mi único miedo; de cualquier forma el final se aproxima y yo sólo soy un vagabundo del tiempo, un náufrago rescatado en el espacio sideral de la pregunta, un loco al que le han sido dadas las glorias más grandes de estos instantes finales; conocerlos y guardarlos celosamente del olvido. Este es mi recuerdo y el recuerdo de los otros; ésta, la Memoria de los Días. (Palou 13)

Es evidente que la novela ya no se contará en primera persona ya que Nervo no dejará que el olvido se robe la memoria ajena y la propia, es decir que en lugar de reescribir la memoria de los demás opta por presentarle al lector tal y como a Nervo se le presentó. Como resultado, la novela muestra una serie de personajes y situaciones fuera de orden, como explica Lieselot Baert:

> El líder de la secta es Dionisio Estupiñan, que es el último sacerdote de la Paz del Señor y que es además el nieto del redentor. Amado Nervo, poeta mexicano, acompaña el grupo como periodista. Hay también dos prostitutas, Herlinda y Emilia; un sacerdote, el Padre Truquitos; tres enanas, Corina Sertuche, Piratia Morgan, Mascarita Sagrada; un cocinero, Patroclo Ramírez; Fray Estruendo y Rómulo Rascón que es en realidad el alter ego de Martín Ixcoátl; dos ciegos, Cristóbal y Sempronio, y la Vigia de la Noche de los Tiempos. Este conjunto emprende un viaje que va de Angangeo, Michoacán a Los Ángeles. El objetivo de la secta es transmitir el mensaje divino para llegar así a la salvación antes del Juicio Final, que según ellos tendrá lugar el 31 de diciembre de 1999. (67)

A lo largo de su narrativa, Nervo intenta dar sentido a todos estos recuerdos para presentarlos al lector. Así, la novela consta de varias voces en base a los documentos, conversaciones, cartas, aforismos o recuerdos que recopila Nervo. Como resultado, la voz narrativa cambia de un capítulo a otro y se va dando un conjunto de personajes carnavalescos. Baert destaca los episodios más significativos de la secta religiosa junto con los personajes que los recuerdan,

> La novela está dividida en veintidós capítulos, reagrupados en cuatro grandes apartados. El primer apartado "El castillo de la pregunta", contiene los capítulos cero hasta seis: "el loco", "el mago", "la sacerdotista",

"la emperatriz", "el emperador", "el hierofante" y "los enamorados". El segundo apartado "El duro deseo de durar" contiene seis capítulos: "el carro", "la historia", "el ermitaño", "la rueda de la fortuna", "la fuerza" y "el colgado". El tercer gran parte de la novela, "Incendio de amor", contiene también seis capítulos: "la muerte", "la templanza", "el diablo", "la torre", "la estrella" y "la luna". El último apartado, "La media noche de la luna", constituye al mismo tiempo el apartado menos elaborado, contiene únicamente tres capítulos: "el sol", "el juicio" y "el mundo". Se añade también una nota final, que aclara la novela en su totalidad. (66)

Como sugiere esta larga lista de títulos de capítulos, la novela cambia constantemente de una voz a otra. Las primeras tres secciones se componen de seis capítulos. Encriptado dentro de la estructura de la novela, el número de la bestia "666" permanece oculto, lo que constituye una sutil referencia al *Libro del Apocalipsis*. Baert describe otros aspectos religiosos:

> Palou describe una secta, los últimos seguidores de la Iglesia de la Paz del Señor, y cómo este grupo percibe y prepara el Juicio Final, que tendrá lugar según ellos el 31 de diciembre de 1999. La Iglesia de la Paz del Señor se fundó en 1866 por un cierto Padre Roquito. La secta se construye alrededor de la Milagrosa o la Virgen, que es en realidad Guadalupe Guzmán, una niña de catorce años y que, según los miembros de la secta, es un tipo de Jesucristo moderno. No cabe duda alguna de que Palou alude a las nociones bíblicas de "El Primer Tiempo", "El Segundo Tiempo" y el "Tercer Tiempo", que aparecen también literalmente en la novela. El "Primer Tiempo" se refiere en realidad al tiempo de Moisés, "El Segundo Tiempo" es el tiempo de Jesucristo y el "Tercer Tiempo" equivale al Juicio Final. (66)

Si bien, más adelante en la novela, el texto parece ir y venir de una voz a otra, dispersos a lo largo del texto hay murmullos del ficticio Nervo, "Lector mío, cucaracha o larva futura que pases tus pupilas sobres estas líneas, esto ha sido escrito para la muerte, para la debida prevención para recibirla" (18). Recordar al lector todas las etapas del tiempo —pasado, presente y futuro— y a todos los posibles lectores ya que el narrador es consciente de que su vida terminará en la muerte; haciéndose eco de la preocupación de Amado Nervo en "La última guerra". Esto también invita al lector a considerar que esta novela es consciente de su propia existencia.

A través de esta forma de metaficción, Nervo el narrador incluye sus propios comentarios a lo largo de la novela mientras compone y reúne todas las voces de los otros miembros de la secta religiosa. Así, como sugiere Baert, Amado Nervo el personaje se construye a sí mismo también dentro de la narrativa, y como resultado, hay dos personajes Amado Nervo dentro del texto; Amado Nervo creado por Amado Nervo el narrador, y el narrador Amado Nervo.[1] Esta dualidad dentro del texto no considera a Amado Nervo, el poeta que existió fuera de la novela a fines del siglo XIX en México. Baert intenta explorar la importancia o función de tener un personaje con el nombre de Amado Nervo dentro de esta novela: "La única explicación aceptable parece ser, por la temática de la novela, introducir una nueva imagen del misticismo de Nervo" (78). Aclarar su observación final en la que la única explicación lógica para incluir el nombre de Amado Nervo como nombre de un personaje era introducir una forma de misticismo ya que esta explicación es simplista, y es precisamente lo que Palou espera evitar y presentar al lector. Nervo el narrador afirma: "Vivir con nombre de museo, de glorieta, de calle, te permite cierta distancia con el mundo; una actitud contemplativa. Nada más. Si tengo que ver algo con el otro Amado, será por su religiosidad última" (15). Este narrador le explica a su lector en términos simples que el único paralelo entre Nervo el hombre y Nervo el personaje, es su religiosidad.

Considerando el ensayo de Palou "Cinco problemas del escritor latinoamericano" esta generación de escritores pretendía crear novelas que se nutren de otras formas de literaturas; aparte del paralelo religioso entre Nervo el narrador y Nervo el hombre, Palou utiliza este nombre ya que Nervo el hombre también escribió literatura que se nutrió vorazmente de otras literaturas (Baert 94). Para Palou en "El tiempo del silencio", Nervo es "el primero de esos nombres fungía como rey en el Parnaso mexicano" (45). Es por eso que las afirmaciones en "El Crack y su manifiesto", Alberto Castillo Pérez explica que este grupo de escritores mexicanos creía que la literatura no tenía que buscar inspiración en la sociedad, sino en la literatura misma; la novela se nutre de otras novelas y busca otros temas y referencias en otras novelas (Castillo Pérez). Esto implica que desde el principio estos novelistas pretendieron escribir "novelas profundas", exigiendo más a los lectores (Castillo Pérez 84). Estos

---

1. Baert, Lieselot. *La frontera entre ficción y realidad en las obras de Pedro Ángel Palou: Un estudio de los personajes de en la alcoba de un mundo (1992) y Memoria de los días (1995)*. Thesis. Universiteit Gent, 2010–2011. N.p.: Gent, 2011. Web.

novelistas también se propusieron escribir novelas no lineales, complejas en sintaxis y narrativas polifónicas en las que presentaran una representación grotesca o caricaturizada del mundo (Castillo Pérez 84). Quizás, el mayor esfuerzo de esta generación fue definir su generación como una que separa y rompe una parte de la literatura Boom (Castillo Pérez 84). Para estos escritores, romper con la tradición literaria, tal como la presentaban en su manifiesto escrito, y parte de dicha laboral creativa fue nutrirse de nuevas vertientes literarias. En el caso de Palou una de ellas fue la de Nervo.

Así, tanto Nervo como Palou entendieron su obra como parte de una minoría y no de la mayoría, ya que ambos escritores de fin de siglo buscaron dentro de los mundos internos de la literatura para crear novelas y cuentos que se nutren de otras literaturas. Por eso, la obra de Nervo ha sido asociada y considerada parte del modernismo, un movimiento literario que sintió la necesidad de renovar el lenguaje y romper con la tradición literaria de la época. Para Nervo, el modernismo era muy simple, pues entendía que existían dos corrientes literarias, una que miraba hacia afuera y otra que miraba hacia adentro (Nervo, "El modernismo"). Creía que los escritores que miraban al exterior eran la mayoría y los que miraban al interior eran la minoría. Este sentimiento de crear una obra marginal surgió de su necesidad de crear nuevas formas de expresión, nuevas formas de lenguaje para alterar las formas anteriores de entender el mundo que los rodea, particularmente el presente, como sugiere su narrativa apocalíptica. Tanto Nervo como Palou miran al futuro en "La última guerra" y *Memoria de los días* para expresar sus preocupaciones por el presente. Palou, junto con los demás miembros del Crack de finales del siglo XX, comparte el mismo propósito literario que los modernistas, ya que ellos también tienen un fuerte deseo de crear nuevas formas y combinaciones de lenguaje que rompan con la tradición literaria del pasado. Las novelas de Nervo y Palou, junto con las obras de los enclaves literarios que representan, no se apartan de la tradición literaria ni crean un nuevo lenguaje, pero es importante considerar que ambos tenían un fuerte deseo de crear una nueva narrativa que se apartara de la tradición de la época.

Así bien podría decirse que Palou está consciente del peso de la trama y optó no sólo por incluir solamente al Nervo de las perlas negras, sino también a aquel Nervo narrador que cuenta la memoria de los días después de la cuarta revolución. Así da cuenta de las primeras tres, esta contextualización hace situar esta cuarta revolución que siga la línea de las revoluciones del hombre, pero en esta cuarta el hombre está presente pero ahora los animales, después de años viviendo bajo el dominio humano se organizan y luchan contra la opresión de los humanos hasta lograr el poder y control total. En ese texto como en el de Palou, está fuertemente el fin, o un posible fin. En Nervo el fin ya está por hecho, y en Palou el fin está en los textos, pero no en la tierra. En América Latina nunca faltó el criollo, ladino o mestizo con sueños inversos de irse al primer mundo para así volver con capital cultural y comprobar que ese otro lugar existe. Ese capital cultural lo trae con el deseo de mejorar la realidad latinoamericana, por eso la novela de la tierra se entiende como esos primeros intentos en donde el escritor escribe de su presente regional pero la forma y lenguaje va dando muestra de técnicas literarias modernas.

Parece ser que el entendimiento de la literatura latinoamericana es un proceso en donde la técnica y el contenido van y vienen entre una visión entre lo regional y universal. Ese vaivén binario claro está desde el siglo XIX en México. Emilio Rabasa y Rafael Delgado profesaban su afán por producir literatura que seguía con una continuidad al realismo ya que ahí para ellos había más posibilidad en explorar la realidad regional mexicana. Esta tensión entre escritores modernistas y realistas también prevaleció en la obra de Amado Nervo. Para Jrade, el trabajo de Nervo también siguió la misma perspectiva que Manuel Gutiérrez Nájera. Nervo explica:

> No sé lo que los demás entenderán por modernismo. Malicio que ni en América ni en España nos hemos puesto aún de acuerdo sobre la significación de tan socorrida palabreja; pero por lo que a mí respecta, creo que ni hay ni ha habido nunca más que dos tendencias literarias: la de 'ver hacia fuera' y la de 'ver hacia dentro'. Los que ven hacia afuera son los más. Los que ven hacia dentro son los menos. (99)

Para Nervo, está claro que su propia definición de modernismo es solo una, ya que podría haber muchas. Para Nervo, modernismo significa los que "miran hacia adentro" y los que "miran hacia afuera" son los escritores positivistas. Para Nervo, crear un nuevo lenguaje significó lo siguiente:

> Las viejas combinaciones gramaticales, los viejos arreglos fonéticos, habían perdido, además, su virtud primitiva. Eran un 'sésamo, ábrete' que ya no abría nada. Su poder de expresión estaba agotado. La humanidad pensaba y hablaba con locuciones rituales, con frases hechas, que le distribuían en cada generación de académicos. Hemos creado nuevas combinaciones, nuevos regímenes; hemos constituido de una manera

inusitada, a fin de expresar las infinitas cosas inusitadas que percibíamos. (101)

Según Nervo, este "sésamo abierto" se abrió, pero no surgió nada nuevo. Así, buscó un lenguaje del que pudieran surgir nuevos rituales y nuevas frases. Para Nervo, crear un nuevo idioma fue muy importante porque "para decir las nuevas cosas que vemos y sentimos no teníamos vocablos; los hemos buscado en todos los diccionarios, los hemos tomado, cuando los había, y cuando no, los hemos creado" (101). Para Jrade, tanto Nervo como Gutiérrez Nájera crearon un lenguaje que dio forma y reflejó la identidad latinoamericana (30-31). Como afirma Adela Franco Pinedo tal escritura, "es indicativa de la manera en que el decadentismo, el progreso positivista y la moralidad católica se integraron en un mismo paradigma que respondía a una política cultural de carácter conciliatorio, característica del régimen de Díaz" (400).

Por otro lado, José López Portillo y Rojas representó al escritor realista que seguía las creencias positivistas de la época. Según Prendes Guardiola, el escritor López Portillo y Rojas recibió una educación positivista y su familia se benefició del progreso económico de Porfirio Díaz. Prendes Guardiola afirma lo siguiente sobre el capital cultural de López Portillo y Rojas:

> López Portillo y Rojas critica la imitación de las letras europeas en México, poniendo como ejemplo de mayor actualidad el decadentismo, que considera "absurdo" en México y sólo comprensible en 'las viejas naciones de civilización cumplida, donde los resortes de la sensibilidad, gastados por el uso y el abuso, necesitan procedimientos sutiles y exquisitos para funcionar'. El novelista aprecia sobre todo la tradición española en el lenguaje y el estilo: Cervantes, Pereda, Valera, Galdós, Pardo Bazán.... (54)

Para López Portillo y Rojas era absurdo escribir como los franceses porque México era todavía una nación joven y no estaba en decadencia como Francia. Por lo tanto, para ellos fue imposible utilizar el decadentismo para explorar el proceso de una nación en progreso que no había llegado a su declive como la vieja Europa (López Portillo y Rojas 6). Prendes Guardiola afirma que: "Una evidente conexión con el romanticismo, y también con el modernismo, es la *preocupación formal* de los escritores realistas: López Portillo y Rojas o, especialmente, Delgado y Gamboa tienen una innegable voluntad estilística en su prosa que excede con mucho la mera referencialidad esperable de los presupuestos de la novela realista" (53). Aunque los escritores modernistas miraron a Francia y los escritores realistas miraron a España para narrar la nación cambiante de México durante el porfiriato, ambos grupos se apropiaron de las tradiciones narrativas de países europeos como parte de su trabajo para darle sentido a su presente.

Sin embargo, él entendía la continuidad literaria de México con el simbolismo y naturalismo francés. Nervo veía el presente como en un estado de decadencia y perversión moral, y por eso, su ficción incorporaba elementos regidos por un catolicismo, la psicología y la literatura francesa, la poesía decadentista de Mallarmé, Baudelaire, y Rimbaud y la narrativa de Émile Zola y Joris Karl-Huysmans. Así, Nervo siempre mantuvo en su narrativa una preocupación por el fin del mundo, y el medio ambiente. Aunque la literatura de Nervo no se lee ni considera como textos que forman parte de la novela, bien podría decirse que todo texto latinoamericano es de la tierra, y si derribamos esas fronteras literarias en el canon literario, vemos que en las novelas latinoamericanas se destaca el deseo de ser autóctono, y en ese intento lo que sobresale es la crisis.

Entendiendo así la historia del discurso cultural en Latinoamérica se representa por medio de declaraciones de crisis cultural. Esta idea de narrar crisis al mismo momento de querer innovar la literatura es lo que hacen Amado Nervo, Federico Gamboa, Rafael Delgado, José López Portillo y Rojas, José Eustasio Rivera, Rómulo Gallegos, Ricardo Güiraldes, y los escritores que vienen después, hasta llegar a los escritores del Crack y más allá.

Ese pensar es precisamente lo que lleva a Nervo producir textos que están al margen. Palou en su novela también lleva a cabo esto pero por el camino de la religiosidad o fanatismo religioso llevado a un extremo. Es común saber que el fin y el principio son lo mismo. El cambio está en la perspectiva de uno en cuanto al proceso. Es decir, la llegada de los españoles a las Américas marca un principio para ellos y un final para las civilizaciones originarias de la tierra. Así con el tiempo de ese final surge nuestro principio. Pensando en esta dinámica en relación al acto de leer y escribir, o es escribir y leer, el inicio de la memoria en Palou reside en Borges. Escribir mucho, como indica Nervo en la novela de Palou, implica saber leer. Palou como lector es voraz e imprescindible. En una entrevista cuenta el escritor mexicano:

> Yo estoy un día caminando por la Biblioteca Palafoxiana y la directora, que obviamente no conozco, me dice: "¡Niño!, ¿sabes leer?". Y a los

ocho años pues uno se enoja: "¿cómo no voy a saber leer?". "A ver, lee". Me tiende una hoja, la leo y me dice "¿pues ya ves que no sabes leer?" Más me molesto y me dice: "¿quieres oírte?" Entonces tenía una de esas largas grabadoras de carrete y me pone mi voz y dice: "ves, no sabes leer". "¿Quieres venir todos los sábados? Yo te enseño a leer". Ya después descubro que ha tendido un poema de Borges. Pues ¿cómo un niño de ocho años va a leer a Borges, no?

Aunque Palou no afirma en la entrevista cuál de los poemas de Jorge Luis Borges leyó de niño, se puede especular que quizá fue el siguiente poema de Borges de dónde tal vez surge la idea de su primera novela, *Memoria de los días*.

¿Dónde está la memoria de los días / que fueron tuyos en la tierra, y tejieron / dicha y dolor y fueron para ti el universo? / El río numerable de los años / los ha perdido; eres una palabra en un índice. / Dieron a otros gloria interminable los dioses, / inscripciones y exergos y monumentos y puntuales historiadores; / de ti solo sabemos, oscuro amigo, / que oíste al ruiseñor, una tarde. / Entre los asfódelos de la sombra, tu vana sombra / pensará que los dioses han sido avaros. / Pero los días son una red de triviales miserias, / ¿y habrá suerte mejor que ser la ceniza, / de que está hecho el olvido? / Sobre otros arrojaron los dioses / la inexorable luz de la gloria, que mira las entrañas y enumera las grietas, / de la gloria, que acaba por ajar la rosa que venera; / contigo fueron más piadosos, hermano. / En el éxtasis de un atardecer que no será una noche, / oyes la voz del ruiseñor de Teócrito. (Borges, "A un poeta menor de la antología)

En el poema, cuando la voz poética afirma: "Pero los días son una red de triviales miserias, / ¿y habrá suerte mejor que ser la ceniza, / de qué está hecho el olvido?". ¿Habrá sido ese el poema que recitó Palou en Puebla a los ocho años? ¿Será ahí donde todo comenzó para Palou? ¿Está ahí el inicio de esta novela, en el poema de Borges que persiste en la memoria de Palou? ¿Es *Memoria de los días* una larga carta en forma de novela a Borges? O quizá Pedro Ángel Palou en 1995 al lanzar *Memoria de los días* aún no había leído el poema de Borges. En *Memoria de los días* la presencia de Amado Nervo y las ansias de fin de siglo hacen que se lea como la novela de la tierra, la trama, y el tiempo.

Bibliografía

Baert, Lieselot. *La frontera entre ficción y realidad en las obras de Pedro Ángel Palou: Un estudio de los personajes de* En la alcoba de un mundo *(1992) y* Memoria de los días *(1995)*. 2011. Ghent U., Masters. https://lib.ugent.be/en/catalog/rug01:001786652?i=2&q=Lieselot+Baert.

Borges, Jorge Luis. "A un poeta menor de la antología". *Ciudad Seva*, https://ciudadseva.com/texto/a-un-poeta-menor-de-la-antologia/.

Brushwood, John Stubbs. *México in Its Novel: A Nation's Search for Identity*. U of Texas P, 1966.

Castillo Pérez, Alberto. "El Crack y su manifiesto". *Revista de la Universidad de México*, 2006, http://dialnet.unirioja.es/servlet/ejemplar?codigo=218895.

Chávez, José Ricardo. "Nervo Fantás(ma)tico". Introducción. *El castillo de lo inconsciente*, editado por José Ricardo Chaves, Conaculta, 2003, pp. 9–32.

Devriendt, Mattias. *El camino de Pedro Ángel Palou (Crack) dentro del Posmodernismo. Una lectura de* Memoria de los días *(1995), Paraíso clausurado (2000) y Parque Fin del mundo (1995)*. 2008–2009. Ghent U., https://www.scriptiebank.be/sites/default/files/a4906ef6db4b96091c60f3f166008c38.pdf.

Haywood Ferreira, Rachel. "The Impact of Darwinism." *The Emergence of Latin American Science Fiction*. Wesleyan UP, 2011.

Jaimes, Héctor, ed. *The Mexican Crack Writers: History and Criticism*. Palgrave, 2017.

Jrade, Cathy. *Modernismo, Modernity, and the Development of Spanish American Literature*. U of Texas P, 1998.

López-Lozano, Miguel. "Utopian Dreams, Apocalyptic Nightmares: Rewriting Mexican History in the Times of NAFTA". Introduction. *Utopian Dreams, Apocalyptic Nightmares: Globalization in Recent Mexican and Chicano Narrative*. Purdue UP, 2008.

López Portillo y Rojas, José. "Prólogo del autor". Introducción. Editado por Antonio Castro Leal. *La parcela*. Editorial Porrúa, 1961.

Mondragón, Cristina. "Voces del fin del mundo: los narradores en *Memoria de los días* de Pedro Ángel Palou". *Boletín Hispánico Helvético*, 2015.

Nervo, Amado. "Apocalíptica". *Perlas Negras*. Colección Austral, 1950, pp. 96–98.

———. "El donador de almas". *El castillo de lo inconsciente*, editado por José Ricardo Chávez, Conculta, 2003, pp. 9–32.

———. "El Modernismo". *Obras completas de Amado Nervo*, editado por Alfonso Reyes, Biblioteca Nueva, 1920.

———. "La última guerra". *Antología del cuento fantástico hispanoamericano del siglo XIX*, editado por José Javier Fuente Del Pilar, Miraguano Ediciones, 2003, pp. 235–52.

Palou, Pedro Ángel. "Cinco problemas para el novelista mexicano (y latinoamericano) en el Nuevo milenio". *INTI* vol. 65, 2007, http://www.jstor.org/stable/23286915.

———. "Pedro Palou". Entrevista con Daniel Sefamí. https://schoolofspanish.middcreate.net/nuestro-equipo/entrevistas/pedro-angel-palou/.

———. "Libro primero: escribir en México." *La casa del silencio: Aproximación en tres tiempos a contemporáneos*, El colegio de Michoacán, Zamora, 1997, pp. 23–76

———. *Memoria de los días*. Joaquín Mortiz, 1995.

Pineda Franco, Adela E. "El afrancesamiento modernista de *La revista azul* (1894–1896): ¿Un arte decadente o una apología del progreso positivista?" *México Francia: Memoria de una sensibilidad común, siglos XIX–XX*. Benemérita Universidad Autónoma de Puebla, 1998, pp. 395–420.

Prendes Guardiola, Manuel. *La novela naturalista de Federico Gamboa*. U de la Rioja, 2002.

Price, Brian L. "Where History Ends and the Corrido Begins in Pedro Ángel Palou's Zapata'". *Latin American Literary Review*, vol. 40, no. 79, 2012, http://www.jstor.org/stable/24396224.

Redondo-Olmedilla, Carlos. "El 'Crack' y su generación: exégesis de la fisura". *Confluencia*, vol. 31, no. 2, U of Northern Colorado, 2016, http://www.jstor.org/stable/44075020.

Regalado López, Tomás. *Historia personal del Crack: Entrevistas críticas*. Albatros, 2018.

Reyes, Alfonso. "Prólogo". *Antología de Amado Nervo: poesía y prosa*, ed. Alfonso Reyes, Consejo Nacional para la Cultura y Las Artes, 1990, pp. 1–24.

Sánchez-Prado, Ignacio M. "La utopía apocalíptica del México neoliberal". *Alter Texto*, vol. 5, no. 10, 2007, pp. 9–15.

Sefami, Daniel. "Entrevista: Pedro Ángel Palou". *Escuela De Español*, 2021, https://schoolofspanish.middcreate.net/nuestro-equipo/entrevistas/pedro-angel-palou/.

Urroz, Palou, Volpi, Padilla, Chávez. *Manifiesto Crack. Lateral. Revista de Cultura*. no. 70 octubre de 2000, http://www.lateral-ed.es/tema/070manifiestocrack.htm.

Zamora, Lois Parkinson. "The Apocalyptic Vision and Fictions of Historical Desire". Introduction. *Writing the Apocalypse: Historical Vision in Contemporary U.S. and Latin American Fiction*. Cambridge UP, 1989.

TOMÁS REGALADO LÓPEZ
JAMES MADISON UNIVERSITY

The Life of Juan Gavito. Dialogismo y oralidad en *Paraíso clausurado*, de Pedro Ángel Palou

LA RECEPCIÓN CRÍTICA DE *Paraíso clausurado*, sexta novela de Pedro Ángel Palou (Puebla, 1966), resulta dispar desde que fuera publicada por primera vez en el 2000 en la editorial española Muchnik. Mientras un sector crítico la considera una novela medular entre la treintena que ha publicado el escritor[1] (Posadas, Samperio, Sada, Sánchez Prado, Urroz), para otros se trata de un libro menor, adalid de una adscripción a la alta cultura que lastra tanto la narrativa del autor como la propuesta del Crack, su grupo literario[2] (Aparicio Maydeu, Calvo, González). Como apunta Ignacio

---

1. No deja de resultar llamativo que las opiniones críticas positivas sobre *Paraíso clausurado* procedan, casi en su mayoría, de escritores consagrados en el campo literario mexicano. Guillermo Samperio, por ejemplo, destaca el valor de la novela como ejercicio polifónico y herencia de una prolífica tradición poética y novelística: "*Paraíso clausurado* es la novela más completa de Palou en cuanto a experimento lingüístico, relato polifónico, no lineal, que abarca diversas voces narrativas. Durante cinco años se arrastró por el sendero de la creación y me imagino que sudó sangre cuando se introdujo en los demonios de Yeats, Ajmatova, Pessoa, Pavese, López Velarde, Musil, Cuesta, Owen o Pellicer, y decidió fusionarlos con los suyos. Los resultados son una brillante pieza de orfebrería que podríamos llamar claridad".

2. Las reseñas negativas sobre *Paraíso clausurado* se concentran en el periodismo cultural español, con motivo de la publicación de Muchnik en el 2000. Paradójicamente, estas notas contrastan con la exuberante recepción del Crack, acaecida simultáneamente en los mismos medios periodísticos. En *El Cultural* de

Sánchez Prado en *Strategic Occidentalism* (2018), *Paraíso clausurado*, como el resto de la novelística de Palou, ha carecido hasta la fecha de una verdadera literatura crítica, y en aquellos casos donde ha merecido la atención académica, ha sido objeto de sonoros errores de interpretación (129–38). Esta desigual recepción resulta sintomática de una etapa de producción, legitimación y recepción de la novela latinoamericana en el ámbito internacional, inmediatamente después de que Roberto Bolaño obtuviera el Premio Herralde con *Los detectives salvajes* en 1998 y de que se llevara a cabo un replanteamiento de la literatura latinoamericana en el campo literario español, reificación que el escritor argentino Tomás Eloy Martínez definió ese mismo año como un "tercer descubrimiento de América" y el novelista español Enrique Vila-Matas, en un artículo publicado en *Letras Libres* en julio del 2000, de manera igualmente hiperbólica, como un "*boom* latinoamericano como el de antaño" (104, énfasis en el original).

El Crack, el grupo literario al que pertenece Palou, no resulta ajeno a este desfase receptivo de finales del siglo XX y principios del siglo XXI. De hecho, para comprender la dinámica de consagración simbólica de una novela como *Paraíso clausurado* en el campo literario español y latinoamericano, se hace necesario abordar los factores que rodean a su publicación en España y las estrategias de posicionamiento adoptadas por su autor con motivo del lanzamiento de su primera novela en España, coincidente con el lanzamiento internacional del Crack. Recibido con hostilidad por la crítica de su país cuatro años antes —resulta prácticamente imposible encontrar una voz que lo defienda o justifique en los años posteriores a la lectura de su manifiesto de 1996— el grupo mexicano recibe, sin embargo, los parabienes del periodismo, la academia y el mundo editorial peninsular después de que Jorge Volpi ganara en 1999 el premio Biblioteca Breve de Seix Barral con *En busca de Klingsor* (primera novela del Crack publicada fuera de México) y de que en el 2000, apenas meses antes de la publicación de *Paraíso clausurado*, se le otorgue a Ignacio Padilla por *Amphitryon* el Primavera de Novela de Espasa Calpe. En octubre del 2000 España recibe al Crack con los brazos abiertos: Palou, Volpi,

---

ABC Javier Aparicio Maydeu, por ejemplo, escribe: "émulo casi grotesco de Gide, Palou ensaya un texto elevado a la enésima (im)potencia, sepultado por sus propias citas, paráfrasis y notas al pie —en el límite de la parodia— en el que el lector más generoso querrá ver algún que otro pálido, muy pálido eco al *Pálido fuego* de Nabokov".

Padilla, Eloy Urroz y Vicente Herrasti son invitados a la feria del libro de Barcelona, la Casa de América de Madrid y la Universidad Pompeu Fabra, la revista barcelonesa *Lateral* publica virtualmente el "Manifiesto Crack" en su página web (aparecida en una revista literaria de provincias, la versión mexicana era prácticamente inencontrable), y Muchnik Editores, editorial independiente española, lanza simultáneamente tres libros del grupo: *Paraíso clausurado* y dos libros publicados anteriormente en México, la antología *Tres bosquejos del mal* de Padilla, Urroz y Volpi (Siglo XXI, 1994) y la novela *Diorama* de Herrasti (Joaquín Mortiz, 1998). El periodismo cultural español se deshace en elogios: *El País* define al Crack como el "*dream team* mexicano" y considera a sus escritores "listos, treintañeros, cultos, internautas, hombres, blancos, apasionados, precoces, ambiciosos, amigos, novelistas" (Mora, énfasis en el original). Para *El Mundo* se trata del "plato fuerte de la presencia literaria mexicana en Liber" (Doira), por mucho que entre los invitados a la feria, dedicada en aquel año a México, se hallen novelistas consagrados como Sergio Pitol, Ángeles Mastretta, o Carlos Fuentes.

Consecuente con los postulados literarios del Crack, defendidos en el manifiesto de 1996, Palou escribe un libro eminentemente culto, alejado de cualquier intención comercial, que se remite constantemente a diferentes tradiciones artísticas, filosóficas y literarias y que se adscribe a un género dialógico-biográfico sin apenas correlato en la producción literaria latinoamericana de fin de siglo, más allá de las ficciones biográficas abordadas por Bolaño en *La literatura nazi en América* (1996) y de biografías anteriores como *Los raros* (1896) de Darío o *Historia universal de la infamia* (1935) de Borges.[3] Novela esencialmente polifónica, *Paraíso clausurado* aborda la biografía del poeta mexicano ficticio Juan Gavito desde la focalización de su joven alumno Eladio Villagrá, quien narra en primera persona, en un largo

---

3. Habría que añadir algunas novelas mexicanas de entresiglos que, sin ser estrictamente ficciones biográficas, utilizan estrategias de la biografía literaria para la reconstrucción de la vida de figuras referenciales de las letras hispánicas. Entre ellas, *A pesar del oscuro silencio* (1992), de Volpi, sobre el poeta de Contemporáneos Jorge Cuesta; *En la alcoba de un mundo* (1992), de Palou, sobre Xavier Villaurrutia; *El testigo* (2004), de Juan Villoro, sobre Ramón López Velarde; *La muerte me da* (2008), de Cristina Rivera Garza, sobre Alejandra Pizarnik; *Los ingrávidos* (2011), de Valeria Luiselli, sobre Gilberto Owen; o *La familia interrumpida* (2011), de Eloy Urroz, sobre Luis Cernuda.

flashback, las vivencias junto a su maestro. Ambos comparten una amistad de 24 años hasta la muerte de Gavito en 1994, momento en el cual Eladio aborda un doble proyecto: una edición crítica completa de su obra —que el poeta, deliberadamente, ha dejado fragmentada— y una reconstrucción biográfica que constituye la diégesis de la novela. Los escasos estudios académicos sobre *Paraíso clausurado* se han centrado en la importancia de la melancolía, bien relacionada con una pérdida de privilegios de escritores y artistas en la etapa neoliberal (Sánchez Prado), o bien como agonía creadora que atenaza al creador hasta el silencio (Urroz). Aquí se pretende un análisis desde la marcada estrategia distintiva de Palou en el campo literario, determinada por la voluntad de escribir una novela eminentemente culta, en plena era post-Bolaño y en un tiempo en el que esta erudición, como anota Vila-Matas, se halla prácticamente ausente en el campo literario español en el que se inserta.[4] Se pretende desarrollar este acercamiento mediante la adscripción de *Paraíso clausurado* al género de la biografía ficticia y a un modelo polifónico que plantea esta dialogicidad *avant la lettre*, mediante la recuperación de libro referencial en la tradición biográfica anglosajona, *The Life of Samuel Johnson* (1791) de James Boswell. Además de la figura melancólica y liminar de Gavito, su abandono de la escritura y su refugio en el testimonio y el magisterio oral, se busca reflexionar sobre la articulación del discurso biográfico y las estrategias de representación de Eladio, en analogía con *The Life of Samuel Johnson*, como personaje antagonista de su objeto biográfico. A partir de ello, se pretende destacar la intersección entre este capital simbólico específico inherente a *Paraíso clausurado* (su estructura dialógica, su identidad como novela biográfica, su intertextualidad con *The Life of Samuel Johnson* o su defensa explícita de un sustrato oral) con aspectos que remiten a un poder simbólico no específico que la novela no logra generar en el campo literario hispánico, factor evidenciado en la ausencia de ediciones posteriores (hasta la edición de Tusquets México en el 2016), su mínima recepción académica, o el significativo desfase entre su recepción crítica y la positiva apreciación simbólica del Crack, referida en el párrafo anterior.

---

4. Vila-Matas considera la literatura española de fin de siglo "una galería de cuadros copiados", carente de originalidad, con síntomas de evidente cansancio y, literalmente, con "cientos de escritores malísimos". Sin embargo, para el autor de *El mal de Montano* la narrativa latinoamericana de fin de siglo, la de "los hijos del Boom", se caracteriza por su "alta calidad", "su sentido de la ruptura y el riesgo" (104–05).

En la primera página de *Paraíso clausurado* Gavito interpela en un pasillo de la universidad a Eladio sobre el "Nocturno rosa", poema de Xavier Villaurrutia. El encuentro tiene lugar en 1970, en plena era post-Tlatelolco, en un tiempo marcado en México por el desencanto y donde "todo el mundo tomaba partido" (18).[5] Después de este primer envite el argumento se estructura en torno a la contraposición dialógica entre las opiniones de Gavito y Eladio, dicotomía de conciencias independientes que se entrecruzan en el discurso de la novela. El contraste entre las ideas de ambos conforma una totalidad polimórfica a la que contribuye decisivamente la deliberada fragmentación del material narrativo, repartido entre numerosas variantes textuales, acumulaciones eruditas y largas dialécticas que se subordinan al contraste dialógico y a las distintas concepciones de mundo encarnadas por ambos personajes. No existe un magisterio directo del profesor hacia el joven alumno —según Eladio, Gavito "tal vez [...] sólo me necesitaba a mí para hablarse a sí mismo" (19)— pero sí una dialéctica que enfrenta dos visiones de mundo, contrapuestas a su vez al resto de voces, sobre todo femeninas, que se cruzan en sus caminos. En *Problemas de la poética de Dostoievski* (1979), Bajtín subraya la importancia de esta oposición de ideas como materia prima de la novela dialógica; ideas que, a diferencia de la novela filosófica o la novela-ensayo, subordinadas a la conciencia monológica de su autor, se generan, se desarrollan y se cuestionan a través de una constante interacción.[6] En palabras del teórico ruso, "la idea no vive en una conciencia individual y aislada de un hombre: viviendo solo en ella, degenera y muere" (187), sino que, por el contrario, "empieza a vivir, esto es, a formarse, a desarrollarse, a encontrar y renovar su expresión verbal, a generar nuevas ideas, tan sólo al

---

5. Se cita a partir de la edición de Tusquets México en el 2016. Las variaciones respecto a la edición original de Muchnik son mínimas.

6. La reivindicación de la novela dialógica se halla en el mismo discurso de la novela. En el siguiente fragmento, por ejemplo, Gavito rechaza el monologismo de la novela-ensayo y de la novela de ideas, para reivindicar, en cambio, una novela abierta, plural, polifónica: "en lo fundamental el arte de la novela es elástico. En ella cabe todo. Quisiera lograr que la anécdota no estuviera supeditada al aspecto filosófico, pero que no pudiera entenderse sin él. Al ensayo en la novela le temo: sostiene una verdad, como en Broch. Las ideas del novelista no nacen de la certeza, madre de todos los aniquilamientos creativos, sino de la duda, hermana mayor del conocimiento. Por eso, más que una verdad, toda novela afirma una hipótesis" (27).

establecer relaciones dialógicas esenciales con ideas *ajenas*" (187, itálicas en el original). Esta tensión se desarrolla en *Paraíso clausurado* en la intersubjetividad que surge en las conversaciones entre Eladio y Gavito, diálogo de inspiración socrática donde las dos conciencias se mantienen autónomas y relativamente independientes pero donde, de manera simultánea, no dejan de aludirse, interpretarse y discutirse mutuamente. El contrapunto dialógico se adapta a la oposición generacional entre el poeta reconocido que ha alcanzado un *status quo* y el joven que aspira a ocupar su lugar —aquello que Bourdieu llama *pretendiente* o *recién llegado* (*Las reglas* 237–38)—, contraste que se desarrolla en los planos biológico (el enfermo terminal Gavito vs. el joven Eladio) y sociológico (el prestigioso profesor y literato vs. el joven aspirante). Frente a la ingenuidad y juventud del aventurero Eladio, personaje en continua búsqueda de una identidad sentimental e intelectual, se contrapone la melancólica voz de Gavito, estática, desencantada, hasta cierto punto inmóvil: la de un poeta que ha sufrido los rituales bajtinianos de coronación, destronamiento y paliza final y que, desilusionado de la vida y harto de confrontaciones literarias, políticas y académicas, agoniza hasta la muerte. Esta oposición dialógica se revela a veces de manera explícita; a propósito de una joven estudiante hacia la que se sienten atraídos ambos, Eladio le hace ver a Gavito sus antitéticas concepciones de mundo: "yo no soy una leyenda. A ti te aman por lo que tienes de historia, por el pasado. Al menos a mí me hubieran querido por la dosis de futuro" (61).

El presente diegético del poeta se halla determinado, entonces, por la enfermedad, la agonía y la inadaptación a las convenciones sociales y académicas, posición que contrasta con la ilusión del joven, para quien el encuentro casual con Gavito constituye el principio de un largo camino de aprendizaje, una mirada hacia el futuro que lo sitúa en un tiempo diferente, en una educación intelectual y sentimental que lo acerca a otros personajes de Palou como Fidel, protagonista de *Bolero* (1997), o Jerónima, la narradora de *Morelos. Morir es nada* (2007).[7] Este contrapunto dialógico se hace patente, por ejemplo, en

---

7. La crítica ha aludido a la importancia de la dupla maestro-discípulo en la novelística de Palou. Para Chávez Castañeda y Santajuliana, por ejemplo, "no es gratuito que una huella temática en Pedro Ángel, la cual se reproduce en varios de sus libros, sea la unión discipular: un discípulo en diálogo eterno con un admirado maestro, una relación de tutelaje [...] Hacerse de un discípulo para emprender un crecimiento ligado a la lógica gremial y al antiguo espíritu de la transmisión de los secretos relativos a un oficio" (138–39).

el capítulo en el que el joven decide desafiar el conocimiento del anciano y anunciarle que se cree poseedor de una sabiduría que los equipara. El maestro, por el contrario, se remite a la paradoja de Aquiles y la tortuga para reafirmar una idea de la amistad ajena a las dinámicas consagratorias, no basada en la competencia ni en la jerarquía, sin dejar de recordar a su discípulo sobre la diferencia generacional entre ambos, eje del contrapunto dialógico:

—[Eladio]: ¿Te digo algo, Gavito?
—[Gavito]: Desembucha, pelafustán.
—[Eladio]: Te lo he querido decir desde hace meses, pero no me atrevo. No sé cómo lo vas a tomar y yo, sin embargo, necesito expresarlo, para sentirme verdaderamente liberado.
—[Gavito]: Ya sé, te has dado cuenta de que me amas.
—[Eladio]: No jodas. No. Lo que creo, y me da mucho gusto, es que ya he llegado a tu nivel. Necesité varios años, tu ayuda, muchas experiencias, pero creo que ahora sí estamos en igualdad de condiciones.
—[Gavito]: ¿A qué te refieres?
—[Eladio]: Intelectualmente, creativamente. Ya estamos al mismo nivel. Ya no soy ese niño que tú educabas y que no sabía nada.

Soltó una carcajada.

—[Gavito]: Estás loco, Eladio. ¿Qué necesidad tienes de compararte?
—[Eladio]: Al contrario, ya no necesito compararme. Ahora somos del mismo nivel.
—[Gavito]: No, Eladio, eso es imposible. Y sabes por qué, simplemente porque te llevo más de veinte años. Tal vez, dentro de veinte años tú seas y sepas lo que yo soy y sé ahora. Pero yo ya tendré veinte más, aunque en la tumba. Es la carrera de Aquiles y la tortuga. Nunca me podrás alcanzar.
—[Eladio]: Pero.
—[Gavito]: Y ni siquiera deberías intentarlo. Nunca pensé que sintieras envidia por tu viejo maestro.
—[Eladio]: No es envidia.
—[Gavito]: Entonces cómo lo llamas, ¿sana competencia?
—[Eladio]: Pues sí, desarrollo paralelo.
—[Gavito]: Definitivamente eres ridículo. Pero bueno. Ojalá alguna vez entiendas que en una larga amistad importa más lo que nos

separa que lo que nos une. Es más, espero que te perdones a ti mismo por tu soberbia cuando llegues a mi edad y estés a años luz de esa necesidad de reconocimiento. (235–36)

La cita sugiere una clave interpretativa sobre la tensión dialógica que vertebra *Paraíso clausurado*. Para Eladio la amistad con el poeta se encuadra en la esfera sociológica de la competición, el prestigio y el reparto de poderes simbólicos, una "necesidad de reconocimiento" que no puede desligarse de las luchas y polarizaciones del campo académico y literario, y de la necesidad de ocupar una posición dominante en las mismas. Gavito, por el contrario, se encuentra al margen de cualquier dinámica de consagración o reconocimiento, necesita a su amigo solamente como un instrumento para verbalizar su creencia en una literatura pura, su nostalgia por un tiempo remoto donde la práctica artística y literaria ocupaban un espacio central en el ámbito social. Utilizando la terminología de Bourdieu, Gavito, aunque poeta reconocido, pretende resistirse a la *ilussio*, a la lucha que define al campo, a la participación en el juego y a la aceptación implícita de las reglas que lo rigen.[8] La oposición no deja de responder a la dicotomía del sociólogo francés entre un arte puro, ajeno de los condicionantes del campo (si esto fuera posible en su totalidad), y un arte mercenario, utilitarista, sometido a consagraciones simbólicas (*Las reglas* 56).

Ha dicho Palou sobre Gavito que "su prosa [...] es parte de su ruina" y que la novela está "escrita, entonces, desde el derrumbe y ante el abismo, asume que la condición del melancólico es la ruina, el fragmento, lo inacabado" (Posadas). Frente a la obsesión de Eladio por recopilar sus escritos y publicar sus obras completas, la fragmentación de la obra de Gavito resulta deliberada: espejo de un ser roto en pedazos que se niega a aceptar convenciones como el libro como soporte de conocimiento o el dogmatismo en la docencia académica. Podría pensarse, en este sentido, que la enfermedad melancólica de Gavito conduce a un silencio creativo que conlleva irremediablemente el abandono de la palabra y de todo contacto con el mundo. Al contrario, como parte de la naturaleza dialógica de *Paraíso clausurado*, Gavito necesita el contrapeso de Eladio para mostrar esta conciencia melancólica, desencantada: la postura de un poeta para quien solamente existe un pasado determinado

---

8. Para una definición más específica del concepto *ilussio*, ver Bourdieu (*Las reglas* 253; 261).

por momentos traumáticos —como la muerte de su hija Dafne— y cuyo presente no encuentra tablas de salvación en inútiles construcciones sociales como la fama literaria o la docencia académica. Sin embargo, entre las muchas renuncias de Gavito, el rechazo a la literatura y a la comunicación dialógica no puede resultar absoluta: la voz-conciencia, como afirma Bajtín, no puede existir en el aislamiento, en el solipsismo. La autoconciencia resulta dominante en la representación del personaje, pero esta individualización necesita erigirse en contraste con otras ideas y otras concepciones de mundo; la voz existe solamente a partir de la antítesis dialógica con otras voces, dentro de la unidad artística del discurso novelístico (Bajtín 188). Ya no es tanto, entonces, el derrumbe melancólico de Gavito como su necesidad de verbalizarlo, de encontrar un interlocutor que le ofrezca un contrapeso dialógico a su melancólica y desencantada *weltanschauung*: una conciencia ajena donde reflejar y distorsionar la propia. En algunos fragmentos de *Paraíso clausurado*, de hecho, Gavito reconoce su necesidad de una comunicación dialógica con Eladio. Así se desprende, por ejemplo, de una serie de cartas que le envía a su joven discípulo después de que éste, después de mudarse temporalmente a Texas, interrumpa el diálogo epistolar. En estos fragmentos, incluidos en el capítulo quinto, Gavito revela una necesidad de diálogo que se contrapone a su aparente rechazo de toda forma de lenguaje; extraña a su amigo, le duele no recibir respuesta, llega a implorarle una comunicación epistolar mutua. Parece como si este intercambio dialógico con Eladio fuera su única y necesaria comunicación con el mundo: "me duele que no me hayas escrito" (75) y "gracias por tu carta. Después de tanto tiempo, escucharte [...] ha sido revitalizante" (79).

Eladio, por su parte, se propone escribir la biografía de Gavito, bien a través del intercambio dialógico de las dos décadas de amistad que comparten, o bien a través de la reconstrucción de episodios anteriores confesados por el poeta. El componente dialógico se subordina, por tanto, a la reconstrucción biográfica, o más bien la estructura de *Paraíso clausurado* como novela biográfico-sapiencial descansa mayormente sobre su constitución como texto dialógico. Cabe añadir que en Latinoamérica no ha sido del todo infrecuente el ejercicio de la biografía ficticia,[9] subgénero que ejercitan Borges en *Historia*

---

9. Se parte del concepto de biografía ficticia de Julio Premat, quien a su vez se inspira en la antología *Fictions biographiques. XIX-XXI siècles* (2007), de Anne-Marie Monluçon y Agathe Salha. Según Premat, las biografías ficticias son "biografías

universal de la infamia y Bolaño en *La literatura nazi en América*, este último referente válido para *Paraíso clausurado* en tanto que describe, encuadra y critica la biografía de escritores ficticios, a mitad de camino entre su producción literaria y su proyección social, entre la esfera pública del autor y los avatares biográficos de su esfera privada. Defiende el crítico Mariano García que en estas biografías literarias existe un contraste entre la miseria del escritor como ser humano y la grandeza de su obra literaria, contrapunto que no hace sino iluminar la magnificencia de esta última, porque "el tópico del creador como neurótico, quisquilloso, enfermizo o irritable parece realzar por contraste la dignificada grandeza de su obra" (107). Misógino y antisocial, no exento de conductas reprobables, Gavito encaja en la descripción de García: su soledad le hace buscar la compañía de un joven que encontrará en el tiempo compartido el motivo para escribir su biografía.

En "La ilusión biográfica" Bourdieu asume que toda biografía implica una aceptación tácita de la vida como sucesión de acontecimientos históricos, concepción que, en primer lugar, vincula indisolublemente la historia y al relato que se hace de ella y que, en segundo lugar, requiere un orden lógico y cronológico: la biografía como secuencia ordenada de episodios. Escribe Bourdieu que reconstruir una biografía implica "aceptar tácitamente la filosofía de la historia en el sentido de sucesión de acontecimientos históricos, *Geschidüe*, que está implicada en una filosofía de la historia en el sentido de relato histórico. Historia, en definitiva; en una teoría del relato, relato de historiador o de novelista, indiscernibles en esta relación, especialmente en

---

de personajes célebres del pasado o de figuras inventadas, muchas veces breves y fragmentadas, funcionan como un refugio o una resurrección del relato (o de la capacidad de contar). A menudo son biografías de escritores, artistas, creadores, serie infinita de espejos del autor, espejos en los que la identidad se esboza, se deforma, se profundiza, se define como un avatar significativo aunque sea irreal, significativo porque es irreal". Herederas del canónico *Vidas imaginarias. La cruzada de los niños* (1896) de Marcel Schwob, las biografías de Borges, Darío o Bolaño serían parte de esta categoría; *The Life of Samuel Johnson* como *Paraíso clausurado*, por el contrario, se apartarían de esta convención genérica por su extensión y por el exceso de detalle en el acercamiento a los biografiados. Como aduce Schwob en el prefacio a su libro, "el arte del biógrafo consiste precisamente en la elección" (14) y "la obra de Boswell sería perfecta si no hubiera juzgado necesario citar la correspondencia de Johnson y las digresiones sobre sus libros" (10).

la biografía o la autobiografía" (121). De esta idea se desprende que el trabajo del biógrafo, recopilador de testimonios, no se aleja considerablemente del trabajo del novelista, encargados ambos de organizar y dar sentido a esta línea de tiempo y crear artificialmente un sentido a la vida del personaje a partir de episodios y conexiones que otorguen coherencia a este relato: "hablar de historia de vida" —continúa Bourdieu— "es al menos presuponer, y esto no es superfluo, que la vida es una historia y que como en el título de Maupassant, *Une vie*, una vida es inseparablemente el conjunto de los acontecimientos de una existencia individual concebida como una historia y el relato de esa historia" (121). Interesa aquí la fusión que se lleva a cabo en toda biografía entre la historia y el relato que se hace de ella, reconstrucción lógica y cronológica que en *Paraíso clausurado* no deja de responder a las convenciones de la ficción biográfica y que descansa sobre el relator, el joven Eladio. Significativamente, en este proceso selectivo de ordenación biográfica y cronológica, el joven biógrafo no reconstruye al "poeta importante" (19), al "autor de dos libros saludados con unanimidad por la crítica como imprescindibles dentro de la literatura mexicana" (19). El narrador, por el contrario, reconstruye al Gavito hastiado, solitario y melancólico de sus últimos días, al Gavito que ha renunciado a la escritura y que se niega a participar en las luchas de capital simbólico en los ámbitos académicos y literarios. Abandono que forma parte también de los acontecimientos que contribuyen a la conformación lógica y cronológica de su trayectoria vital y, por tanto, de su reconstrucción biográfica. Palou omite deliberadamente los años de gloria y consagración de su personaje porque le interesa el Gavito adánico, el creador premoderno, aquél a quien un joven crítico define en la novela como "el último poeta del siglo XIX" (253) y —nótese el oxímoron— como un escritor oral:

—[Gavito]: Lo que más me molesta no es el lugar en el que me ubica en el Parnaso, sino lo que dice sobre mi negativa a publicar. Está convencido de que no escribo. Escucha: 'Perezoso, como todos los miembros de su generación, se ha retirado a la cátedra, prefiriendo ser un escritor oral'.
—[Eladio]: ¿Y qué tiene de malo?
—[Gavito]: Retirarse a la cátedra, todo es una forma de prostitución ligera.
—[Eladio]: No, sé de sobra lo que opinas de la universidad. Hablo de la oralidad.

—[Gavito]: En sí nada, pero para este tipejo la oralidad es una forma de la abulia, del tedio. (254)

Y, unas líneas después:

—[Eladio]: Pero regresemos a lo de la oralidad. Es cierto en buena parte que eres un maestro de la literatura oral, no creo que eso te moleste.
—[Gavito]: No, de acuerdo. Samuel Johnson era un escritor eminentemente oral.
—[Eladio]: Y sapiencial. Uno de esos raros maestros, como tú, para quienes la literatura es un modo de existir sobre la tierra. Hablan, leen y escriben desde la literatura y para la literatura. (254)

De la cita se infiere la deuda que *Paraíso clausurado* adquiere con *The Life of Samuel Johnson*, la biografía escrita por el escocés James Boswell sobre Johnson, poeta inglés y autor de *The History of Rasselas*. Homenaje que atañe, en primer lugar, a la estructura de ambos libros como reconstrucciones biográficas y, en segundo, a una celebración del sustrato oral sobre la centralidad del texto escrito.[10] El primer punto ayuda a comprender la estructura de *Paraíso clausurado* como novela biográfica. Johnson conoce a Boswell en 1763, cuando el poeta tiene 54 años y el joven 26, y su amistad se extiende hasta su muerte, 21 años después. Boswell, como Eladio en la ficción, invierte las dos décadas con su maestro en la escritura de una biografía construida a partir de elementos heterogéneos, conversaciones entre ambos, anécdotas de su vida anterior contadas por el mismo Johnson, intercambios epistolares, críticas sobre su obra literaria y transcripciones de las conversaciones que mantienen con otros miembros de la sociedad británica. En *Paraíso clausurado* maestro y discípulo se conocen cuando Gavito tiene 52 años y Eladio 20, comparten desde entonces una amistad de 24 años hasta la muerte de Gavito y no resultan disímiles las estrategias de reconstrucción biográfica, basadas en una estructura dialógica, acometidas por Boswell y por el narrador Eladio.

En su clase magistral sobre *The Life of Samuel Johnson* en la Universidad de Buenos Aires, Jorge Luis Borges ofrece dos claves sobre el libro de Boswell que resultan particularmente válidas en la interseccionalidad entre dialogismo, biografía y oralidad que se defiende aquí a propósito de *Paraíso clausurado*. En

---

10. Palou reconoce la importancia de *The Life of Samuel Johnson* como referente de *Paraíso clausurado* en, al menos, dos entrevistas (González, Posadas).

primer lugar, Borges identifica al Boswell narrador en *The Life of Samuel Johnson* con el Holmes de Watson o el Sancho Panza de *Don Quijote*, una estirpe de personajes que, según el escritor argentino, "sirven para hacer destacar la personalidad de los héroes. Es decir, que muchas veces los autores necesitan a un personaje que sirva de marco y contraste a las hazañas del héroe" (196). Así, frente a la agudeza, la inteligencia y la preparación de Johnson, Boswell construye un narrador homónimo que se caracteriza por su insensatez y, en algunos casos, por su ignorancia; frente a un Johnson eminentemente culto y sapiencial, admirado por el rey de Inglaterra y dueño de un inteligente *wit*, el narrador se presenta a sí mismo como un biógrafo torpe, que da continuamente muestras de ingenuidad cuando interacciona con su biografiado. Inspirándose en las ideas de Thomas Macauly sobre *The Life of Samuel Johnson*, Borges se maravilla de que Boswell deba su preeminencia como biógrafo en la historia de la literatura no a su brillantez o talento en el desempeño de la tarea biográfica, como cabría esperar, sino más bien "a su insensatez, a su inconsciencia, a su vanidad y a su imbecilidad" (196). Del comentario de Borges se desprende la importancia central del biógrafo, narrador en primera persona, y su deliberada estrategia subjetiva de autorepresentación como figura esencialmente antitética respecto al personaje biografiado. Ya no sólo importa, como afirma García, que el biógrafo sea una persona próxima al biografiado —que "coma y beba y viva con él la interacción social" (116)— sino también que la focalización narrativa le pertenezca en todo momento al biógrafo y de que éste se presente a sí mismo, en un abierto juego de claroscuros, en abierta oposición a su biografiado.

En *Paraíso clausurado* este rol subalterno, deliberadamente antitético, le corresponde al narrador Eladio. Aunque casi desapercibido para la crítica —solamente Daniel Sada lo considera "el personaje más fuerte de la novela" ("Museo" 84)— la figura del discípulo resulta esencial en la reconstrucción biográfica de Gavito y en el contraste dialógico entre maestro y discípulo sobre el que se asienta el argumento de la novela. Gavito solamente existe en virtud de la narración de Eladio, y es el contrapunto dialógico entre ambas conciencias el factor que permite distinguirse y brillar a la personalidad del poeta: a diferencia del narrador de *Conversations of Goethe* de Johann Peter Eckermann —quien se limita a admirar al biografiado, su discurso apenas ofrece desafíos al de su interlocutor y, en palabras de Borges, "apenas existe como una máquina que graba las palabras de Goethe" (206)— en *Paraíso clausurado* Eladio discute con Gavito, intenta contrarrestar sus argumentos, llega a desafiar su posición hegemónica, y en algunos pasajes se burla sarcásticamente de su melancólico abandono. Considerados por la crítica algunos de los fragmentos más conseguidos de la novela (Urroz, *En la alcoba* 45), aquellos capítulos donde Eladio se narra a sí mismo como un ridículo seductor o como un malogrado aventurero —como su bizantino viaje a Tabasco, donde se ve envuelto en una comedia de enredos, herencias o matrimonios (44–56), o su huida, casi cinematográfica, después de una fracasada aventura amorosa con una mujer de la comunidad china de Zacatecas (111–20)— le sirven a Palou para construir este contrapunto entre la conciencia inexperta y aventurera del discípulo y la sabiduría estática, casi ancestral, de su maestro. Como Holmes y Watson, como Sancho y Quijote, ambos son caras de una misma moneda: Gavito probablemente es el *dopplegänger* de Eladio, o quizá —la novela deja abierta también esta posibilidad— Eladio no es más que uno de sus heterónimos y el lector se halla, en realidad, ante una autobiografía (no una biografía) ficticia.[11]

La segunda reflexión de Borges nos conduce a uno de los grandes temas que comparten *The Life of Samuel Johnson* y *Paraíso clausurado*: la defensa abierta de la oralidad, frente al prestigio editorial y académico de la palabra escrita. Después de leer la biografía de Boswell, el escritor argentino anota que

---

11. Por un lado, *Paraíso clausurado* admite una lectura como novela biográfica, probablemente la biografía que Eladio, narrador en primera persona, escribe después de acompañar a Gavito durante las últimas décadas de su vida. Por el otro lado, la novela permite una lectura opuesta: Gavito no ha sido el objeto de la narración del joven, sino que se ha valido de un heterónimo, Eladio Villagrá, para narrar su desencantada idea de mundo a las puertas de la muerte. Esta segunda hipótesis no es del todo improbable: en *Paraíso clausurado* Gavito recurre, a la manera pessoiana, a otros heterónimos, como el ficticio poeta alemán Gregor Brüchner, a quien se le atribuye en la ficción una novela de Palou, *Demasiadas vidas* (2001). *Paraíso clausurado* sería entonces la inconclusa novela que Gavito escribe sobre la melancolía, y que en otros fragmentos de la novela lleva títulos como *El silencio de las sirenas*, *Grande Theatro de la Melancholia* (25) o, directamente, *El paraíso clausurado* (sic, 215). *Paraíso clausurado* sería, entonces, una autobiografía, una confesión, tal y como se desprende de las palabras de Gavito en las últimas páginas de la novela: "quien escribe una autobiografía, dice Chejov, prepara en documento en su contra para el último tribunal. Acaso sea la confesión el único género posible en medio de tantas mentiras" (323).

durante los últimos años de su vida Johnson ha sustituido definitivamente la escritura por el testimonio; se ha convertido en un poeta que "prefiere hablar antes que escribir" y que "pasaba su tiempo entregado a la conversación" (203). Ciertamente, después de publicar su exitoso *A Dictionary of the English Language* (1755) y de su edición sobre la obra de Shakespeare —compromiso ineludible apalabrado con un editor— Johnson abandona la escritura y dedica los últimos años de su vida a la cátedra oral, actividad que no le reporta beneficio económico alguno pero que será clave en la reconstrucción dialógica de Boswell. En 1767, recién cumplidos los 58 años, Johnson le confiesa a su biógrafo que "ya había hecho su labor como escritor" (95), en una etapa en la que, según Boswell (nótese la conexión entre silencio y temperamento melancólico), "su melancolía se hallaba entonces en su punto culminante" (61). En *Paraíso clausurado* el contrapunto dialógico entre Gavito y Eladio revela también una reivindicación de la oralidad, una defensa que, como se infiere del anterior fragmento, identifica analógicamente a la novela con la biografía de Boswell y al poeta ficticio de Palou con la figura de Johnson, en su calidad de "escritor eminentemente oral" (*Paraíso* 254). El poeta inglés y Gavito no tienen en común solamente su enfermedad melancólica sino también su defensa a ultranza de una sabiduría esencialmente testimonial: entre la literatura reducida a profesión y a simple valor de mercado, por un lado, y la renuncia absoluta del escritor por otro (la literatura como objeto definitivamente perdido), queda para ambos, como único intersticio, el mínimo refugio del magisterio oral. Como *The Life of Samuel Johnson*, *Paraíso clausurado* es un libro sapiencial cuya sabiduría radica, paradójicamente (tratándose de una novela), no en la centralidad del texto escrito sino en la importancia del testimonio, de la transmisión oral, como último resquicio antes de la renuncia, del silencio. De la palabra escrita a la palabra oral y de ahí al silencio porque, como sentencia Palou en su ensayo "El cadáver ambulante de la literatura", "la desaparición de la oralidad como modo de transmisión de la voz coloca al silencio como el único asidero de la palabra" (301).

La oralidad le sirve a Gavito en *Paraíso clausurado*, por tanto, no sólo como mínima posibilidad de supervivencia, sino también como la única salida para prolongar, delante de su único devoto, su simulacro del ejercicio arcaico y tribal de la literatura. Creador en los márgenes, Gavito probablemente ejemplifica el cadáver insepulto y ambulante de la literatura de la que habla Palou en este artículo homónimo, publicado en el 2010. Una percepción de las letras anterior a la Modernidad, donde el libro no se hallaba en el núcleo del intercambio neoliberal y donde la práctica literaria acarrea, necesariamente, un aura sagrada. En "El cadáver ambulante de la literatura", Palou explica cómo a principios del siglo XXI la literatura no es más que una "construcción imaginaria" (299), un invento de la Modernidad que ha perdido los pilares que le servían de apoyo, "desde el ocio burgués necesario para la lectura, hasta la sanción de la crítica que podía anunciar la aparición de una obra importante" (300). En un mundo sin referentes intelectuales y espirituales, gobernado por el mercado y los *mass media*, se ha perdido tanto la centralidad del escritor en el espacio social como cualquier inmanencia ritual de la palabra. En este espacio, una vocación como la de Gavito, uno de esos raros maestros "para quienes la literatura es un modo de existir sobre la tierra" (*Paraíso* 254), apenas tiene la oportunidad de sobrevivir en los márgenes o, en todo caso, aferrarse a una de dos posturas radicales: "o gritar como desesperado o callar como derrotado. El ruido o el silencio, el escándalo o el escondite" ("El cadáver" 301). Gavito elige, por supuesto, el silencio: aunque sea un silencio público que no le impide, en el esquema dialógico de la novela, reservar íntimamente su sabiduría, transmitida de forma oral, para su discípulo elegido. Gavito encarnaría, entonces, esa "renuncia como forma suprema de voluntad" (301) que Palou cree haber encontrado en los personajes del escritor francés Pascal Quignard, un autor igualmente fragmentado, obsesionado con la tensión entre la escritura, la oralidad, los temperamentos melancólicos y el silencio.[12] No sorprende entonces que Gavito, contra la voluntad de Eladio por antologar su obra, asocie la palabra escrita con la materialidad caduca y, últimamente, con el intercambio mercantil: "he quemado mis obras incompletas, porque además no he muerto. Las he ido destruyendo para que

---

12. Excede el alcance de este estudio un análisis de las analogías entre las obras de Palou y Pascal Quignard, sobre todo libros del escritor francés como *La lección de música* (1987) o *Vida secreta* (1998). Valga anotar aquí la tensión entre escritura, magisterio oral y silencio que permea también la obra de Quignard. Lo escrito por Joseph Acquisto sobre *Vida secreta* bien podría explicar la relación entre Gavito y Eladio en *Paraíso clausurado*: "esta potencial paradoja abre un espacio conceptual donde el lenguaje coexiste con el silencio en lugar de oponerse a él, donde el silencio llega a representar un tipo de intensidad o autenticidad en el corazón del lenguaje, que está a su vez en el corazón de las relaciones humanas. Este tipo de silencio está lleno de potencial, sin necesitar la vocalización del sonido para darse cuenta del potencial contenido en el silencio" (86, trad. mía).

nadie, ni siquiera tú, comercie con ellas" (259). Contra el libro reconvertido en objeto de consumo, el poeta opta por la oralidad como antesala del silencio, y esta renuncia valida, a la larga, su creencia en la literatura como ritual sagrado.[13]

Citados por Palou, los versos del poeta brasileño Paulo Leminski explican su melancólica renuncia:

> Aquí yace un gran poeta.
> Nada sino él dejó escrito.
> Este silencio, acredito,
> son sus obras completas. (31–32)[14]

Probado el magisterio oral como último resorte antes del silencio, sobresale entonces el intercambio dialógico entre Eladio y Gavito como un postrero escenario donde se manifiesta fútilmente la celebración sagrada de la literatura, ritual imposible, al fin y al cabo, en el mundo que habitan. Éste es, creo, el simulacro, la puesta en escena que, a partir de un engranaje esencialmente dialógico, vertebra desde su primera página *Paraíso clausurado*. Muerto Gavito, el gesto de Eladio, recopilando sus obras completas, será una postrera concesión a Saturno-Kronos: un intento de fijar su obra poética, en el tiempo y contra el tiempo. Un vano antídoto, si acaso, contra la melancolía.

En el capítulo "Pedro Ángel Palou: World Literature as Melancholy" de *Strategic Occidentalism*, dedicado casi enteramente a *Paraíso clausurado*, Sánchez Prado arguye, no sin razón, que "la tradición desarrollada en la novela está perdida ya para el lector contemporáneo" (134) y que "Gavito encarna

---

13. Susan Sontag, en "The Aesthetics of Silence", sobre los poetas y artistas que, como Gavito, se han abocado al silencio tras completar una obra material consagrada por el medio: "la elección del silencio permanente no niega su obra. Por el contrario, le otorga de forma retroactiva un poder y una autoridad añadida a lo que ya se ha roto; repudio de la obra que se ha convertido en una nueva fuente de su validez, un certificado de seriedad imposible de cambiar. Esta seriedad consiste en no ver el arte (o filosofía practicada como forma de arte: Wittgenstein) como algo cuya seriedad dura para siempre, un 'final', un vehículo permanente para la ambición espiritual. La actitud verdaderamente seria es aquella que ve el arte como un 'medio' hacia algo que solamente puede ser conseguido mediante el abandono del arte" (3, trad. mía).

14. Se trata de una versión completa de "Epitafio para el cuerpo", el primero de los dos poemas-epitafios que Leminski incluye en su libro póstumo *La vie en close* (1991).

una noción de literatura (modernista en esencia) que no existe más en la era contemporánea—en la temporalidad de su discípulo" (132, trad. mía). El crítico identifica, con particular tino, el desfase entre la concepción utópica de la literatura implícita en *Paraíso clausurado* y la estrategia del Crack por recuperar, en el auge del neoliberalismo, las grandes obras de la literatura mexicana, latinoamericana y universal (135). En una etapa de agresivo marketing editorial, donde el libro se ha convertido en un objeto de consumo y donde existe una voluntad de las editoriales españolas por relanzar la literatura latinoamericana —fenómeno del que Palou, como se desprende de algunos de sus ensayos, es perfectamente consciente—[15] el autor escribe una novela, su primera publicada fuera de México, que rezuma nostalgia por un tiempo en el que la literatura ocupaba el centro de la vida pública, donde el magisterio oral tenía tanto o mayor prestigio que la letra escrita y donde la melancolía del artista y del escritor conllevaba no un reconocimiento social o un beneficio económico, sino una autodestrucción vital y un íntimo y decadente *spleen*. En plena etapa de difusión y promoción de la literatura del subcontinente en España, Palou publica una novela que no responde a las expectativas comerciales para un escritor mexicano o latinoamericano o que, en palabras de Sánchez Prado, "rechaza plegarse o acomodarse al mercado editorial" (133, trad. mía). Una novela hasta cierto punto periférica, que no responde a la jerarquía de los géneros, en un tiempo en el que *thrillers*, novelas policiales y *best-sellers* cultos reciben el privilegio de la industria editorial española en forma de traducciones, premios y venta de derechos.[16] La estrategia de posicionamiento de Palou en el campo literario español se articula, por tanto, a partir de un tipo de literatura eminentemente dialógica, con una fuerte herencia de las

---

15. Véanse al respecto textos donde Palou reflexiona sobre mercado y producción literaria, como "Coda: la literatura mundial, un falso debate del mercado" (2006) o "Cinco problemas para el novelista mexicano (y latinoamericano) en el nuevo milenio" (2007).
16. En el 2009, cuando se enfrente de nuevo al campo literario español, Palou optará por una estrategia esencialmente opuesta. En *El dinero del diablo*, su *thriller* detectivesco sobre "la historia oculta del Vaticano" (cita de la contraportada), ambientado en la época de entreguerras, sí existe una homología entre el campo de producción y el campo de difusión y recepción, inexistente en el momento de publicación de *Paraíso clausurado*. Probable resultado de esta homología, *El dinero del diablo* resultará finalista ese mismo año del Premio Iberoamericano Planeta-Casa de América de Narrativa.

tradiciones artísticas y literarias anteriores, que ancla sus referentes en una literatura europea anterior y que, a la larga, terminará chocando frontalmente con las instancias restrictivas del campo literario español.

En *Babelia* de *El País*, por ejemplo, Javier Calvo evita un análisis detallado de *Paraíso clausurado* para definirla, simplemente, como "un ejemplo extremo de la locura en que puede desembocar el impulso regeneracionista de los *crackers*" (7) y como "un artefacto construido exclusivamente a partir de señales de adscripción a la alta cultura" (7). Señales que, añade el reseñista, "operan como sistema de elementos paratextuales y conforman un segundo nivel de discurso que le indica al lector que lo que está leyendo es *verdadera* literatura por oposición a todas las versiones falsas: la narrativa *light*, el periodismo, las versiones del costumbrismo…" (7, énfasis en el original). Esta lectura, sin embargo, parece obvia: la incomprensión del medio académico, literario y crítico mexicano hacia Gavito, su educación en el extranjero y su pertenencia a un ficticio grupo literario llamado *Hypnos* no dejan de remitir a la configuración grupal del Crack, a la educación europea de algunos de sus miembros y al rechazo que sufre entre la crítica académica y periodística de su país después de la lectura de su manifiesto en 1996. Dos décadas después, quizá haya llegado el momento de leer *Paraíso clausurado* fuera del entramado sociológico en el que se produce, se distribuye y se (des)legitima. Lejos de aquel dudoso "tercer descubrimiento de América" o "*boom* latinoamericano como el de antaño", citados en el primer párrafo de este texto. Lejos también de aquella estrategia de posicionamiento grupal que acompaña, indisolublemente, a la novela durante sus primeros pasos. Lejos de un mercado autónomo y centralizado como lo era el español en el año 2000. Leer *Paraíso clausurado*, en fin, como una novela, que no responde ni a las fuerzas ni a las imposiciones desde el interior del campo de producción, a formas de expresión reconocidas ni a un posible valor comercial. Como una novela enfrentada a su tiempo, que niega el mismo género novelístico y su subordinación editorial desde la defensa de la obra fragmentada: desde un componente esencialmente oral y dialógico.

Bibliografía

Acquisto, Joseph. "Listening to Silence in Pascal Quignard's *Vie secrete*." *L'Esprit Créateur*, vol. 52, no. 1, 2012, pp. 83–95.

Aparicio Maydeu, Javier. "Literatura enmascarada". *El Cultural* (*ABC*), no. 49, 9 diciembre 2000, http://abc.es/cultural/historico/5/fijas/libros/escaparate_7.asp.

Bajtín, Mijail M. *Problemas de la poética de Dostoievski*. Traducido por Tatiana Bubnova, Fondo de Cultura Económica, 2012.
Borges, Jorge Luis. "Clase 10. Samuel Johnson visto por Boswell". *Borges profesor. Curso de literatura inglesa en la Universidad de Buenos Aires*, editado por Martín Arias y Martín Hadis, Lumen, pp. 190–209.
Boswell, James. *La vida del Doctor Johnson*. Traducido por Antonio Dorta, Austral, 1998.
Bourdieu, Pierre. "La ilusión biográfica". *Acta Sociológica*, no. 56, 2011, pp. 121–28.
———. *Las reglas del arte. Génesis y estructura del campo literario*. Traducido por Thomas Kauf, Anagrama, 2005.
Calvo, Javier. "La medicina del Crack". *Babelia (El País)*, 28 octubre 2000, p. 7.
Chávez Castañeda, Ricardo, y Celso Santajuliana. "Pedro Ángel Palou y las tres obras del escritor". *Generación de los enterradores II. Una expedición a la narrativa mexicana del tercer milenio*, Nueva Imagen, 2000, pp. 137–49.
Doira, Sergi. "La nueva literatura mexicana copa las actividades culturales de Liber 2000". *ABC*, 11 octubre 2000, http://www.abc.es/abc/fijas/cultura/009pa00.asp.
García, Mariano. "'Genus Irritabile': reflexiones biográficas entre Borges y el doctor Johnson". *Variaciones Borges*, no. 29, 2010, pp. 107–26.
González, Daniuska. "Pedro Ángel Palou: Toda novela representa un reaprendizaje de la literatura". *Ateneo. Revista de Literatura y Arte del Ateneo de los Teques*, no. 16, 2001, pp. 6–7.
Martínez, Tomás Eloy. "El tercer descubrimiento de América". *El País*, 24 mayo 1998, https://elpais.com/diario/1998/05/25/cultura/896047208_850215.html.
Mora, Miguel. "El '*dream team*' mexicano". *El País*, 9 octubre 2000, https://elpais.com/diario/2000/10/10/cultura/971128801_850215.html.
Palou, Pedro Ángel. "El cadáver ambulante de la literatura". *Revista del Instituto de Ciencias Jurídicas de Puebla*, No. 28, 2010, pp. 299–303.
———. "Cinco problemas para el novelista mexicano (y latinoamericano) en el nuevo milenio". *INTI*, no. 65–66, 2007, pp. 171–77.
———. "Coda: la literatura mundial, un falso debate de mercado". *Libro mercado. América Latina en la "literatura mundial"*, editado por Ignacio Sánchez Prado, Instituto Internacional de Literatura Iberoamericana/University of Pittsburgh, 2006, pp. 307–19.
———. *El dinero del diablo*. Planeta, 2009.
———. *Paraíso clausurado*. Tusquets, 2016.
Posadas, Claudia. "El libro de la desilusión. Entrevista con Pedro Ángel Palou". *Literate World*, febrero 2003, www.literateworld.com/spanish/2002/escritores/feb2003/w01/box1/html.
Premat, Julio. "Monstruos, infames y criminales. Ficciones biográficas, de Schwob a la actualidad". Universidad de Antioquía, 2010, https://hal-univ-paris8.archives-ouvertes.fr/hal-01066185.

Quignard, Pascal. *La lección de música*. Traducido por Ascensión Cuesta. Editorial Funabulista, 2005.

———. *Vida secreta*. El cuenco de Plata, 2005.

Sada, Daniel. "Museo de la melancolía". *Letras libres*, abril 2001, pp. 83–84, https://letraslibres.com/libros/paraiso-clausurado-de-pedro-angel-palou/.

———. "La prosa dialógica de Pedro Ángel Palou". *Literate World*, febrero 2003, www.literateworld.com/spanish/2002/escritores/feb2003/w01/box2/html.

Samperio, Guillermo. "Palou, promesa cumplida." *Literate World*, febrero 2003, www.literateworld.com/spanish/2002/escritores/feb2003/w01/box3/html.

Sánchez Prado, Ignacio. "Pedro Ángel Palou: World Literature as Melancholy." *Strategic Occidentalism. On Mexican Fiction, the Neoliberal Book Market, and the Question of World Literature*, Northwestern UP, pp. 129–38.

Schwob, Marcel. *Vidas imaginarias. La cruzada de los niños*. Traducido por Rafael Cabrera y José Emilio Pacheco, Porrúa, 1991.

Sontag, Susan. "The Aesthetics of Silence." *Interrelevant*, 15 December 2013, https://interrelevant.wordpress.com/2013/12/15/aesthetics-of-silence/.

Urroz, Eloy. "*En la alcoba de un mundo* y *Paraíso clausurado*, de Pedro Ángel Palou. Dos novelas sumidas por la melancolía". *Revista de Literatura Mexicana Contemporánea*, no. 14, 2001, pp. 42–45.

———. "Pedro Ángel Palou y la vida como una novelística". *Siete ensayos capitales: Borges, Carpentier, Fuentes, Vargas Llosa, Padura, Pereira, Palou*, Taurus, 2004, pp. 133–54.

Vila-Matas, Enrique. "Otras voces". *Letras libres*, no. 19, julio 2000, pp. 104–05, https://letraslibres.com/wp-content/uploads/2016/05/pdf_art_6415_5958.pdf.

HÉCTOR JAIMES
NORTH CAROLINA STATE UNIVERSITY

Paraíso clausurado: La forma con atributos

EN EL LIBRO *FORMS: Whole, Rhythm, Hierarchy, Network*, Caroline Levine hace resurgir el viejo debate de si abordar la forma literaria como una forma en sí, separada del contexto social, cultural y político, o como representación de un conjunto de relaciones, jerarquías, estructuras y redes, donde lo histórico y lo político también le añadirían significado y atributos al texto literario. Un crítico literario contemporáneo, dice Levine, también quisiera saber sobre "las condiciones sociales y políticas alrededor de la producción de la obra...y cómo las técnicas literarias refuerzan o socavan instituciones y relaciones políticas específicas, como el poder imperial, el capital global, o el racismo" (1). En efecto, reconocer y enfatizar la importancia del circuito o campo (Bourdieu) literario, histórico o político —como lo hace Levine— donde una obra se produce, hace que la espacialidad del texto no se presente como una espacialidad abstracta y vacía sino, precisamente, como una red de relaciones textuales y también de dinámicas históricas y políticas que le sirven de trasfondo al texto; sólo que, y he aquí la dificultad y el reto para el crítico, la obra muchas veces suprime la historicidad y el aspecto político para resaltar otros aspectos. Los aspectos sociales, históricos o políticos siempre están presentes, pero resulta que el escritor decide muchas veces proyectar sus ideas más allá de, o paralelamente a, estos contextos. Asimismo, en tanto que la historia y la política son parte *a priori* de la literatura, parecería demasiado simplista buscar solamente historia y política en los textos literarios. Sin embargo, es menester reconsiderar el enfoque de Levine no particularmente para identificar estos aspectos en *Paraíso clausurado*, sino para advertir el grado de sofisticación que se ha llevado a cabo al suprimirlos, así como señalar lo que se deriva de las "formas" literarias a partir de esta supresión.

Paraíso clausurado es una novela erudita que se enfoca en Gavito, su personaje principal, para reconstruir su vida y su obra literaria; desde este punto de vista, pudiéramos decir que la preocupación tanto de Gavito como de Palou es estrictamente intelectual y, de alguna manera, casi psicológica y personal. Sin embargo, la insistencia —tal vez utópica— de Gavito por presentar una teoría de la novela y la escritura misma que contempla su vida personal y su búsqueda estética, hace que el personaje no encaje muy bien socialmente, que sea una especie de *outsider*, sin que ello implique que desde su distancia haga críticas sociales o políticas; en esta novela, más bien, la forma de la política pasa a ser la política de la forma, ya que se suprime toda cualidad política que tanto el personaje como los contextos de la novela pudieran aportar, para darle preponderancia a las diversas "formas" literarias que aparecen y se interconectan en el texto. No obstante, al regentar, administrar y articular estas formas literarias, Palou ejerce, como diría Jacques Rancière, una "distribución de lo sensible".[1] Suprimir la materialidad, la historia o la política no obedece a la idea de que estos aspectos no existan, o que al hacerlos desaparecer no guarden importancia, se trata más bien de que queden suspendidos temporalmente para que se opongan a, y contrasten con, las formas de la sensibilidad, y su "distribución", para ejercer un efecto libertario desde el punto de vista de las ideas, pero también desde el punto de vista de la percepción sensorial cuyo refugio y centro es el cuerpo. Visto de esta manera, la novela propone una estética radical a través, precisamente, de la radicalidad de la estética. La radicalidad estética ejerce inherentemente una actitud crítica ante la sociedad y a todos los sistemas de valores que la sociedad da por sentado. Siguiendo a Rancière: "la escritura destruye todo fundamento legítimo para que las palabras circulen" (8). Darles prioridad a las palabras es una frontal oposición a las obsesivas búsquedas materiales de nuestra sociedad contemporánea. En este sentido, si Gavito no encaja socialmente, *Paraíso clausurado* tampoco encaja como novela de best-seller. ¿Por qué? Porque las propuestas estéticas radicales no son cónsonas con la vida, la realidad y las preocupaciones de la gran mayoría de las sociedades contemporáneas; he ahí, nuevamente, su radicalidad estética. Ignacio Sánchez Prado, uno de sus más cercanos y eruditos críticos, señala de manera similar que, "la subjetividad de Gavito se pierde no porque él sea mexicano, sino porque él es parte de una tradición Occidental

---

1. Véase, *The Politics of Aesthetics: The Distribution of the Sensible*. Bloomsbury Academic, 2013.

en donde el distanciamiento es el precio que se debe pagar por el privilegio espiritual" (*Strategic Occidentalism* 137, la traducción es mía). Por otro lado, Sánchez Prado también señala que la propuesta literaria de Palou se opone a la idea de que en la "era neoliberal" no pueda darse una "experiencia estética" (132); no obstante, es evidente que tanto la propuesta literaria de la novela como la realidad del personaje puedan resultar un tanto incompatibles en el mundo de hoy.

Esta incompatibilidad se evidencia más claramente en Ortega, el personaje principal de otra novela de Palou: *Quien dice sombra* (2005). Ortega trabaja en una imprenta como corrector de pruebas, pero había aspirado a ser escritor y a tener una columna política en un periódico. Ninguna de sus aspiraciones se cumple, y logra más bien ser un reportero de "nota roja". Sus compañeros del taller literario, que estuvo dirigido por Donoso, su maestro, también pueden considerarse escritores fracasados en una sociedad que se les presenta a todos de una manera alienante y contraria a la creatividad literaria. En un momento, y casi por casualidad, Ortega llega a participar en una manifestación política, y esto da la momentánea impresión de que su letargo y escepticismo llegarían a superarse con su compromiso político, pero esta posibilidad se esfuma rápidamente, pues, como leemos en esta novela:

> toda revolución involuciona, así que aunque dé uno o dos pasos adelante la mayoría de las veces, ya en el poder, da tres o cuatro pasos hacia atrás, con lo que todos quedan peor que antes; no es cierta la frase que dice que mientras más cambian las cosas más permanecen iguales, habría que modificarla, reflexiona Ortega, por una que diga que mientras más cambian las cosas se modifican para empeorar, o algo así, no está muy inspirado, después de todo. (85)

Con su experiencia en la manifestación, Ortega ratifica lo que ya había pensado antes: que no pertenece a ninguna postura política. Sin embargo, el hecho de que Palou nos haya asomado temporalmente a la participación política de uno de sus personajes principales —aunque también pudiéramos tener presente sus novelas histórica, o una novela reciente como *Tierra roja: La novela de Lázaro Cárdenas* (2016), la cual ameritaría un estudio aparte— demuestra que Palou no ha pasado por alto el aspecto político que la literatura ha expuesto directamente, sino que, como su obra demuestra, la apuesta es a la forma literaria por encima de una realidad que le es hostil al escritor. No es casual, entonces, que la temporalidad histórica de la sociedad quede suspendida, en esta novela, con un verso de Borges que se repite y reitera constantemente: "en un día del hombre están los días del tiempo". Este verso pertenece al poema "James Joyce", y recordemos que Joyce fue uno de los grandes maestros de la técnica literaria denominada "flujo de conciencia", la cual predomina en *Quien dice sombra*; esto es, la literatura se revela en contra de la cronología temporal para crear un tiempo exclusivamente literario, íntimo, el cual podría también pensarse como un tiempo psicológicamente libertario. Asimismo, como dice Guido Mazzoni en *Theory of the Novel*: "A partir de una fecha determinada, la novela se convirtió en el género en el que se puede contar absolutamente cualquier historia de cualquier forma. La multiplicidad ilimitada de formas de vida, reales o posibles, se pueden narrar desde dentro o desde fuera de la conciencia y al mismo tiempo se puede adoptar cualquier estilo, permitiendo que se revele la variedad de la imaginación subjetiva" (16, la traducción es mía). En este sentido, el escritor, y en este caso Palou, pone en práctica una libertad que socialmente no es posible, y al hacerlo, Palou revela subrepticiamente la política de la forma, con implicaciones políticas, pues ésta despliega una libertad ambiciosa y posible, sin los debates y las revoluciones que la historia nos presenta. El mismo Mazzoni trae a colación a Robert Musil, el autor de *El hombre sin atributos*, quien señala que todos somos de alguna manera narradores, pues la narración de alguna manera nos simplifica la vida (Mazzoni 45); al final, y he aquí la enseñanza: la novela, con sus formas literarias, tiene sus atributos.

Paraíso clausurado

Las numerosas, variadas y divergentes formas literarias que aparecen en la novela *Paraíso clausurado*, así como las múltiples estrategias textuales que utiliza su autor, Pedro Ángel Palou, para presentar una historia segmentada y espiritualmente profunda, no solamente enriquecen su cualidad estética, sino que se convierten al mismo tiempo en su aspecto más específico y determinante a la hora de su interpretación. En efecto, la novela es multiforme desde la perspectiva literaria, pero también tomando en cuenta los diversos géneros que se entremezclan en ella, ya que aunque de entrada pudiéramos pensar que se trata exclusivamente de una novela, en realidad encontramos otros géneros, literarios y no literarios, que la componen; a saber, la biografía, la autobiografía, el ensayo, la poesía, la epístola, el diario, la crítica literaria, la teoría literaria y hasta un "informe científico". Asimismo, esta combinación de formas y de géneros suceden a la vez que el autor desdibuja la trama doblemente, pues si de una manera se propone la idea de la novela inconclusa que está hecha a retazos, y que es autorreferencial a la par de su escritura (*Paraíso clausurado*, novela publicada, hace referencia a "Paraíso clausurado" manuscrito, pero también hace referencia a *Demasiadas vidas* [2001], una novela que Palou publica un año después), también busca ser una teoría de la novela y hasta de la literatura. En consecuencia, la exposición de la trama vacía a la novela de su ficción o, dicho de otra manera, la novela que no llega a ser todavía, en su apetito de ficción, busca una trama. Estas ideas se sostienen sobre las mismas ideas de Palou cuando dice, casi al final de la novela y tomando en cuenta el aspecto biográfico: "no hubo ficción en el relato" (288). Aunque esta aseveración vaya dirigida solamente a un aspecto de la novela, los múltiples mecanismos literarios que ella contiene pueden crear la idea también de que en esencia *Paraíso clausurado* es una constante búsqueda de su forma literaria: una novela sobre la escritura de una novela; una escritura privilegiada que va forjando igualmente a un lector privilegiado.

Considerando el título, su división interna ("Libro primero: Theatro de los afectos"; "Libro segundo: Demonio meridiano"; "Libro tercero: Ocasión de la tristeza (*Rondó: Allegro spiritoso*)"; "Libro cuarto: Apokatástasis" y "*Post scriptum*: Pequeño museo de la melancolía"), la cual evoca un cercano diálogo con los textos clásicos antiguos, así como los innumerables referentes literarios que aparecen directa e indirectamente; la intertextualidad y la función didáctica de su trama (maestro-discípulo), nos debe quedar claro entonces que *Paraíso clausurado* es una novela que despliega a cada momento las costuras textuales de su hechura, hasta convertirla prácticamente en la metáfora de sí misma. El texto se asume como texto para celebrar la literatura en toda su extensión y cualidad espacial: "los límites de mi lenguaje son los límites de mi mundo" (*Paraíso* 181); una cita oculta de Wittgenstein, en la que se confirma que Palou concentra sus estrategias textuales para transmitirle al lector una verdadera y absoluta experiencia estética universal. Además, la novela propone que el amor (o su imposibilidad) y la melancolía (con diferentes referencias textuales, pero principalmente, el libro de Robert Burton: *The Anatomy of Melancholy*) sean los aceites que hagan funcionar la desafiante y compleja maquinaria literaria que es *Paraíso clausurado*.

La dispersa trama que el lector debe enlazar gira en torno a la vida de Juan Gavito, un profesor de literatura que en un momento decide dejar de ser poeta para dedicarse a ser escritor de novelas. Aunque ha dejado propiamente de escribir, la compilación y transcripción de su obra, esparcida e inconclusa, ha quedado a manos de su discípulo Eladio Villagrá, también profesor de literatura. Desde la narración de Eladio, la novela pareciera circunscribirse solamente a contar la historia personal e intelectual de Gavito, sus múltiples amantes y amores imposibles, su decaimiento emocional y físico hasta llegar a su muerte, pero también, su formación académica, así como sus obsesiones librescas y creativas. Desde la narración de Gavito, encontramos esbozos de su vida y pasajes que comprenden partes del manuscrito "Paraíso clausurado", además de otros textos, como poemas y diarios. Sin embargo, aunque estas voces narrativas logran distinguirse a veces su línea divisoria es tenue, creando así una competencia de autorías, pero más que pugnas, en realidad se trata de deslizamientos narrativos, modos en los que Palou desubica al lector para retar su perspectiva y posicionamiento. Más aún: en ambas narraciones el "autor" también dibuja la vida y la personalidad de Eladio, la cual es semejante en muchos aspectos (por su sed intelectual y fracasos en el amor) a la de Gavito para llegar a ser, inclusive, su *alter ego*; pero igualmente, y de muchas maneras, debemos pensar en Gavito como un *alter ego* intelectual de Palou. En palabras de Eladio:

> (…) mi maestro se iba desmoronando con la contundencia de quien ha decidido dejarse morir pero no tiene la valentía de hacerlo de una vez (…). Se había acostumbrado de tal manera a mi presencia, nos habíamos *interasimilado*, como le gustaba repetir, aun sin vivir juntos y yo bien sabía que mi ausencia hubiera acelerado las cosas. Mi papel alrededor de Gavito, en esos días, no se limitaba ya al del amanuense, era yo una especie de *alter ego* que pensaba por él, que resolvía todo lo cotidiano para que él pudiera abandonarse como una ballena que ha decidido encallar. (67)

De todos modos, Eladio ocupa una posición privilegiada para hacer que *Paraíso clausurado* opere doblemente como reflejo y representación. Si por un lado refleja y representa los textos y la voz de Gavito, su *alteridad* y cercanía con este, lo convierte también en su reflejo. Pero Eladio no refleja a Gavito idénticamente, es su otro sin serlo propiamente, así que una de sus funciones primordiales es servir de interlocutor para darle fuerza y estructura a la novela en su totalidad, pues *Paraíso clausurado* es ambas narraciones, la que parte de la objetividad de Eladio, al tratar de reconstruir la vida de Gavito y compendiar, transcribir e interpretar su obra; pero también, la que parte de la subjetividad de Gavito, al presentar teorías o semi teorías, al presentar textos literarios inéditos de todo tipo, y al reflexionar sobre el acto creativo que se desprende de la literatura; no obstante, esta subjetividad también se lanza a interpretar su obra, lo que le crea un nivel de reto mayor al lector. Todo esto, además, para darle sentido a los dos grandes temas de la novela, muchas veces soslayados y presentados oblicuamente; a saber: el amor y la melancolía.

Aunque el amor y la melancolía son temas recurrentes, es sólo al final de la novela, en la sección "*Post scriptum*: Pequeño museo de la melancolía", donde el lector confirma su importancia e interconexión. Si en algún momento Gavito asevera que su tema principal es "la mujer" ("La mujer. Primero y siempre, la mujer" [192]), en esta sección final Palou arroja nuevas pistas de interpretación de su obra para darle otro giro hermenéutico e inesperado. En esta sección la estrategia textual de Palou consiste en hacer referencia a los últimos días de Gavito, cuando él le pidió a Eladio que buscara el único ejemplar que había en México del libro *Mélancholie érotique* (1623) de Jacques Ferrand. Dentro de este libro, Eladio encuentra un texto inédito, autobiográfico, donde Gavito habla de Alicia, una mujer de la que se enamoró y de quien estuvo siempre enamorado, pero debido a la distancia y a las vicisitudes de la vida, fue un amor imposible. Además de usar la estrategia textual del manuscrito dentro del libro, lo que en *Paraíso clausurado* —debido a las múltiples referencias literarias— significaría más bien decir los libros dentro del libro y los textos dentro del texto, que es revelación y ocultamiento a la vez, Palou usa la estrategia de la duda, pues desde el comienzo juega con la "realidad" de Alicia ("Acaso ella no existe"; "Acaso la imaginé para escribirla" y luego dice, "No es cierto" [300]) para hacer entrever que este personaje, o cuasi personaje, tiene un referente intelectual pero igualmente concreto. Como a lo largo de esta novela Palou va hilvanando diferentes esferas y niveles ontológicos, podemos presumir que Alicia también opera bajo estos niveles oscilantes, ya que van de la realidad concreta a la realidad ficcional, pero inclusive también a la realidad meramente teórica (un personaje abstracto lleno de posibilidad), ya que desde esa abstracción podríamos igualmente darle soporte ontológico a la amalgama de textos que es *Paraíso clausurado*.

Asimismo, en "*Post scriptum*" Gavito también comenta que planeaba escribir *Canto a la melancolía*, según él: "proyecto que como casi todos los de mi vida se ha ido postergando hasta convertirse en madrugada" (300). Pero, precisamente, este "Canto" luego se convierte en la novela misma, *Paraíso clausurado*, cuyos títulos iniciales eran *Grande Theatro de la Melancholia* o *El silencio de las sirenas*, como leemos: "un mosaico de retratos, una especie de mural narrativo repleto de melancólicos de todas las especies" (24). Además, Palou tiene la perspicacia de presentar al comienzo una organización estructural de la novela para luego intervenir como intérprete de la obra a partir de esa misma estructura. En las primeras páginas de la novela leemos:

> El *Grande Theatro de la Melancholia* estuvo pensado siempre como un políptico. En cada una de sus hojas —sus libros— estaría representada una historia o una idea distinta sobre la melancolía.
> —Sin embargo, si abres el políptico y consigues contemplarlo podrás verlo como una totalidad indivisible —opinaba Gavito. (26)

Estas claves organizativas se conectan posteriormente con las claves interpretativas que aparecen en el "*Post scriptum*", donde Palou conecta el "políptico" con la pintura *La partida*, del pintor alemán Max Beckmann:

> Acaso por eso hablé de un pintor, Max Beckmann y de un tríptico que me intriga: *La partida*, compuesto en 1932. Siempre he concebido los capítulos de una narración como las hojas de un políptico, y su lectura en conjunto como la única forma de obtener un significado del texto todo. Así, después de proyectar la pintura en una desgraciada pantallita que colocaron los organizadores [de la conferencia y donde estaba Alicia], expliqué la relación de ese cuadro con mi obra. La hoja izquierda de *La partida* (toda la pintura de Beckman nace de una mezcla gótica entre lo mitológico y lo pedestre), es de una crueldad infinita. Muestra un cuarto de tortura donde cuerpos mutilados y amarrados se enfrentan al castigo del verdugo. (324)

Esta idea del sufrimiento y del dolor humano queda confirmada cuando Gavito relata una conversación entre Beckmann y su mecenas, Lilly von Schnitzler, donde el pintor confirma que, "la vida es lo que miras a derecha e izquierda. La vida es tortura, dolor de todo tipo, al que se enfrentan por igual el hombre y la mujer" (325). No obstante, si por un lado pudiéramos pensar que Palou ha creado un texto cerrado en sí mismo, casi hermético, con una visión pesimista de la existencia, también nos provee, de manera contraria, poros textuales donde se respira vida, posibilidad, creatividad y esperanza. En este sentido, Palou supera su propia interpretación y conexión de la pintura de Beckmann con su obra al decir que, "A veces es mejor comentar la perplejidad que provoca la vida y no pretender que la función del arte sea hacer más inteligible el mundo" (325). Así, vemos que Palou presenta la hechura de la novela a través de diferentes capas y perspectivas, además de proponer una lectura no lineal sino fragmentada y donde muchas de las partes se confronten e interroguen entre sí. Por eso la pregunta retórica del comienzo, "¿Se podrá comenzar por el comienzo?" (17), que vemos también al final de manera inversa, "¿Se podrá finalizar por el final?" (288). Con la sección de "*Post scriptum*" en la mano, podemos responder negativamente; el comienzo da inicio a la lectura de la novela mas no es el comienzo propiamente, y el final, igualmente, equivale a las últimas palabras, pero no propiamente al final porque, como leemos, "la historia de una vida es algo inaprensible" (288), lo que conllevaría a nuevas y constantes búsquedas y escrituras.

Sin embargo, y esencialmente, "*Post scriptum*" le da al lector una nueva perspectiva para reevaluar la novela en su conjunto. En esta sección aprendemos inesperadamente de Alicia, una mujer de la que Gavito se enamoró durante sus años de estudiante en Bolonia, antes de conocer a su esposa, Diana Castoriadis, con quien tuvo una hija y quien posteriormente muere ahogada cerca de la tumba del escritor francés Chateaubriand; de todo esto, se va desprendiendo el gran tema del amor y la melancolía que recorre toda la novela. En tanto que Alicia no interviene ni aparece propiamente como personaje en ninguna parte de la novela, Palou aprovecha para darle un matiz sorprendente y enigmático que le sirve también para exponer su visión crítica de la ficción: ¿se sostiene la ficción como una realidad? y, en este sentido, ¿es Alicia real, un sueño o una imaginación para crear otro nivel estético dentro de la novela? En *Paraíso clausurado* no encontramos pistas textuales para llegar a Alicia, pero el amor y la melancolía como telones de fondo le podrían perfectamente dar vida, aunque haya sido un personaje implícito; así, a pesar de presentarse como el personaje con el mayor peso emocional su vacío abre también la posibilidad de que no sea ella quien genere la melancolía sino que se trata de una melancolía mayor, más allá de la muerte de su hija Dafne (hija de Gavito y Diana) y de sus fracasos amorosos, sino que surjan del autor mismo (Palou), por ser Gavito su *alter ego*: el escritor que busca la totalidad.

Por otro lado, Palou presenta el amor como la búsqueda esencial de la vida humana. Haciendo eco del título de la novela, tras referirse al "paraíso original" de Platón, Gavito dice: "El [paraíso] nuestro, en cambio, Eladio, es un paraíso clausurado. Si la apetencia de vivir es necesariamente erótica, nuestro mundo es el menos erotizado de la historia. Y el amor es nostalgia y utopía. Regresa a lo inmemorial y dibuja la ciudad del futuro, proyección y sueño" (132). De este comentario se desprende que subrepticiamente Palou propone una teoría del amor que se opone al amor de manera idealista o inmaterial; esto es, no busca llegar del concepto o la "forma" del amor a la experiencia, sino de la experiencia del amor a una experiencia que al superarse como forma corporal o empírica llegue a una forma intelectual y de conocimiento. Por eso insiste Gavito: "no puede hablarse del amor sino en términos estrictamente individuales, en función de la experiencia, como Alcibíades al final del Banquete" (131). Así, esto nos ayuda a comprender que la lectura de *Paraíso clausurado* es una experiencia estética que involucra tanto lo intelectual como lo sensorial (la experiencia). Desde el mundo ideal, absoluto, se interroga y se evalúa la realidad humana; y desde la realidad humana, principalmente a través del amor (y de la literatura como experiencia: "La literatura es experiencia, sólo experiencia" [29]), también hay un viaje al absoluto. Alicia, entonces, opera a dos niveles, como realidad concreta y como posibilidad (ideal), y esta "posibilidad" la habilita también como lectora privilegiada e "ideal", pues desde su espacio eidético-concreto (el "universal encarnado" [128] diría Palou sobre otra mujer), posee "todos" (322) los libros de Gavito.

La novela comienza precisamente cuando Gavito aborda a Eladio para preguntarle sobre el significado del poema "Nocturno rosa" del poeta mexicano Xavier Villarutia: "Entonces, Eladio, usted sabe de qué habla el *Nocturno rosa* de Villarrutia" (17), escribe Palou. Aunque en apariencia pudiéramos pensar que se trata simplemente de otra estrategia textual para hacer referencia —como hace tantas veces en esta novela— a otros textos y escritores para imbuirla de un sentido casi estrictamente bibliográfico, como en Borges, en realidad esa pregunta no es en lo más mínimo retórica; en la pregunta está la respuesta, y la respuesta es que tras el entramado textual de *Paraíso clausurado* se busca encontrar algo inefable como "la rosa inmaterial", "la rosa del tacto en las tinieblas", pero también, la "rosa" de la percepción y de la intuición, que "no ocupa lugar en el espacio", como en el poema de Villarrutia. La mención a Villarrutia tampoco es casual, Palou le ha dedicado un libro (*La casa del silencio: aproximación en tres tiempos a Contemporáneos*) a Contemporáneos, grupo al que perteneció Villarutia, y toda una novela a Villarrutia mismo, *En la alcoba de un mundo*, sobre la cual dice Sánchez Prado que, de muchas maneras, *Paraíso clausurado* surge de esta novela (*Strategic Occidentalism* 132).

A través de *Paraíso clausurado* Palou intenta expresar lo que de entrada podría considerarse un fracaso: tratar de expresar la inefabilidad del amor y de la melancolía. Sin embargo, entre este fracaso y la escritura, el autor logra avivar en el lector una experiencia literaria, intelectual e intuitiva profunda y al hacerlo, encontramos una victoria de la literatura, pero, como hemos visto, esta victoria está plagada de formas y mecanismos literarios que pueden despistar al lector en tanto que lo inefable no tiene una temporalidad sino más bien una espacialidad emocional sin centro. De ahí que *Paraíso clausurado* haga referencia a *Demasiadas vidas*, una novela que Palou publica en 2001, y que trata también de la inefabilidad del amor (o el amor imposible) entre Horacio y Lucía, y donde aparece el poeta Gregor Brüchner, quien también aparece en *Paraíso clausurado*. Esto es, así como *Paraíso clausurado* hace referencia a *Demasiadas vidas*, ésta hace referencia a *Paraíso clausurado*, pues como leemos al final de *Demasiadas vidas*, en la sección de agradecimientos, "planeaba escribir un largo *Canto a la melancolía*, plagado de citas y referencias eruditas. Una novela-ensayo. En medio de ese sueño inútil se me apareció este libro breve, lacónico como la nostalgia que lo inspiró" (115). En consecuencia, la escritura y lectura de *Paraíso clausurado* se presentan como procesos activos y dinámicos que presuponen la referencia a otros textos, pero esas referencias valen más por el viaje intelectual, tanto del autor como del lector, que el referente mismo, ya que la novela de Palou va más allá de un libro o un personaje, pues al final *Paraíso clausurado* es una novela que busca hallar la esencia y la profundidad de las cosas.

El diario de Gavito reviste una importancia particular, ya que en él encontramos una voz clara y transparente, que revela su identidad como persona y como escritor. Además de otorgarle fuerza y sensibilidad al personaje, el diario refuerza la propuesta teórica de la novela. En la entrada del "Lunes, 1957" leemos:

> De regreso a casa. ¿Es esto una casa? ¿O posee los atributos de un hogar?: permanencia, otros seres humanos, necesariamente queridos, siempre cerca y, sobre todo, comidas a la misma hora y con los mismos compañeros de mesa. Pero no importa, es mi departamento de soltero en Bolonia: tiene mis libros, un tocadiscos con mi música preferida. Y, sobre todo, un escritorio. Ser poeta o morirse en el intento. (208)

Y en la entrada del "Martes, 1960", que comprende varios fragmentos, leemos:

> La única moral del escritor será —es— devolverle a su comunidad lingüístico-cultural una escritura nueva, personal, distinta. Porque la literatura hace viejos a los jóvenes en el sentido de que les permite centrar su atención sobre cosas que realmente importan: el amor, el sexo, la

escritura misma —enfermedad y neurosis, placer y riesgo— y entonces las amistades, las profesionalizaciones, los trabajos, para subsistir son secundarios, mínimos y prescindibles. Por lo mismo uno regresa siempre a su máquina, porque es lo único que uno sabe hacer, lo único que le importa hacer. (213)

Si la primera entrada nos remite a un espacio personal e inclusive íntimo, la segunda entrada también nos remite a un hogar: al espacio interior —mucho más personal e íntimo— del escritor. Regresar a la "máquina" es regresar al ejercicio permanente de escritura que Palou propone en *Paraíso clausurado*. Una escritura que al presentarse como fragmento va mostrando también su unidad como totalidad integral, ya que la novela externamente logra componerse como un todo; esto es, el texto, aparentemente disperso y disociado, finalmente encuentra conformarse como un texto unitario, solo que Palou nos presenta la hechura del texto con sus pliegues, grietas y grutas internos. Precisamente, de manera interna Palou también muestra las relaciones textuales, estéticas y psicológicas de la novela lo que hace que ésta sea explorada y creada por el lector en toda su extensión, en tanto que el lector es también creador del significado y sentido de la escritura desafiante y compleja de *Paraíso clausurado*, donde las numerosas, variadas y divergentes formas literarias llegan también a conformar un universo posible que alude, intrínsecamente, tanto a la libertad individual de pensamiento, como a la de sentimiento. Así se completa la experiencia estética de su lectura.

Bibliografía

Levine, Caroline. *Forms: Whole, Rhythm, Hierarchy, Network*. Princeton UP, 2015.

Mazzoni, Guido. *Theory of the Novel*. Trans. by Zakiya Hanafi, Harvard UP, 2017.

Palou, Pedro A. *Demasiadas vidas*. Plaza & Janés, 2001.

——. *Paraíso clausurado*. Tusquets Editores, 2016.

——. *Los placeres del dolor*. Benemérita Universidad Autónoma de Puebla, 1999.

——. *Quien dice sombra*. Editorial Joaquín Mortiz, 2005.

Rancière, Jacques. *The Politics of Aesthetics: The Distribution of the Sensible*. Bloomsbury Academic, 2013.

Sánchez Prado, Ignacio M. *Strategic Occidentalism: On Mexican Fiction, the Neoliberal Book Market, and the Question of World Literature*. Northwestern UP, 2018.

REBECCA JANZEN
UNIVERSITY OF SOUTH CAROLINA

Violencia y venganza en *La amante del ghetto* de Pedro Ángel Palou

LA NOVELA *LA AMANTE del ghetto* trata las vidas de Zofia Nowak y Shlomo Galatz, dos personajes judíos que sobrevivieron la Segunda Guerra Mundial. En una serie de nueve capítulos, la novela representa las misiones que emprendieron como parte del *Nokmim*, un grupo de vengadores judíos, en 1946 y 1947. El primer capítulo toma lugar en Múnich en 1946 y en este entonces, Zofia y Shlomo matan a un nazi que se llamaba Heinrich Kaufmann. Los siguientes ocho capítulos de la novela toman lugar en París en 1947. En la ciudad francesa, Zofia y Shlomo siguen a otro nazi, Werner Höllriegl y en su tiempo libre, Zofia busca a un tercer nazi, Albert Klubert. Para cumplir con la misión oficial, Zofia y Shlomo realizan investigaciones y Zofia trabaja como modelo en la casa de moda de Christian Dior. En la casa de moda, Zofia conoce a un oficial del MI6, con el seudónimo Richard Evans. Al final de la novela, Zofia y Shlomo asesinan a Höllriegl, Zofia asesina a Shlomo, e intenta asesinar a Klubert, pero él se suicida antes de que Zofia le mate. En estos capítulos, *La amante del ghetto* representa la violencia de la posguerra en Europa, los efectos a largo plazo de haber vivido la violencia de la guerra en sí, especialmente la violencia de género sufrida por las mujeres. La novela alude también a los deseos de las víctimas por la venganza y la justicia.

Mi análisis de estos tres aspectos de la novela —las representaciones de la violencia, los efectos a largo plazo de la violencia, especialmente para las mujeres, y la búsqueda de la venganza— muestra la complejidad de la violencia en la posguerra y que la representación en la novela critica, de forma indirecta, a los que prefieren ignorar la violencia y sus efectos. Es más, el ensayo postula que estos tres aspectos de la novela que representan a Múnich en 1946 y París en 1947 tienen un equivalente en el contexto en el que se produjo la novela, México en las primeras dos décadas del siglo XXI. A través de mi lectura de los paralelos entre París en 1947 y México en el XXI, propongo que se puede leer la novela como una crítica de ambos contextos. A mi modo de ver, los eventos relacionados con los nazis en *La amante del ghetto* aluden a la llamada guerra contra el narco bajo la presidencia de Felipe Calderón, la doble violencia que experimentan las mujeres en este contexto, y el deseo por la justicia a través de la venganza en una situación de injusticia tan grave.

Para sostener que los paralelos entre *La amante del ghetto* y México en el XXI critican el contexto de producción de la novela, dialogo con los críticos que ya han mostrado que en la obra de Palou, y la obra de otros escritores de su generación en México, prevalecen líneas de tiempo no cronológicas. Esta crítica del orden temporal complementa el acuerdo crítico sobre la representación de la Segunda Guerra Mundial y de los nazis en la literatura latinoamericana. Los críticos literarios concuerdan que estas representaciones suelen ser alegóricas. Las intervenciones críticas forman la base de mi análisis posterior de las representaciones de la violencia y la venganza en *La amante del ghetto* y sus paralelos con las primeras décadas del siglo XXI en México.

La amante del ghetto tiene una estructura posmoderna que muestra la irrelevancia de la cronología con un orden de eventos en la novela que no sigue su orden histórico y que provee múltiples perspectivas sobre varios acontecimientos. Así que como explican Mattias Devriendt, Diana Castilleja y Eugenia Houvenaghel, no hay responsabilidad ni autoridad final (738–39). Los críticos de estos temas muestran la prevalencia de estas características en la obra de Palou. Según Eugenia Houvenaghel, la novela *Malheridos* (2003) de Palou reúne diversas temporalidades y espacios ("La isla de la diversidad" 32), y a través de su retrato perspicaz de grupos o individuos particulares, se crea un mundo autónomo (Devriendt, Castilleja y Houvenaghel 742). Su trabajo me es importante porque construyo mi argumento, sobre paralelos entre dos épocas históricas, a partir de él. La estructura de *La amante del ghetto* hace eco de obras anteriores del autor, y también de las obras de otros miembros del Crack, un movimiento literario en que el que participaba Palou en los años noventa. Durante su auge, Palou, junto con los miembros del movimiento literario Crack, Jorge Volpi, Ignacio Padilla y Eloy Urroz, escribía obras complejas con líneas de tiempo no cronológicas y diversas voces narrativas (Calderón 58). Por ejemplo, como bien explican Devriendt, Castilleja y Houvenaghel, *Paraíso clausurado* tiene varias voces narrativas en primera persona (744). La novela provee el trasfondo del personaje de Zofia en medio de otros eventos. En el capítulo tres, por ejemplo, Zofia se alista para participar en la semana de moda. Mientras que el personal de la casa de moda de Dior la mide para la ropa que iba a modelar, la voz narrativa describe lo que estaba pasando en la mente de Zofia: "Su mente estaba en otro lugar. Quería concentrarse, atender a las órdenes y reclamos de las costureras y de madame Raymonde, pero pensaba en realidad en Albert [Klubert]... un oficial alemán con un ramo de flores" (61). Las memorias le tienen tan distraída que su jefe tenía que intervenir. Agrega el narrador que: "Dior la sacó [a Zofia] de su ensimismamiento" (64). Este ejemplo de analepsis muestra la ficción de distinciones entre el pasado y el presente ya que el pasado siempre está por interrumpir, tanto en la novela como en nuestras vidas. Las múltiples voces narrativas, otra característica estética de *La amante del ghetto* que hereda tendencias del Crack, desestabilizan aún más el sentido de distinciones cronológicas en la novela. *La amante del ghetto* varía en su enfoque entre personajes para ofrecer una perspectiva compleja de cada acontecimiento en la novela. El primer capítulo, por ejemplo, reseña la ciudad de Múnich, los nazis, y el *Nokmim*. Empieza con una descripción de la ciudad y luego se enfoca en la perspectiva de un personaje, en este caso, el *Gruppenführer* Kaufmann, mientras que intenta huir de París (12–15). El narrador introduce los papeles distintos de Zofia y Shlomo en el *Nokmim*, quienes se aprovechan de este fracaso (17–18). Estos cambios de enfoque muestran la necesidad de variación. Estas estrategias estéticas posmodernas sugieren que la cronología no es relevante, y que es imposible tener una sola perspectiva sobre los eventos de la Segunda Guerra Mundial, una perspectiva que facilita la lectura que propongo, de conexiones entre México en 2013 y los retratos de Múnich en 1946 y París en 1947 en *La amante del ghetto*.

Otra tendencia de las obras del Crack es su diálogo con las implicaciones de grandes narrativas históricas. *La amante del ghetto* concuerda con esta característica con su representación de los nazis después de la Segunda Guerra Mundial, y de esta manera, hace eco de las otras novelas escritas por miembros del Crack que representan a los nazis, tales como *En busca de Klingsor* (1999) de Jorge Volpi, *Amphytrion* (2000) de Ignacio Padilla, y *Oscuro bosque oscuro* (2010) de Volpi. También se relaciona con dos obras anteriores de Palou, *Malheridos* (2003), y *El dinero del diablo* (2009).[1]

---

[1] Para una reseña completa de las obras de los autores del Crack que representan a los nazis véase Houvenaghel, "The Historical Novel" 56–57.

Los estudios de las novelas que retratan este periodo aseveran que la representación de los nazis suele ser alegórica. Héctor Hoyos resume las discusiones entre los críticos de la siguiente manera: "the Latin American tradition has recurred to Nazism more as an allegory than as a historical referent" (36). Eugenia Houvenaghel, por su parte, cita a Hoyos para enfocarse específicamente en *La amante del ghetto*. Ella demuestra que la representación de los nazis y el holocausto en esta novela sirve como una alegoría para otros genocidios, sobre todo en cuanto a lo que se debe aprender de los genocidios históricos para no repetirlos (Houvenaghel, "The Historical Novel" 60). A pesar de su contribución valiosa, este ensayo sigue el trabajo de Adrián Herrera Fuentes, quien ha delineado relaciones claras entre la representación de los nazis en varias novelas y una crítica de la época en la que se publicaron. Sostiene, por ejemplo, que los nazis representados por *En busca de Klingsor* de Volpi comentan, de forma indirecta, los eventos políticos que tomaron lugar durante la época de producción de la novela: la crisis económica de 1994 y la lucha zapatista (Herrera Fuentes 299–300). Para Herrera Fuentes, *En busca de Klingsor* emplea imágenes de nazis para criticar las crisis de los años noventa porque había cierta semejanza entre ambas épocas históricas. En estos años, México estaba "acuñada por la crisis y la decepción... parec[ía] construirse en solido para luego venirse abajo, como le suced[ió] a Alemania en la primera mitad del siglo XX" (Herrera Fuentes 300). Los críticos están de acuerdo sobre la función alegórica de la representación de los nazis, así que yo amplifico su perspectiva al analizar la violencia, especialmente en las vidas de las mujeres, y la venganza, en *La amante del ghetto* y del *Nokmim*.

La violencia es un tema prevalente en *La amante del ghetto*. Sus representaciones, tanto materiales como metafóricas, junto con una alusión al Kadish judío muestran los eventos de vivir la violencia a corto y a largo plazo. En el cuarto capítulo, o el 10 de febrero de 1947, Zofia y Shlomo pasan la noche en un club que se llama Tabou, que era un lugar famoso en París. La novela representa a personajes reconocidos como Albert Camus y Edith Piaf en el club, y así sugiere que Zofia y Shlomo forman parte de la clase intelectual (89–90). Al final de la noche, Zofia sale del club con Richard Evans del MI6, para pasar unas horas con él. Después de llegar al hotel y entretenerse por un rato, Zofia sale del hotel con Richard y alguien lo ataca. En esta instancia la novela empieza a representar los efectos del ataque, es decir, sus efectos materiales. Explica el narrador que el rostro, el abrigo y las manos de Zofia "estaba[n] toda manchada[s] por la sangre de Evans" (96). El ataque dañó al cuerpo de

Evans de tal manera que se nota su sangre en la ropa de Zofia. Es más, en el momento en que se describe el acto violento, Zofia no sabe si algo le afecta a su propio cuerpo o al cuerpo de Richard. El narrador nos cuenta que: "escuchó una detonación, como si hubiese sido a ella [Zofia] quien le dispararan" (96). La representación de la violencia muestra que lo que ella había vivido en el ghetto y en el campo de concentración, tiene efectos a largo plazo que surgen en momentos en violencia.

La amante del ghetto también representa ejemplos más complejos de la violencia, en el sentido metafórico. El primer capítulo lamenta las vidas perdidas durante la Segunda Guerra Mundial: "Las guerras, todas, son estúpidas, terminan con cientos de miles de vidas con tantas historias posibles" (24). Establece el narrador que Zofia y Shlomo son "Dos huérfanos en medio de un continente batido por la orfandad" (24). El uso simbólico de la orfandad medita no solo sobre las vidas de los protagonistas de la novela, sino que también muestra que cuando una guerra quita las vidas de millones de personas, toda la zona geográfica sufre las consecuencias, hasta que los sobrevivientes son huérfanos en cierto sentido. Hacia el final del texto, la voz narrativa critica la tontería de la guerra: "*¿No será que las guerras son la versión masculina del arreglo, el vestido y el maquillaje de las mujeres? Un estúpido juego para evitar las preguntas profundas, espirituales*" (166, énfasis en el original). A través de estas frases, la novela sugiere que la guerra es una manera frívola de evitar cuestiones sociales profundas, o sea, para escamotear problemas. El uso de metáforas para explicar la violencia muestra el dolor que causa la guerra.

La representación de estos aspectos de la violencia en la novela se relaciona con las acciones de los nazis durante la Segunda Guerra Mundial. También tiene un aspecto que se conecta con los paralelos que identifico con México a principios del siglo XXI. La representación de la sangre de Richard Evans y los efectos que causa para Zofia hubieran sido conmovedores para lectores en México en 2013 debido al hecho de que ellos también vivían en un contexto violento, después de dos de los peores años de la llamada guerra contra el narcotráfico en México. De hecho, entre 2006 y 2012, había más de 100,000 homicidios en México (Booth). A pesar de que los efectos no eran iguales para todos los mexicanos, definitivamente afectaba a la gente, y podrían haber vivido experiencias similares, es decir, de ver un ataque y recordar otros eventos traumáticos que causaron una falta de conexión con sus cuerpos. Los comentarios metafóricos sobre la violencia son relevantes para México del XXI también. No hay necesariamente el mismo nivel de orfandad, pero existe. A través del Plan Mérida, un acuerdo firmado entre el presidente Calderón y el presidente George W. Bush, se ha exportado más de 1.5 billones de dólares en armas de los Estados Unidos a México para apoyar metas de seguridad nacional y fronteriza ("Essential Numbers"; Paley 32). Esta cantidad de tecnología militar no ha efectuado ningún tipo de seguridad, sino que es la causa precisa de los miles de muertos y heridos en México. Es más, la llamada guerra contra el narcotráfico eliminó las historias posibles de cientos de miles de personas, además de "ayudar" a que los mexicanos se olvidaran de los problemas en torno a las alegaciones creíbles de fraude en torno a las elecciones presidenciales del 2006. La metáfora tiene sentido en este contexto.

La violencia en la novela es tan fuerte que el narrador mismo aprovecha un rito religioso de los judíos —la comunidad más afectada por el holocausto— para enfrentarla. Se reflexiona sobre este dolor principalmente en el epílogo de la novela, titulado "Kadish", una alusión al rito religioso para los muertos. Durante el Kadish, el rabino y la congregación intercambian la toma de la palabra, y en un momento dado, solo habla el doliente. Es un rito para catarsis, y, como la voz narrativa adopta la perspectiva del autor, conlleva autoridad. A pesar de que la mayoría de los mexicanos en 2013 eran católicos (Instituto Nacional de Estadística y Geografía [México]), el rito judío es apto para esta novela, ya que representa a una protagonista judía.[2] También provee un esquema para las reflexiones de la voz narrativa autoral. El kadish novelístico del narrador-autor Palou adapta el momento en el rito en que solo habla el doliente. Empieza con una transliteración de la oración hebrea, "Itgadal veitkadash shemé rabá. Bealmá di verá jiruté..." (201), que significa "Magnificado y santificado sea Su gran Nombre [de Dios]... En este mundo que Él ha creado en conformidad con Su voluntad" (traducción de "El Kadish"). De esta manera, el epígrafe del epílogo invoca a la divinidad, insinúa que todos los acontecimientos en la novela forman parte del mundo creado por Dios también. El narrador menciona las fuentes históricas que había leído, los museos que había visitado, y las personas que había entrevistado, para investigar esta

---

2. La crítica Ilana Luna reseña la historia de la representación de los judíos en la literatura mexicana, y sostiene que mucha literatura escrita por no judíos recalca estereotipos (121). A partir de los años ochenta, hay un gran número de escritoras mujeres judías mexicanas que escriben a partir de su experiencia (Luna 121–22; Cortina 17–19).

novela (201–08). Hacia el final del Kadish-epílogo, el narrador ofrece sus pensamientos globales sobre la representación de la violencia. Habla directamente a su protagonista: "Zofia: en estas páginas, nuevamente, murió tu hermana apenas liberada del campo de concentración, y murieron tu madre y todos los otros" (209). De esta manera resume la violencia en la vida de Zofia, que le seguía afectando años después del evento inicial. Además de ser una sinopsis, es una oración, de acuerdo con lo que sostiene la voz narrativa autoral hacia el final del epílogo: "Este es mi Kadish, mi oración personal para ella. Por su historia" (209). La tristeza del narrador es evidente al sugerir que el nivel alto de violencia afectó a Zofia. Aunque "La novela... busca únicamente comprender una vida. Una sola. Atisba en su interior y muestra las habitaciones interiores" (210), sus comentarios podrían aplicar a los millones de otras personas que vivieron la misma guerra. Las últimas frases del epílogo retornan a la adaptación del Kadish. El rito judío termina cuando el rabino reza sobre la paz, declarando que: "Él que hace la paz en los cielos, que haga la paz para nosotros y para todo Israel" ("El Kadish"). La novela reinterpreta la idea de la paz traída por Dios con la idea de la paz traída por la literatura: "*La literatura interrumpe siempre la conversación de los asesinos*" (210, énfasis en el original) y, se supone, con su labor fatal. La adaptación del rito del kadish en el epílogo de La amante del ghetto se relaciona con los comentarios globales sobre la violencia tras la novela, y la tristeza y el trauma cumulativo que conllevan años de guerra y, junto con la representación de violencia material y metafórica, representa a Zofia Nowak en los 1940, y que, según mi criterio, provee comentarios relevantes para el siglo XXI en México, sobre todo para las personas que viven experiencias violentas y sus efectos a largo plazo.

La amante del ghetto también retrata los efectos de la violencia en las vidas de las mujeres. La mayoría de los ejemplos de este tipo de violencia en la novela vienen de la relación entre Zofia y Albert Klubert. Zofia había entrado en el *Nokmim* para asesinar a Klubert porque durante la guerra, para sobrevivir, Zofia se había sometido "a ser utilizada, violada, humillada" por este miembro del SS (146). El narrador describe su relación como "una especie de cuota a pagar para permanecer viva" (131). Klubert era un violador, no un amante, y ejercía violencia sexual de pareja íntima, y le permitía cierta libertad de movimiento a Zofia. Por ejemplo, mientras Klubert estaba en Varsovia, conseguía permisos para salir del ghetto para Zofia, su hermana y su mamá (131). Era una forma de ayudar a su familia y atrasar su transportación inevitable a los campos de concentración. La protagonista seguía pagando su cuota en el presente de la novela con sus memorias traumáticas. En la casa de moda de Dior, cuando el narrador comparte algunas partes de la historia personal de Zofia, explica que "Muchas veces [Zofia] había creído que era solo un mal recuerdo que se iría desvaneciendo con el tiempo hasta un día desaparecer" (61). Pero no fue así. La violencia perduraba en sus memorias después de la violencia sexual que había experimentado. A pesar de los efectos inmediatos y prolongados de la violencia, someterse a la coacción era la única opción que Zofia tenía para sobrevivir.

La representación de la experiencia de Zofia en *La amante del ghetto* se asemeja a las experiencias de muchas mujeres bajo el nazismo, además de tener una función alegórica con un paralelo con la experiencia de las mujeres en México a principios del siglo XXI. El nivel de violencia en México hacia las mujeres es tan grave que se usa el término feminicidio para etiquetarla. Es decir que la violencia hacia las mujeres, simplemente por razones de género, ocurre a niveles tan altos que se considera que es un genocidio contra las mujeres (Driver 32).[3] A pesar de leyes como la "Ley General de Acceso de las Mujeres a una Vida Libre de Violencia" y el hecho de que se ha reconocido el feminicidio como crimen a nivel federal en México, la tasa de violencia, con cifras de muerte, desaparición y violación extremadamente altas, sigue aumentando ("Ley General de Acceso", "Código Penal Federal"). La violencia extrema que ya vivían las mujeres solo se ha deteriorado durante la llamada guerra contra el narcotráfico en las primeras décadas del siglo XXI.

La perspectiva de *La amante del ghetto* en torno a la violencia de género muestra su impacto a corto y a largo plazo, y refleja no solo la violencia que enfrentan las mujeres a diario, sino que también muestra las formas en las cuales esta violencia empeora en situaciones de guerra. La experiencia de Zofia en la novela es un ejemplo ficticio del hecho de que la violencia de género es más que la violación, el asesinato y el feminicidio. La violencia en la vida de este personaje, y en las vidas de las mujeres en los 1940 en París y en la primera y segunda década de siglo XXI en en México, es parte del sistema patriarcal que

---

3. Dana A. Meredith y Luis Alberto Rodríguez Cortés, en su capítulo, "Feminicide: Expanding Outrage", proveen mayor contexto histórico para estos términos. Y, en *Trama de una injusticia: feminicidio sexual sistémico en Ciudad Juárez* de Julia Monárrez Fragoso y *Gender Violence at the U. S.-Mexico Border: Media Representation and Public Response*, editado por Héctor Domínguez-Ruvalcaba e Ignacio Corona, se contextualiza la violencia experimentada por las mujeres en México.

no les da a las mujeres suficientes opciones en cuanto a la salud reproductiva, la libertad de movimiento, y en el mercado laboral. Debido a este sistema, las mujeres toman la mejor opción posible para superarse de forma económica y mantener a sus familias, que en muchos casos es de acceder a la coacción de hombres poderosos en por lo menos una parte de sus vidas.

En tal situación injusta, es lógico que el personaje de Zofia Nowak buscara justicia. A diferencia de muchas otras víctimas, tiene la oportunidad de vengarse contra sus agresores a través de su participación en el *Nokmim*, un grupo con la meta explícita de venganza contra los nazis. La representación de la venganza en *La amante del ghetto* no tiene ningún paralelo exacto en el contexto de producción de la novela, sino que la representación de la venganza de la protagonista Zofia, una mujer asesina en una novela policiaca tiene paralelos con personajes mujeres en la literatura latinoamericana y textos sagrados judíos y comparte varias características con protagonistas de otras novelas de los géneros detectivescos, policiacos y *noir*. El uso del tropo de la mujer vengadora en *La amante del ghetto* y las semejanzas entre la novela de Palou y ciertos aspectos de otros géneros literarios dan peso a la búsqueda de Zofia por la justicia.

La búsqueda por la justicia y la venganza en la novela tiene fases distintas y cada etapa es más violenta que la anterior. La primera fase es la participación de Zofia en la resistencia polaca judía. El capítulo ocho de la novela retrata la toma de poder por parte de los nazis del ghetto de Varsovia, un evento histórico que tomó lugar en 1934. En la novela, Zofia era una joven que defendía a su pueblo y el narrador cuenta que durante la toma de poder de los nazis, "ella disparó por vez primera" (174), una declaración que implica que fue la primera vez que la protagonista había tocado un arma, mucho menos asesinado a alguien. La novela confirma que Zofia mató a alguien durante la toma de poder del ghetto, un suceso de eventos caóticos y destructivos, cuando el narrador explica que la joven Zofia "miró la cara del soldado, al que una bala de su pistola le perforó la frente. Luego solo hubo más tiros y más soldados muertos, y comenzaron a volar granadas de mano y otros explosivos por todas partes" (174–75). Zofia tuvo su primera experiencia de asesinar a otra persona como adolescente y se justificaba en este momento por el mal que efectuaban los nazis. La segunda fase de venganza es también contra los nazis, en este caso, después de la Segunda Guerra Mundial, cuando Zofia se involucra en el *Nokmim*. Junto con Shlomo, asesina a Kaufmann en Múnich y Höllriegl en París. La escena que representa la muerte de Höllriegl muestra que ya no es una adolescente inocente, sino que es una asesina experta: "Con el cilindro apoyado sobre la piel... jaló el gatillo; la detonación apenas de escuchó" (160). Sabe usar armas. Como resultado, "La cabeza de Werner Höllriegl se dirigió violentamente hacia el escritorio, la sangre empapó las cartas, luego el cuerpo sobre la silla siguió un impulso incontenible y se desplomó al suelo con un golpe seco, más audible aún que el disparo" (160). Es como si Höllriegl muriera de una bala que viniera de la nada, sugiriendo que, para vengarse contra los nazis, Zofia había aprendido a matar sin que nadie notara su papel en la muerte del culpable. La tercera fase de la venganza en la novela es la de Zofia contra individuos particulares. Por ejemplo, inmediatamente después de matar a Höllriegl, Zofia mata a Shlomo (160–61). De esta forma se venga contra lo que ella considera la intervención de Shlomo en su vida privada. Por ejemplo, en el capítulo siete, Shlomo le regaña por querer seguir a Klubert, y Zofia le reclama: "tengo derecho a decidir qué hago, si no con mi futuro al menos con mi pasado, ¿no crees?" (149). Al matar a Shlomo, Zofia se rebela contra él y contra actitudes patriarcales de otros miembros del *Nokmim*. Con los asesinatos de Kaufmann, Höllriegl y Shlomo, junto con su participación en la resistencia polaca judía, Zofia ejerce una autonomía que le era imposible durante el holocausto y la Segunda Guerra Mundial.

La representación de estos intentos de retomar su autonomía son similares a las acciones de protagonistas de otras novelas de detectives o policiacas.[4] De acuerdo con el crítico Ramón Alvarado Ruiz, esta novela es una novela policiaca con lustre parisino (Alvarado Ruiz 48). Comparte varias características con estos géneros. Para empezar, las protagonistas forman parte de un grupo que quiere enfrentar la injusticia, y normalmente son detectives privados o miembros insatisfechos de la policía. A pesar de que el *Nokmim* es un grupo organizado, no es un grupo enteramente legal en el sentido de que no es la policía ni francesa ni de ningún otro lugar. El hecho de que Zofia es miembro de este grupo hace que *La amante del ghetto* siga tendencias recientes del género, que personajes bandidos suelen enfrentar la injusticia mejor

---

4. Para mayor información sobre el desarrollo del género, y sus subgéneros véase el capítulo de Francisca Noguerol Jiménez, "Entre la sangre y el simulacro: últimas tendencias en la narrativa policial mexicana", desde los "whodunit" hasta la narrativa policial metafísica o antidetectivesca. Para información específicamente sobre las tendencias del *noir*, véase William J. Nichols' "A los márgenes: hacia una definición de 'negra'".

que cualquier policía o detective (Noguerol Jiménez 169–71). *La amante del ghetto* no solo comparte características a nivel de personajes principales y elementos de la trama de otras novelas detectivescas o policiacas, sino que también comparte la crítica social común en estos géneros. *La amante del ghetto* critica la injusticia hacia personas judías con su representación de la resistencia polaca judía y sus alusiones a los campos de concentración, algo que se confirma con la tendencia de la novela policiaca latinoamericana de criticar la violencia y la injusticia dentro de la policía, el gobierno, el sistema de justicia criminal y otras entidades (Franken Kurzen y Sepúlveda 48; Martella y Collins 3).[5] La serie de asesinatos realizados por Zofia muestra que la policía normal no puede controlar tal violencia así que vengadores al estilo del *Nokmim* son necesarios.

No hay ningún equivalente exacto para Zofia, ni en la historia ni en la actualidad a pesar de que las mujeres participaban en el *Nokmim* y sus vidas nos ayudan a entender las razones por las cuales las mujeres buscan venganza (Freedland). Pero, hay ejemplos históricos, literarios y bíblicos. En la historia y la actualidad, por lo menos según las estadísticas estadounidenses, las mujeres asesinas suelen ser víctimas de abuso y a pesar de este estatus como víctima, cuando se vengan contra los agresores reciben sentencias mayores a las que reciben los hombres por el mismo crimen ("Words from Prison"). Zofia es un equivalente literario de mujeres que matan a sus abusadores. La estadounidense Cyntoia Brown, por ejemplo, tenía dieciséis años cuando asesinó a un hombre abusivo y fue sentenciada a cadena perpetua. Gracias a la intervención de sus abogados y personas famosas, el gobernador le dio clemencia y fue liberada después de quince años de encarcelamiento (Allyn; Chalabi). La justificación para las acciones de Zofia es similar a la de Cyntoia Brown; sin embargo, el comportamiento de Zofia en *La amante del ghetto* se asemeja más a una mujer representada en la literatura, la protagonista del cuento "Emma Zunz" de Jorge Luis Borges. Emma Zunz asesina al hombre que había asesinado a su padre. Zofia también se asemeja a una mujer bíblica. En el Libro de Jueces en la Biblia hebrea, Yael puso una clavija en la sien de Sísara, un líder de un ejército enemigo, y la acción de Yael hizo que Israel ganara la guerra (*Biblia de Jerusalén*, Jueces 4:21–22). La representación de los

---

5. Según críticos como Roberto Gómez Beltrán, Rubén Varona, y otros, en la novela policiaca mexicana se suele descubrir crímenes cometidos por el gobierno (Gómez Beltrán 42–43), o autoridades en general (Varona 28).

asesinatos exitosos de Zofia conlleva venganza justificada, sobre todo cuando la ponemos en la trayectoria de mujeres históricas, literarias y bíblicas que matan a hombres.

Estos ejemplos de homicidios justificados complementan el hecho de que pocas mujeres hayan podido lograr tal venganza ni en el contexto histórico que representa la novela ni en el siglo XXI en México. Zofia tampoco realiza todos los asesinatos que ella desea. La víctima más deseada por Zofia muere, pero a través del suicidio en vez de por Zofia. En el capítulo nueve, Zofia encuentra a Klubert en una playa en Niza y los dos personajes empiezan a hablar. Él se burla de ella: "Así que ahora juegas a la vengadora, Zofia Nowak" (191). Ella ignora su sugerencia de que la venganza es simplemente un juego y ella responde que es la "ejecutora de una sentencia ya emitida por un tribunal" (192), posiblemente una sentencia emitida en Núremberg o posiblemente una sentencia metafórica, en el sentido de que haya cometido crímenes que todo el mundo reconociera y que merezca la pena de muerte. Ella agrega que: "Esta vez soy yo la que manda" (195), y de esta manera alude al hecho de que en el ghetto, Klubert mandaba y ella tenía que jugar el papel de amante. Después de sus burlas, Klubert toma cianuro para suicidarse. De esta forma, sigue siendo él quien manda. Se realiza la conclusión deseada por Zofia pero no con el método que ella escoge así que la búsqueda por la venganza de Zofia fracasa en última instancia.

En esta escena la novela concuerda con las tendencias de todavía otro género literario, la novela *noir,* un género relacionado con lo policiaco y detectivesco. *La amante del ghetto* declara la influencia de este género y declara y exhibe varias de sus características. La novela concuerda con esta observación, y sigue la explicación del crítico Erik Larson. Larson asevera que la novela *noir* en México es un "darker variant of crime fiction [which]... depict[s] a world devoid of hope, justice and meaning" (310). A pesar de representar la lucha valiente de Zofia, ella no logra encontrar ningún significado claro para su vida, ni la justicia verdadera en *La amante del ghetto*. Es más, en el epílogo, la voz narrativa autoral menciona la influencia de otros ejemplos de este género y sostiene que es "un doble homenaje a dos de [sus] autores favoritos: Leo Malet y su inspector Nestor Dinamita Burma, particularmente por *Calle de la Estación 120* y por *Ratas de Montsouris*, y por supuesto el célebre comisario Maigret" (207). La novela representa otra característica del género, su aspecto dialéctico. Explica el crítico de cine Fabio Vighi que la dialéctica del *noir* es una en la que el sujeto intenta manipular los eventos y que de esta forma se convierte en objeto (1). Larson usa las ideas de Vighi para analizar novelas *noir* de Ignacio Padilla y Jorge Volpi, quienes participaban en el Crack junto con Palou. Analiza *En busca de Klingsor* de Volpi y observa que las acciones del protagonista de esta novela se deben a la manipulación, más que su control sobre su propia vida (Larson 311). *La amante del ghetto*, sobre todo el personaje de Zofia, hace eco de estas tendencias. Ella intenta articular el control perdido durante la Segunda Guerra Mundial. Por ejemplo, Zofia intenta controlar la interacción con Klubert pero no le es posible. Al tomar en cuenta las maneras en las cuales *La amante del ghetto* concuerda con el género *noir*, hace que pensemos que la lucha de Zofia es más justa, y nuestros deseos de una lucha exitosa para la justicia en el contexto que representa la novela.

La lucha de Zofia Nowak en *La amante del ghetto* alude a la lucha contra los nazis y es una alegoría para entender mejor el contexto en el que se publica la novela: la representación de la violencia especialmente en la vida de las mujeres en *La amante del ghetto* provee oportunidades para lamentar los homicidios y los feminicidios en el siglo XXI. La representación de la búsqueda de justicia a través de la venganza imita mujeres históricas, literarias y bíblicas y comparte características con los géneros detectivescos, policiacos y *noir*. Sugiere la posibilidad de imaginar un mundo en que no solo se busca la justicia, sino que se la encuentra.

Bibliografía

Allyn, Bobby. "Cyntoia Brown Released After 15 Years in Prison for Murder." *NPR* 7 ago. 2019, https://www.npr.org/2019/08/07/749025458/cyntoia-brown-released-after-15-years-in-prison-for-murder.

Alvarado Ruiz, Ramón. "The Crack Movement's Literary Cartography (1996–2016)". *The Mexican Crack Writers: History and Criticism*, edited by Héctor Jaimes, Palgrave, 2017, pp. 39–53.

Booth, William. "Mexico's Crime Wave Has Left about 25,000 Missing, Government Documents Show." *Washington Post* 23 nov. 2012, https://www.washingtonpost.com/world/the_americas/mexicos-crime-wave-has-left-upto-25000-missing-government-documents-show/2012/11/29/7ca4ee44-3a6a-11e2-9258-ac7c78d5c680_story.html?noredirect=on&utm_term=.0b136d722485.

Borges, Jorge Luis. "Emma Zunz". *Ciudad Seva*. https://ciudadseva.com/texto/emma-zunz/.

Calderón, Sara. "Narrative Techniques in Jorge Volpi's Fictions." *The Mexican Crack Writers*, edited by Héctor Jaimes, Palgrave, 2017, pp. 57–72.

Chalabi, Mona. "Are Women Punished More Harshly for Killing an Intimate Partner?" *The Guardian*, 12 ene 2019, https://www.theguardian.com/news/datablog/2019/jan/12/intimate-partner-violence-gender-gap-cyntoia-brown.

"Código Penal Federal". *Justia Mexico*, 1 ene. 2020, https://mexico.justia.com/federales/codigos/codigo-penal-federal/libro-segundo/titulo-decimonoveno/capitulo-v/.

Cortina, Guadalupe. *Invenciones multitudinarias: escritoras judíomexicanas contemporáneas*. Juan de la Cuesta, 2000.

Devriendt, Mattias, Diana Castilleja y Eugenia Houvenaghel. "Pedro Ángel Palou (La Generación del Crack): ¿Un escritor posmoderno?" *Bulletin of Hispanic Studies*, vol. 89 no. 7, 2012, pp. 737–50.

Domínguez-Ruvalcaba, Héctor, e Ignacio Corona, editores. *Gender Violence at the U. S.-Mexico Border: Media Representation and Public Response*. U of Arizona P, 2012.

Driver, Alice. *More or Less Dead: Feminicide, Haunting, and the Ethics of Representation in Mexico*. U of Arizona P, 2015.

"El Kadish". *Jabad.com*, Chabad-Lubavich Media Center, 2021. https://es.chabad.org/library/article_cdo/aid/2356904/jewish/El-Kadish.htm.

"Essential Numbers," *Mexico Violence Resource Project*, editado por Cecilia Farfán-Méndez and Michael Lettieri, UC San Diego Center for U.S.-Mexican Studies, 2020. https://www.mexicoviolence.org/.

Franken Kurzen, Clemens, y Magda Sepúlveda. *Tinta de sangre. Narrativa policiaca chilena en el siglo XX*. Ediciones UCSH, 2009.

Freedland, Jonathan. "Second World War: Revenge". *The Guardian* 25 jul. 2008, https://www.theguardian.com/world/2008/jul/26/second.world.war.

Gómez Beltrán, Roberto. "El que la hace, ¿la paga?: *Dos crímenes* de Jorge Ibargüengoitia". *Escena del crimen: Estudios sobre narrativa policiaca mexicana*, editado por Miguel G. Rodríguez Lozano, UNAM, 2009, pp.37–51.

Herrera Fuentes, Adrián. "Miradas mexicanas a la Alemania nazi: José Emilio Pacheco y Jorge Volpi." *Actas del XV Congreso AIH,* no. 15, vol. 4, 2007, pp. 289–300, https://cvc.cervantes.es/literatura/aih/pdf/15/aih_15_4_030.pdf.

Houvenaghel, Eugenia Helena. "The Historical Novel as a Metaphor: *La amante del ghetto* (2013) by Pedro Ángel Palou." *Letras hispanas*, vol. 15, 2019, pp. 56–68.

———. "La isla de la diversidad: *Malheridos* (2003) de Pedro Ángel Palou". *Diversidad cultural-ficcional-¿moral?*, editado por Susanne Hartwig, Iberoamericana Vervuert, 2018, pp. 25–43.

Hoyos, Héctor. *Beyond Bolaño: The Global Latin American Novel*. Columbia UP, 2015.
Instituto Nacional de Estadística y Geografía (México). *Panorama de las religiones en México 2010*. Instituto Nacional de Estadística y Geografía, Secretaría de Gobernación (INEGI), 2011.
Jaimes, Héctor, ed. *The Mexican Crack Writers: History and Criticism*. Palgrave, 2017.
Larson, Erik. "Dialectical Shades of *Noir*: The Case of Ignacio Padilla's *Espiral de artillería*." *Revista canadiense de estudios hispánicos*, vol. 43, no. 2, 2019, pp. 309–28.
"Ley General de Acceso de las Mujeres a una Vida Libre de Violencia." Cámara de Diputados del H. Congreso de la Unión. Rev. 13 abr. 2020, http://www.diputados.gob.mx/LeyesBiblio/pdf/LGAMVLV_130420.pdf.
Luna, Ilana Dann. *Adapting Gender: Mexican Feminisms from Literature to Film*. SUNY, 2018.
Martella, Gianna M. y Jacky Collins. "Theme Issue: Hispanic Detective Fiction: Introduction." *Clues: A Journal of Detection*, vol. 24, no. 3, 2006, pp. 3–5.
Meredith, Dana A. y Luis Alberto Rodríguez Cortés. "Feminicide: Expanding Outrage: Representations of Gendered Violence and Feminicide in Mexico." *Modern Mexican Culture: Critical Foundations*, editado por Stuart A. Day, U of Arizona P, pp. 237–58.
Monárrez Fragoso, Julia. *Trama de una injusticia: feminicidio sexual sistémico en Ciudad Juárez*. Porrúa; El Colegio de la Frontera Norte, 2009.
Nichols, William J. "A los márgenes: hacia una definición de 'negra'". *Revista Iberoamericana*, vol. 76, no. 231, 2010, pp. 295–303.
Noguerol Jiménez, Francisca. "Entre la sangre y el simulacro: últimas tendencias en la narrativa policial mexicana". *Tendencias de la narrativa mexicana actual*, editado por José Carlos González Boixo, Iberoamericana-Vereuvert, 2009, pp. 169–200.
Padilla, Ignacio. *Amphytrion*. Espasa-Calpe, 2000.
Paley, Dawn. *Drug War Capitalism*. AK Press, 2014.
Palou, Pedro Ángel. "*La amante del ghetto*". *Youtube*, subido por NotimexTV. 9 oct. 2013, https://www.youtube.com/watch?v=p8EEzWJRruI&ab_channel=NotimexTV.
———. *La amante del ghetto*. Planeta, 2013.
———. *El dinero del diablo*. Planeta, 2009.
———. *Malheridos*. Planeta, 2003.
———. *Paraíso clausurado*. Muchnik, 2000.
Santa Biblia. Biblia de Jerusalén, 5ª ed. Desclée de Brouwer, 2019.

Varona, Rubén. "*No habrá final feliz*, de Paco Ignacio Taibo II: Una mirada a la (in)justicia del detective Héctor Belascoarán Shayne". *Chasqui: revista de literatura latinoamericana*, vol. 49, no. 1, 2020, pp. 18–30.

Vighi, Fabio. *Critical Theory and Film: Rethinking Ideology through Film Noir.* Continuum, 2012.

Volpi, Jorge. *En busca de Klingsor.* Seix Barral, 1999.

———. *Oscuro bosque oscuro.* Ediciones B, 2010.

"Words from Prison – Did you Know…?" *ACLU*, 2021, https://www.aclu.org/other/words-prison-did-you-know?redirect=words-prison-did-you-know.

CÉSAR ANTONIO SOTELO
UNIVERSIDAD AUTÓNOMA DE CHIHUAHUA

La desmitificación de los protagonistas de la Revolución mexicana para plantear posibles verdades históricas: Pedro Ángel Palou y la novela histórica

EN EL PANORAMA LITERARIO mexicano de inicios de siglo, Pedro Ángel Palou se presenta como uno de los más importantes representantes de la novela histórica, con ocho novelas que recrean etapas fundamentales en el desarrollo de México. El encuentro entre dos mundos y la caída de la gran Tenochtitlán es el eje central de *Cuauhtémoc. La defensa del quinto sol* (2008), narración en la cual acomete la difícil tarea de reconstruir la figura de un personaje del que históricamente se conoce muy poco y quien, paradójicamente o tal vez por esa razón, es uno de los más importantes mitos de la cultura nacional. El período fundacional de la nación y que pocos novelistas han tocado, la etapa colonial, se recrea en *Varón de deseos* (2011), la biografía novelada del obispo Juan de Palafox y Mendoza, cuya figura sirve de eje para acercarse a las compleja sociedad de la Nueva España, con sus intrigas políticas y religiosas. *Morelos: Morir es nada* (2007) es un acercamiento a la lucha de independencia, con todos sus avatares y preguntas sin respuesta, desde la ironía que supone que la narración está hecha por una de las mujeres del caudillo insurgente. Su último trabajo en este género, *México: La novela* (2022), es un ambicioso proyecto que busca retratar la evolución histórica de la Ciudad de México a partir de su fundación, tras la caída de Tenochtitlán, hasta las postrimerías del siglo XX. Pero definitivamente el nacimiento del México moderno es el período al que más atención ha dedicado el novelista, tanto así que lo abarca específicamente en cuatro novelas: *Pobre patria mía* (2010), recreación del exilio parisino de Porfirio Díaz, quien, por medio de sus recuerdos justifica su actuar ante el juicio de la historia; *Zapata* (2006) y *Villa: No me dejen morir así* (2014), biografías noveladas de los dos caudillos más populares de la Revolución mexicana de 1910 y *Tierra roja: La novela de Lázaro Cárdenas* (2016), que cierra el ciclo de la utopía revolucionaria.

Todas las novelas históricas de Palou tienen como característica que se fundamentan en un profundo trabajo de investigación, con el cual construye una ficción dinámica que sintetiza los hechos históricos para quitar toda carga didáctica a la ficción. Además, se busca en ellas que la estructura narrativa se fundamente en recursos tomados de otros medios, una intertextualidad formal y temática que se apoya en ensayos históricos, documentos, corridos, en el mundo onírico, la épica, la novela policíaca y la novela de aventuras para la construcción de un relato de múltiples lecturas. También, como señala Regalado, en cada una de ellas se incluye un epílogo que permite al lector conocer las fuentes bibliográficas y ampliar sus conocimientos sobre las materias tratadas en las ficciones (89). Pero un rasgo destaca sobre los demás: en todas sus novelas, a excepción de la última, en donde el verdadero protagonista es la ciudad, un personaje histórico, crucial en la vida de México, es el protagonista.

El mismo Pedro Ángel Palou, al hablar de su concepción de la novela histórica, hace hincapié en la importancia que para él tienen los protagonistas de la historia, esos que han sido convertidos por el discurso del poder en héroes sin mácula o en villanos execrables, siempre justificando la verdad de la historia oficial. Para él no existe una verdad histórica, sino verdades históricas, de modo que siempre se debe de tener mucho cuidado con la historia cuando se convierte en propiedad de los que pueden controlar y manejar su discurso. Por eso "el novelista histórico debe evitar colaborar con los discursos del fascismo, al tiempo que evita también complicidad con el barbarismo histórico y con los crímenes latentes y patentes de la cultura" (Palou, "Seminario sobre novela histórica").

Desde esta perspectiva, para Palou la labor de quien hace ficción histórica es muy clara: salvar a los muertos cuya imagen ha sido manipulada y utilizada por el discurso oficial de quienes detentan el poder. Porque si sólo existen verdades históricas, la ficción permite entrever varias de ellas para elaborar una visión más objetiva de los acontecimientos del pasado y sus consecuencias. Entonces, la verdadera novela que utiliza el pasado como su territorio debe ser ambigua (Palou, "Seminario"), un ejercicio textual que haga posible diversas lecturas de los hechos históricos.

Es por eso que, para alcanzar este objetivo, Palou toma como protagonistas a los héroes históricos, monumentos de bronce intocables y los humaniza, acercándolos al lector. Desmitificar la imagen de los protagonistas de la historia convirtiéndolos en individuos que encarnen las contradicciones de la época, es una forma de entender el pasado como un espacio multifacético; al mismo tiempo es también una manera de asimilar que el pasado es presente, que toda novela vive en el presente y por tanto siempre es testimonio, de modo que la novela histórica pueda convertirse en una herramienta que cuestiona la historiografía oficial para acercarse a una mejor comprensión del complejo presente que los mexicanos estamos viviendo.

Novela histórica y evolución social: los retos de la modernidad líquida

El auge que presenta la novela histórica en la literatura occidental está profundamente relacionado con el fin de la modernidad. El fracaso de los dos grandes sistemas económicos, capitalismo y comunismo, dejó en claro el fin de las utopías modernas y por consiguiente, los estamentos que las sustentaban han perdido su valor: iglesia, democracia representativa fundamentada en la lucha de partidos políticos, el concepto de familia tradicional, la clasificación binaria de la sexualidad, en fin, todo lo que en un momento sustentó al mundo moderno está siendo cuestionado, está desapareciendo o está mudando de una manera que nos asombra y cuestiona nuestro papel en la sociedad.

En el mundo de las artes, el análisis de esta nueva sociedad que se enfrenta a lo que Zygmunt Bauman denomina modernidad líquida (Bauman, *Modernidad líquida* 13), se refleja en creaciones que se fundamentan en la ironía, el humor, la sátira, la parodia, el pastiche, en visiones, actitudes y figuraciones con las que los artistas intentan reflejar un mundo en constante cambio, una realidad que al no ser sólida, como señala Bauman, no permite un acercamiento único, sino que requiere de instrumentos adecuados que puedan incidir en las muchas aristas y en las complejas relaciones que se tejen en la sociedad. El arte se convierte en un intento de explicar la evolución acelerada que la humanidad está viviendo, como un recurso para que el individuo pueda distanciarse de su realidad y analizarla objetivamente.

En esta etapa que vive el mundo, calificado por sociólogos, antropólogos e intelectuales como era del vacío o de la ligereza o civilización del espectáculo, la literatura ha evolucionado, no sólo en sus temas, sino también formalmente, para poder expresar la incertidumbre en que se debaten hombres y mujeres. Al desaparecer los antiguos mundos totalizadores, fruto de la modernidad, que intentaban explicar los grandes problemas de la humanidad, sólo ha quedado una sensación de fracaso y una palpitante necesidad de entender el porqué de dicho fracaso. Y si bien lírica, teatro y ensayo inciden en la búsqueda de respuestas o en el planteamiento de preguntas que señalen un rumbo, son los narradores los que "muy a menudo, tratan de indagar en el pasado cercano que creó un presente tan incómodo. O buscan implícitamente el diálogo y la confrontación con las generaciones precedentes por la vía del reproche, de la aceptación o del redescubrimiento de la verdad" (J.C. Mainer citado por Manrique). Buscando ese diálogo o esa confrontación, la novela histórica ha evolucionado para cumplir con el sentido que la mueve desde su nacimiento, explicar las verdades del pasado para entender los conflictos en que vivimos inmersos en el presente, tal y como lo señala Georg Lukács al hablar de la obra de Walter Scott, creador del género: "la temática histórica se desprendía orgánicamente, como espontáneamente, de la génesis, la ampliación y la profundización de la consciencia histórica. La temática histórica de Walter Scott expresa, simplemente, esa consciencia, ese sentimiento histórico, el sentimiento de que la verdadera comprensión de los problemas de la sociedad presente no puede nacer sino de la comprensión de la prehistoria, de la génesis histórica de esa sociedad presente" (262).

En general, en México la novela histórica es de una gran heterogeneidad textual, pues ha incorporado al género nuevas problemáticas y por tanto, ha recurrido a nuevos elementos de construcción estéticos, literarios y teóricos. Por ello, desde los primeros años del siglo XXI e incluso desde las dos últimas décadas del pasado siglo, se pueden observar en el género una variedad de discursos que provienen desde la marginalidad étnica o de género, y como resultado, el panorama del discurso reivindicativo y social en la literatura se ha tornado más complejo (Galindo 39).

La noción de historia y el discurso histórico han hecho crisis en la transición al siglo XXI, lo cual ha ocasionado que la novela histórica desconfíe del discurso historiográfico. Como señala Galindo parece que esta narrativa quiere hacer suya la idea de Foucault de que todo discurso es un espacio desde el cual se ejerce el poder y por tanto la única manera de no ser objeto de la ideología es mantener un discurso crítico y autocrítico (39). Por otra parte, la necesidad de replantear la perspectiva histórica desde la base de la ficción para elaborar un texto analítico y propositivo conlleva una serie de innovaciones estructurales en el género, pues se requiere de formas novedosas para expresar esta nueva visión crítica del pasado, una visión que es imprescindible para entender el presente:

> ...ese pasado inconcluso que recupera la novela histórica es conexión con un presente inconcluso y cambiante, se manifestaría en que el pasado es percibido como condicionante del presente. Pero además ese pasado es inconcluso en la medida en que, desde una perspectiva de un presente cambiante, la percepción del pasado (sea arcaico o reciente) no es definitiva, sino que cambia, también está en proceso de hacerse. (Pons 63)

En esta visión crítica, la ficción histórica analiza y cuestiona no sólo el discurso historiográfico, sino también el discurso del poder político. Dado que la historia se escribe desde la parcialidad de quienes ejercen el poder, la interpretación de los hechos históricos siempre se ha manipulado para servir a los intereses de quienes manejan los destinos de los pueblos. En la crisis de la modernidad que estamos viviendo, la crítica a los absolutos que hace la ficción histórica apunta también al ejercicio político, revisando y cuestionando la utilización de la historia por parte de los actores políticos. Porque aunque no todas las novelas históricas se presentan así mismas como intencional o deliberadamente políticas, "...la novela histórica es una novela política en la medida en que la Historia a la que se refiere es eminentemente política... pero sobre todo...son inherentemente políticas por cuanto que asumen (explícita o implícitamente) una posición ante la Historia documentada" (Pons 69).

Es en este contexto que se enmarca el trabajo que Pedro Ángel Palou ha realizado en el campo de la ficción histórica. Para él, la Historia, con mayúscula, es una discrepancia inevitable entre poder y verdad, mientras que el historicismo se ha basado en una confusión entre verdad, poder y la ficción (Palou, "Seminario"). Plantear que la naturaleza humana solamente puede ser comprendida tomando al hombre como parte de un proceso histórico que nunca se detiene, es una forma de aproximarse a la comprensión del sentido histórico de los pueblos. Por eso en sus novelas, la humanización de los protagonistas de la historia es una manera de entender no sólo el actuar del individuo y su época, sino también de mostrar que en la textualidad del pasado se encuentran las claves para conocer las causas de los conflictos que la nación mexicana enfrenta en el presente siglo.

Pedro Ángel Palou, la novela histórica y la necesaria revisión de la Revolución mexicana

Friedrich Katz llegó a decir que la historia también es novela, y que la mejor forma de vivir esa novela es a través de la lectura de las novelas históricas. La conjunción entre libertad de expresión, imaginación y talento literario brinda a la sociedad la mejor oportunidad para humanizar la historia, para hacerla más íntima y más nuestra, para arrebatarla a los políticos que sólo quieren sacar provecho de ella (Barrón 115). Y así lo entiende Pedro Ángel Palou.

En el volumen de su obra narrativa, queda muy en claro que definitivamente el período histórico que más ha interesado a Palou es la Revolución mexicana. Es, comprensible, dada la importancia de este hecho armado: con todas sus consecuencias, es el fundamento del México contemporáneo, el levantamiento contra la dictadura, que dio origen a la Constitución de 1917, la cual aún rige la vida nacional, fue un suceso que cambió a la sociedad mexicana en todos sus estratos y niveles. Su estudio desde una óptica objetiva, sin distorsiones políticas, es esencial para entender la realidad del país.

El sistema político que emanó como fruto del conflicto se legitimó al erigirse en el heredero, salvaguarda y ejecutor de los ideales revolucionarios, de modo que por setenta años pudo gobernar al país en sistema democrático de partido único e institucionalizando la Revolución. Y para lograrlo, entre otros recursos, se valió de la historiografía. Si la historia la escriben los vencedores, la historia del México moderno fue moldeada en letras de bronce, inamovibles e imborrables, por la sucesión de gobiernos que construyeron los mitos de los héroes revolucionarios para usarlos como basamento a su ejercicio del poder.

Palou ciertamente comprende la importancia que tiene no sólo la Revolución, sino la manipulación que de su historia se ha hecho, para explicar la realidad del país en el siglo XXI y por ello dedica cuatro de sus novelas históricas para generar las posibles verdades que encierra el levantamiento armado, sus orígenes, sus consecuencias, sus aciertos y sus fallas; pero sobre todo, en su trabajo subyace la firme intención de hacer a un lado las visiones maniqueas que en torno al suceso se han tejido, para entender mejor el fracaso político y social de México en el siglo XXI.

México de mis recuerdos... ¡*Pobre patria mía*!

"Pobre México, tan lejos de Dios y tan cerca de Estados Unidos" es la frase acuñada por Nemesio García Naranjo (González Gamio), popularmente atribuida a Porfirio Díaz. Es también el referente intertextual, en un juego de palabra, que da título a la novela en la que Palou se atreve a desmitificar a uno de los más odiados villanos de la historia oficial. Pocas veces en México se ha hablado de la Revolución desde la óptica de los vencidos y esta ficción se distingue por ello. *Pobre patria mía*, publicada en el año 2010, es el relato nostálgico y reflexivo que lleva a cabo Porfirio Díaz en sus años de exilio, los últimos de su vida. Es también una mirada con tintes compasivos hacia una figura que ha sido olvidada en su verdadera dimensión para convertirla en referente de lo reaccionario, de lo que se opone a lo moderno, gran paradoja, puesto que el dictador fue el padre del México moderno. Nos guste o no, Porfirio Díaz es un personaje crucial de la vida mexicana, a quien se debe todavía una valoración objetiva de su figura y su importancia en la formación del país. En esto estriba mucho del valor de la narración de Palou, en que busca mostrar la otra verdad, la del héroe satanizado. Para acercarse a esta figura controvertida, el relato en primera persona se fundamenta en una mirada irónica a la historia oficial: en la cercanía de la muerte, Díaz enjuicia a la Revolución, a sus enemigos y hace una valoración de lo que considera su vida entregada al servicio de México.

La narración se fundamenta en la figuración irónica. Porfirio Díaz, el narrador, presentará su visión de los hechos, una visión matizada por la memoria, con esa maravillosa selectividad que brinda el tiempo a la mente. Sus recuerdos son filtrados por el velo de la nostalgia: no tiene ya el poder, no está en su patria, vive un exilio forzado en un país que, aunque lo ha acogido con honores y le ha brindado las atenciones dignas a su rango, no deja de hacerle sentir que es un extraño.

Pero, sobre todo, la intención del dictador al evocar el pasado es la de justificar su vida y su actuar. El conflicto armado que le echó del poder y del país le conmina a una reflexión, que para él, al borde de la muerte, es vital: ¿hice bien o hice mal al ejercer el poder de la manera en que lo hice? Y el hilo de sus recuerdos se decanta siempre a revivir toda su vida como una existencia de trabajo y sacrificios siempre pensando en lo mejor para México.

Así, irónicamente, en la memoria del anciano militar los excesos cometidos en su ejercicio del poder se suavizan y justifican, pero también se destacan los logros obtenidos por su gobierno, los cuales hasta la fecha, pocas veces son reconocidos. De hecho, tales logros son inexistentes en la cultura popular, en la que sólo quedó impresa la memoria del tirano cruel y asesino. Mas la nostalgia sirve para recordar al lector lo que el discurso histórico oficial ha borrado; a la vez, explica que las acciones que el narrador llevó a cabo fueron producto de las circunstancias de la vida nacional:

> En el siglo recién terminado de nuestra Independencia —salvo mis mejores años en el poder— nunca supimos vivir en paz. Una y otra vez vinieron las revueltas. Una y otra vez los bandos, las facciones. La lucha fratricida. Todos lo querían todo. No estaban dispuestos a compartir nada. Primero fue una lucha de ideas. Pero luego llegó Santa Anna y lo echó todo a perder. (Palou, *Pobre* 36)

Las razones que aduce el dictador son válidas históricamente. Desde el final de la guerra independentista, en 1821, hasta el triunfo de la República y la instauración del gobierno juarista, tras el fin del Imperio Mexicano, en 1868, la historia de México es una retahíla de golpes de Estado, asesinatos, guerras civiles, invasiones extranjeras, con el consiguiente caos económico y social y con una estructura política democrática endeble y vapuleada, décadas en las que todos los gobernantes fracasaron en el intento de enderezar el rumbo de la nación, como expresa Díaz: "Juárez intentó poner orden, pero le ganó la soberbia" (Palou, *Patria* 36). En el recuento que hace, de cien años, sólo fueron útiles treinta. Tres décadas de prosperidad. Las de su gobierno. Para justificar su dictadura, como lo hacen muchos dictadores, el general recurre a las cifras:

> Cuando llegué a la maldita silla presidencial había apenas seiscientos noventa y un kilómetros de vías de ferrocarril. Al irme, o al huir, es lo mismo, dejé veinticuatro mil setecientos diecisiete kilómetros. Treinta y tres mil trabajadores textiles en ciento cuarenta y seis fábricas... ¡Traje la prosperidad, el orden, el progreso! (Palou, *Pobre* 36-37)

La voz del protagonista, ese anciano que sólo espera la muerte, humaniza a quien por más de tres décadas tuvo en sus manos a México y lo domó, por la fuerza, hasta convertir un país de revueltas constantes, pobre y atrasado, en una nación moderna, industrializada, con un gran florecimiento artístico y cultural. El precio que se pagó, el mismo dictador lo hace ver, fue perder la libertad. Orden y progreso fue el lema del gobierno porfirista y el orden se mantuvo con el uso extremo de la fuerza.

El relato de la visita que Porfirio Díaz hizo al antiguo Hospital de Los Inválidos, para visitar la tumba de Napoleón, son el vehículo para recordarnos su participación en la guerra contra los invasores franceses. Los años de opresiva dictadura del general enterraron el recuerdo del "Héroe del 2 de abril", el valiente y joven general que logró derrotar al ejército imperial, formado por tropas francesas y mexicanas pertenecientes al bando conservador, en una batalla que fue decisiva para el triunfo de las fuerzas republicanas. Con su victoria el 2 de abril, el general Díaz tomó la ciudad de Puebla y prácticamente aniquiló la fuerza del General Leonardo Márquez; además, el triunfo permitió a las fuerzas de la República avanzar hacia Querétaro y la Ciudad de México, de modo que la capital del país fue finalmente tomada por Porfirio Díaz.

El homenaje que le rinde al general exiliado el ejército francés, al entregarle como obsequio la espada que Napoleón utilizó en Austerlitz, es impactante por la paradoja que representa: las fuerzas armadas de Francia reconocen la grandeza del militar que fue uno de los más importantes artífices de su derrota en la aventura mexicana de Napoleón III, mientras que en México, a Porfirio Díaz no se le recuerda como uno de los grandes héroes que salvaron a la República. Su heroica defensa de la libertad nacional ha sido borrada por el maniqueísmo histórico al servicio del poder político.

De esta manera, los recuerdos del narrador descubren lo que la historiografía oficial ha ocultado desde el triunfo de la Revolución mexicana, la otra cara del dictador Porfirio Díaz. La importancia de Díaz en la historia de México es innegable, y sin embargo, el balance histórico que de su persona se ha hecho es desequilibrado, pues todo lo negativo que tuvo su ejercicio del poder ha impedido que se reconozca objetivamente lo que de positivo tuvo su gobierno y la trascendencia de su participación militar en la lucha que fundó las bases de la República Mexicana. Y si la historia sólo recuerda el mito del terrible dictador, la ficción, pese a que su vida es por sí misma una novela, lo ha dejado de lado.

Una excepción en este siglo a tal olvido es la aproximación, muy destacada, que presenta la otra cara del "Héroe del dos de abril", es la novela del historiador Ricardo Orozco: *El álbum de Amada Díaz* (2003). En ella el autor logra recrear no sólo los últimos años de vida en el exilio del general Díaz, sino también la época y el entorno, tanto de una Europa en la que iniciaba la Gran Guerra como de un México convulsionado por la lucha de caudillos desatada tras el asesinato de Madero. La narradora es la hija favorita de don Porfirio, Amada, y la narración recurre a su hipotético álbum, ese recurso muy de principios del siglo XX, en cual las damas guardaban notas, fotografías, detalles, para estructurar una trama personal, íntima, en la que la vida cotidiana está ligada al devenir histórico. La protagonista escribe sus sentimientos al mismo tiempo que cuenta el acontecer a su alrededor y logra mostrarnos el fin de una era, cuyo eje fue Porfirio Díaz y el inicio de otra, que nació entre sangre y caos.

La narración de Palou no intenta darnos el retrato de una época. *Pobre patria mía* es un acercamiento al hombre, con sus pasiones, virtudes y defectos, una aproximación al personaje histórico que paradójicamente representa al espíritu conservador en el imaginario mexicano, una tergiversación histórica si recordamos que Porfirio Díaz fue uno de los más importantes liberales del país, compañero de armas y de batallas de Juárez y además el impulsor de la modernidad en México. Un hombre que ya no es parte de la historia, sino de la leyenda, lo que queda muy claro en la introducción a la novela, cuando el General proclama en su monólogo interior:

> Soy un fantasma de piedra, una roca invisible...el que ganó una y otra vez las elecciones. El que tuvo que reelegirse una y otra vez para bien de su pueblo...el anciano que tuvo que irse del país, el inmemorial patriarca que murió lejos del suelo que quiso...El único que pudo mantener la paz.... (Palou, *Pobre* 15)

Villa. No me dejen morir así: las posibles memorias del más emblemático de los caudillos revolucionarios

Otra de las grandes leyendas mexicanas le sirve a Palou como vehículo para exponer las facetas oscuras de la Revolución mexicana: el general Francisco Villa. *Villa: No me dejen morir así* (2014) es una visión del caudillismo y de la corrupción del ideal democrático, el que enarboló Madero como bandera en el momento de iniciar la lucha armada contra el dictador Díaz, en una interpretación que busca calar hondo en el ánimo del lector al ponerla en boca de quien tal vez sea el más popular de los caudillos, un hombre cuyas acciones le han convertido en una figura reconocida internacionalmente.

El novelista toma como punto de partida para estructurar la ficción las últimas palabras que se le atribuyen a Villa cuando agonizaba: "No me dejen morir así, digan que dije algo" (Palou, *Villa* 9), las incorpora al título de la obra, las interpreta y utiliza para crear un narrador en primera persona, Villa, el cual habla desde la muerte para dirigirse a un narratario invocado: "Vamos a suponer que usted ya sabe que le van a matar" (Palou, *Villa* 13). Gracias a este recurso, el personaje histórico no sólo se humaniza, sino que trasciende tiempo y espacio para generar una narración fundamentada en la ironía, que se convierte en una aproximación más al complejo mito del héroe, caudillo, bandolero, asesino, Francisco Villa.

Palou tomó un gran riesgo al escribir una novela que toma como protagonista a una figura sobre la que existen tantas visiones y representaciones, no sólo desde la historiografía y el ensayo: la literatura, el cine, la crónica y hasta la historieta se han enfocado en un personaje contradictorio y entrañable, lleno de anécdotas, que representa en el imaginario popular el machismo y la valentía, que tuvo el coraje de ser el único invasor extranjero que ha hollado el suelo de los Estados Unidos de América. Generar una estructura en la que Villa es un narrador omnisciente que habla desde "el polvo de la nada" (Palou, *Villa* 50) es el recurso para sustentar una narración que no busca expresar nada nuevo sobre la figura del caudillo. La narración simplemente pretende generar una reflexión sobre la historia, más allá de la mitificación legendaria, como lo expresa el mismo autor en las páginas finales de su texto:

> ¿Quién habla? ¿Quién escucha? ¿Qué se está diciendo? Estas tres preguntas en medio del ruido siguen siendo las únicas relevantes para la novela. Pancho Villa es un significante vacío; quiero hacerte escuchar. No sé, como escritor, qué es lo que quiero decir. Ese es el poder de la literatura.... (Palou, *Villa* 145)

Efectivamente, en esta revisión de la historia se mezclan sin orden cronológico los sucesos de la vida de Francisco Villa, harto conocidos por la historia, pero matizados por la ficción, para escuchar lo que tal vez Villa hubiera querido decirse a sí mismo para encontrarle un sentido a su vida, a su muerte, a los miles de muertos que generó una revolución traicionada por sus caudillos. El mismo Villa no se explica el porqué de su actuar, qué fue lo que lo impulsó a unirse a Madero, a convertirse en un militar temido por su crueldad y amado por su generosidad. Un hombre que asesinó y robó buscando la justicia social para el pueblo, lucha que empezó cuando un terrateniente abusó de su hermana y que aún no ha terminado porque es una lucha estéril en nuestro país:

> Pero, ¿no habrán sido todos mis actos un único grito de venganza frente al agravio a Martina? Un pinche grito lleno de miedo y de

violencia, de pólvora y sangre, que exigía justicia. Una justicia que, ahora lo sé de sobra, no se da y no se ha dado nunca en esta tierra. (Palou, *Villa* 41)

La voz de Villa, que recorre los eventos de su vida sin ningún orden cronológico, muestra su lado más humano cuando habla de su fama de mujeriego, justificando su actuar por el amor que siente hacia las mujeres: tanto las amaba y respetaba, dice, que con todas se casó. La lista es extensa y faltan aquellas que la historia no ha registrado. Respecto a sus hijos, la voz narradora también se enternece cuando los recuerda y habla con orgullo de algunos de sus descendientes. La misma humanidad se percibe en los momentos en que esa voz de ultratumba se explica y explica al narratario aquellas acciones que llevó a cabo y que afectaron la historia del país, como su disputa con Venustiano Carranza, que tuvo como consecuencia una serie de sangrientas batallas entre ambos caudillos. Para Villa, su actuar se justifica porque Carranza sólo buscaba el poder, sin importarle solucionar los problemas que agobiaban al pueblo mexicano:

El Plan [de Guadalupe] era sólo un comunicado que no establecía reforma alguna, nada de solucionar la problemática social, de repartir la tierra: lo único que hacía en él era autoproclamarse Jefe del Ejército Constitucionalista por encabezar la lucha contra el gobierno espurio de Victoriano Huerta. (Palou, *Villa* 53)

A lo largo de su discurso, la voz narrativa siempre deja en claro al narratario que habla desde un tiempo alejado de la historia, lo cual es fundamental para que pueda llevar a cabo una reflexión sobre su propia muerte. Quienes se han encargado de abordar la figura de Villa desde la historia o la ficción sólo han podido especular sobre quién o quiénes fueron los autores intelectuales del asesinato del caudillo del norte. Para Katz, citado por Solares, fue la gran influencia política que demostró cuando se enfrentó a los Terrazas y al gobernador de Chihuahua Ignacio Enríquez, durante el gobierno de Obregón, lo que pudo ser la causa de su muerte, y lo relaciona con la entrevista que Villa concedió al periodista Regino Hernández Llergo en 1922. En la ficción de Palou, la voz narrativa señala al presidente Obregón como la mano que movió a los asesinos, reconociendo que él mismo tuvo la culpa por jactarse de la fuerza militar que aún tenía, como lo demuestran los párrafos tomados textualmente de dicha entrevista,

Tengo mucho pueblo, señor —le dije sin modestia—. Mi raza me quiere mucho; tengo amigos en todas las capas sociales: ricos, pobres, cultos, ignorantes. ¡Nadie tiene ahora el partido que tiene Francisco Villa! Por eso me temen los políticos, porque saben que el día que yo me lance a la lucha, uh, los aplastaría. (Palou, *Villa* 23–24)

Otra posible verdad que el Francisco Villa de Palou quiere señalar es que, ante todo, el caudillo fue un hombre del pueblo que sólo buscó la justicia para ese pueblo oprimido que tan bien conocía. Esa fue la razón que le motivó a la lucha, por eso se unió a la revolución que encabezó Francisco I. Madero, para acabar con la opresión de los poderosos y buscar una mejor vida para los desposeídos:

> Al grito del 20 de noviembre... con armas recolectadas por todo el norte, hicimos retumbar la tierra. Muchos me siguieron cuando enfurecidos empuñamos los rifles... La mancuerna que hice sobre todo con Orozco. A quien le había ido mejor que a mí en la vida, bien nos ayudó a dominar la entidad completa... Allí comenzó mi lucha por una patria justa que le diera de comer a todos, que les permitiera vivir honradamente. (Palou, *Villa* 46–47)

Su relato subraya el hecho de que jamás buscó el poder político. Y cuando pudo tenerlo, cuando sus tropas eran dueñas de la capital del país, sólo se sentó en la silla del águila para tomarse una foto. Su imagen de bandolero la reivindica al evocar que fue el primero que inició con el reparto de tierras, antes que hubiera terminado la Revolución; su sueño de una sociedad justa lo retrata cuando describe con orgullo su Hacienda de Canutillo:

> Había de todo en Canutillo. Una casa grande, su huerto...telégrafo, hasta teléfono... Fue mi pequeño pueblo. Tenía de todo. Su escuela, su zapatería, su herrería, su tienda, su correo, su doctor... Pero lo que más me enorgullecía era la escuela. Doscientos cincuenta niños hambrientos de aprender. (Palou, *Villa* 21)

La novela muestra a un Villa soberbio, rebelde, impulsivo, capaz de invadir el territorio norteamericano sólo para dar una muestra de poder, para luego pasar meses de penitencia, hambriento y herido, escondido en una cueva en la sierra chihuahuense. Un hombre complejo, contradictorio, que en esta ficción, por su propia voz, sólo intenta que se escuche su verdad, aunque sabe lo estéril de esa intención: "¿Será que alguna vez alguien podrá contar la verdad? No lo creo. La verdad, ya lo menté hace rato, no existe y quizá no importa mucho" (Palou, *Villa* 136).

Zapata y la desmitificación de los caudillos revolucionarios: del corrido a la novela.

Sólo existen las palabras para recrearnos una visión multifacética de la vida y de la historia. Por eso la novela histórica aún tiene mucho que decir sobre la Revolución mexicana. De entre esas voces que Palou convierte en testimonio, dos novelas llaman la atención por la fuerza de los personajes que las protagonizan y sobre todo, por la estructura narrativa en que se fundamenta la ficción: *Zapata* y *Tierra roja: La novela de Lázaro Cárdenas*.

Emiliano Zapata es el héroe de las reivindicaciones sociales por excelencia cuyo nombre todavía se enarbola como bandera de grupos que luchan por la justicia social en México. Por esta razón todo acercamiento a su figura que intente ser objetivo, se enfrenta a un monolito inamovible. En su novela *Zapata*, publicada en 2006, Palou lleva a cabo un proceso de desmitificación gracias a una estructura narrativa fundamentada en la parodia del corrido mexicano, que le da libertad enfocar distintas facetas del personaje histórico. Su objetivo es muy claro: acercar al lector del siglo XXI a la figura distante e irreal del caudillo de Anenecuilco.

Para lograrlo se apoya principalmente en el estudio que llevó a cabo el historiador Francisco Pineda Gómez, quien, a juicio del novelista "es el que más ha contribuido a esclarecer la figura de Zapata" (Ortiz Santos). Tanto el trabajo de Pineda, como el de John Womack Jr., permiten conocer a un personaje que "ni era ignorante ni era manipulado o un militar inútil", señala Palou, "por eso en mi libro lo que busco es mostrar a un ser humano y desmitificar al personaje rudo que ha registrado la historia" (Ortiz Santos). Dicho esclarecimiento de la figura del héroe revolucionario tiene claramente una intención que se relaciona con la actualidad ya que, como asevera Alfredo Godínez en su crítica de la novela:

> Una novela histórica no sólo debe localizar en el pasado las causas de lo que sucedió después sino también delinear el proceso por el que estas causas se encaminaron lentamente hacia la producción de sus efectos... Se narra para que los contemporáneos comprendamos lo que sucedió tiempo atrás y en qué sentido lo que sucedió nos atañe. El pasado explica el presente y éste a su vez sirve de puente hacia el futuro.

En México el corrido es una manera de conocer la historia o al menos una versión de los hechos, contada en las expresiones musicales populares, que pueden ser anónimas o creadas por un autor que se convierte así en la voz de una comunidad. La Revolución mexicana ha sido largamente relatada y estudiada a través de las canciones que permanecieron en la voz de los pueblos aún después de terminada la lucha. Estas composiciones, además de tener un valor histórico, tienen un valor cultural y artístico, pues cantan los acontecimientos desde la perspectiva de aquellos que vieron, vivieron y sufrieron los episodios de la Revolución o sus consecuencias. Los corridos también nos muestran "a los personajes importantes desde un lado más humano, e incluso, en algunas ocasiones, humorístico" ("Cantando la Revolución"); están llenos de matices y melodías sobre las costumbres de los ejércitos de la Revolución y han dejado una profunda huella en la tradición histórica y musical de nuestro país.

En los corridos revolucionarios, uno de los caudillos a los que más se cantó fue Zapata. Tan sólo durante la breve estancia del caudillo en la Ciudad de México, del 26 al 28 de noviembre y del 6 al 9 de diciembre de 1914, las imprentas populares produjeron un corrido diario de loa a las tropas zapatistas, narrando su entrada a la capital del país (Avitia 183):

La llegada del General Zapata, Anónimo

> Voy a contarles señores
> lo que ayer nos ocurrió
> que el general Emiliano
> por San Lázaro llegó.
> Dijo que muy poco tiempo
> aquí va a permanecer,
> pues se ausenta para Puebla
> a cumplir con su deber.
> ....
> El pueblo sin ser llamado
> muy luego se presentó
> a darle la bienvenida
> por su entereza y valor. (Avitia 182)

En *Zapata*, los corridos son referente intertextual para estructurar la narración: la novela se desarrolla como un gran corrido, una ficción documentada con puntualidad, que ofrece la historia de un hombre no la del héroe y "lo muestra como un ser complejo en un caleidoscopio de hazañas, dudas, batallas, amores, pasiones y anhelos" (Ortiz Santos). Como señala Gambetta Chuk:

> Los corridos iluminan, en la dimensión semántica versificada y en la música aludida y supuesta a partir de la colaboración de los lectores, toda la novela *Zapata*... constituyendo una polifonía, un coro popular que narra escena de la vida de Zapata como en eco verificador e intensificador de la voz del narrador en tercera persona, que cuenta, a veces con la distancia de un historiador oficial y otras con la cercanía de un testigo presencial, los hechos agrarios y revolucionarios... (71)

De esta manera, Palou llena de vida, palabras, acciones, pensamientos y sueños el esquema que la historia oficial ha creado sobre Zapata y los cuadros coloridos con que el corrido lo ha pintado, desmontando ambas visiones icónicas y presentando una mirada alternativa de la historia, utilizando para ello la parodia.

Al convertirse en el bardo de esta historia, el autor/narrador popular/juglar tomará los elementos épicos de la vida de Zapata, sus batallas, los éxitos y las derrotas, envolviendo de lirismo lo que la historia simplemente se concreta a relatar, porque de esta manera su ficción se convierte en un complemento de la historia, pues "no hay historia verdadera, porque el pasado es una disputa entre partes contrarias" (Palou, *Zapata* 11). La novela imita principalmente el carácter popular del corrido, entendiendo este como la construcción de personajes con los que el lector común puede identificarse y la expresión de valores que un pueblo o una comunidad pueda establecer como propios. Por eso, el Emiliano Zapata de Palou se presenta como un héroe romántico, un hombre que desde su nacimiento está marcado para destacar por sobre los demás, como señala la comadrona que atiende su parto: "A este niño le espera un porvenir de lucha y de triunfo, pero hay que enseñarlo a ser muy valiente" (Palou, *Zapata* 23). En todo el relato se hace hincapié en la soledad del hombre, en la conciencia que tiene del destino que le ha tocado. Su parquedad y su desconfianza son fruto de ese choque con la realidad, que es tan preciada al romanticismo.

Zapata, a medida que avanza la ficción, se va revistiendo de los valores propios del héroe romántico, mismo que los corridos exaltan. Su figura se reviste de un halo de leyenda, cuando el narrador lo retrata en desplantes que son propios de la imaginería popular: desafiar a los francotiradores escondidos y entrar a caballo a los recintos que representan el poder establecido, para admiración del pueblo:

Nadie se mueva, gritó Zapata, y sin desmontar subió las escaleras del Palacio Gubernamental controlando al retinto. Una y otra vez la multitud sorprendida lo veía asomarse por los balcones hasta que revisó todas las oficinas. Con la rienda tensa hizo descender al caballo las escaleras mientras llevaba el puro encendido. (Palou, *Zapata* 59–60)

Zapata está permeada del lirismo propio del corrido; la musicalidad de la prosa se logra con el uso de imágenes y metáforas que recrean el ambiente histórico y la personalidad contradictoria del protagonista. Así, la atmósfera opresiva que se vive cuando se impone a Escandón como gobernador la explica el narrador:

No hay cargos, pero el jefe político no los necesita. Se hace el silencio. El silencio es el gran aliado del miedo. De nada ha servido nada. Ennegrece el cielo casi sin estrellas. Fríos óleos de luna muriente que apenas y alumbra la vereda imposible, el camino cerrado, la tierra sellada para siempre. (Palou, *Zapata* 29)

Con el mismo lirismo canta el narrador la lucha interna que se entabla en Emiliano cuando se da cuenta de que la lucha en las urnas ha fracasado y que la justicia para su pueblo sólo podrá conseguirse a través del sangriento camino de la lucha armada: "Necesita esa oscuridad y ese silencio para recordar toda la historia y sentir la suma de todas las vidas de quienes allá abajo se divierten y olvidan. Él nunca podrá olvidar. Le ha sido encomendado el recuerdo como un pesado grial. Y habrá de cargarlo siempre" (Palou, *Zapata*, 29–30). El revolucionario es ahora más que un héroe, es un cruzado que lucha por defender a su pueblo, a esos hombres y mujeres que han sido humillados y despojados por siglos, seres para quien la tierra es lo más valioso que poseen, pues la llevan en su entraña. Al enfrentar lo que sabe que es su destino, antes de emprender la cruzada que acabará con su martirio, "lo que se le aparece enfrente no es la certeza, sino la duda" (Palou, *Zapata* 30). Así, la imagen del hombre que cuestiona su destino acaba con el mito del héroe sin temor y lo engrandece como hombre. Pero al mismo tiempo crea otro mito, tan antiguo como el modelo romántico del que es calcado.

El corrido recoge también la fama de mujeriego de Zapata, aunque el tema es visto con admiración por el bardo popular. En la novela, se explican los amoríos del caudillo, sus relaciones extramatrimoniales, los hijos que llegó a tener dentro y fuera del matrimonio y se presentan como una proyección natural del macho. Incluso se permite elucubrar sobre la relación que unió a

Emiliano con el hacendado Ignacio de la Torre y Mier, yerno de Porfirio Díaz y lo hace enmarcando la anécdota dentro de un cuadro de dominio machista que no pone en duda la masculinidad del héroe, sino que refrenda su hombría y su deseo de tomar revancha de la clase social que oprimía a su pueblo. Dicho cuadro es otro elemento desmitificador: nunca la historia oficial se ha atrevido a mencionar el extraño lazo que unió al aristócrata porfirista con su caballerango. Al hacerlo, Palou se posiciona en una visión contemporánea, en donde el respeto a lo diferente se relaciona con el juicio a los hombres por su hacer y no por el ejercicio de su sexualidad.

Esta humanización del héroe permite mirar el actuar político del caudillo desde una perspectiva más cercana al lector, para comprender e incluso disculpar sus errores: Zapata se dimensiona como un hombre leal a su pueblo, a los suyos, a quien no le interesa el poder y que desdeña los manejos políticos. El enfrentamiento con Francisco I. Madero es el capítulo fundamental en la vida de Zapata y tiene una enorme trascendencia en la historia de México. El caudillo del sur y sus hombres contribuyeron fuertemente a debilitar el de por sí débil poder de Madero como primer presidente electo democráticamente, luego de la caída del dictador. El corrido da la pauta para plantear la justificación de las acciones del caudillo:

> Soy zapatista del estado de Morelos
> porque proclamo el Plan de Ayala y de San Luis
> si no le cumplen lo que al pueblo le ofrecieron
> sobre las armas los hemos de hacer cumplir. (Palou, *Zapata* 64)

A partir de ese momento, el actuar de Zapata se justifica: antes que el bien común de una nación de la que no se siente miembro, está el compromiso con los suyos, con los que hicieren la guerra buscando la restitución de las tierras que por derecho les pertenecían. La ficción novelística da un sentido profundamente humano al actuar político, la perpetua negativa a llegar a algún acuerdo pacífico con los demás líderes revolucionarios es producto de la eterna desconfianza de un hombre que ha visto cómo desde siempre su gente ha sido traicionada por aquellos que se suponía se erigieron como sus salvadores. Por eso el Zapata justiciero de Palou no tiene nada que ver con la figura que la izquierda mexicana ha reivindicado. Su lucha no está marcada por ninguna ideología, él es sólo un hombre que se rebela contra la injusticia, contra la opresión en que vive su gente. Así, cuando Soto y Gama le explica de una manera muy simplista los fundamentos del comunismo, una sociedad en la que todos trabajarían la propiedad comunal y una junta, que representaría a la comunidad repartiría los frutos de dicha labor, Emiliano le contesta: "Pues mira, por lo que a mí hace, si cualquier hijo de la chingada quisiera disponer en esa forma de los frutos de mi trabajo recibiría de mí muchísimos balazos" (Palou, *Zapata* 167).

De esta manera la parodia de género, el humor, la intertextualidad, el lirismo, el costumbrismo y la intromisión del narrador en la conciencia del protagonista arrojan el desafío de mostrarnos un Zapata en varias facetas que pocas veces se habían abordado: el campesino que sólo piensa en su tierra y en defender a los suyos de la injusticia, el hombre enamoradizo que siempre tuvo tiempo para seducir mujeres y engendrar descendencia, el hijo, el hermano para quien su familia era lo más importante, el caballerango que llegó a tener una relación muy estrecha con la clase social a la que combatió, el empecinado que se negó a pactar y a quien sólo movía el deseo de justicia para su pueblo, el caudillo que contribuyó a que la lucha maderista por la democracia se convirtiera en una sangrienta guerra por el poder y finalmente, el símbolo de las reivindicaciones sociales de la Revolución mexicana.

Y es precisamente esta última faceta la que termina dominando el tono de la novela, aunque matizando la tradicional visión del héroe. Porque si bien es cierto que Palou arriesga mucho al estirar al límite el discurso historiográfico para destruir un mito anquilosado que tras largas décadas de ser manipulado ya no connota, el mito del héroe revolucionario que enarbolaba la bandera de "Tierra y libertad" (lema que por cierto jamás fue utilizado por Zapata, como queda claro en esta ficción) para todos los mexicanos, también es verdad que la narración termina construyendo un nuevo mito, un héroe más cercano a la mentalidad de los hombres y mujeres del siglo XXI, que sirve a para actualizar los tradicionales proyectos de identidad nacional manipulados por las estructuras de poder:

> I suggest that despite Palou's overt statements about working against traditional mythologizing, Zapata affirms many received notions about the caudillo. In using the corrido as a structure to recount the life of the revolution's primary popular hero, it elevates the value of popular oral tradition. Despite critical that contemporary historical novels blur the space between history and fiction, consciously opening the archive to thrust apocryphal texts into play, and demitologhyzing héroes to present a new concept of history, *Zapata* participates in a more general and problematic phenomenon of pantheon-building, revitalizing traditional nationalist identity projects. (Price 47)

Así, el discurso novelístico, merced al elemento paródico y a la intervención de la voz narrativa que matiza, cuestiona, comenta y poetiza, relaciona la realidad del personaje histórico con la problemática social del México actual, para terminar señalando "¡Zapata no ha muerto! ¡Zapata vive!" (Palou, *Zapata* 216). Esperanza que persiste en gran parte del pueblo mexicano, misma que reside en ese sentimiento mesiánico de una sociedad oprimida que hoy más que nunca necesita la figura de un caudillo, de un héroe como el que pinta Palou, un ser humano que brilla por encima de sus facetas más oscuras y que representa la lucha por la justicia y el respeto a la diversidad, en suma, un soñador a la medida de la posmodernidad.

Apogeo y fin de la utopía revolucionaria: *Tierra roja. La novela de Lázaro Cárdenas*

Con *Tierra roja* Pedro Ángel Palou ha escrito una novela sobre la construcción de la nación mexicana, sobre la utopía revolucionaria hecha proyecto político y, definitivamente, sobre uno de los capítulos más significativos en la historia de México. Es una ficción en la que destaca el proceso de humanización de la figura histórica, faceta en la que surgen como referentes algunos libros consultados por el autor como *Cárdenas, retrato inédito* (1987) de Luis Suárez o las memorias de Amalia Solórzano, quien fuera la esposa del político desde su matrimonio en 1932 hasta la muerte del general (Regalado 89).

A manera de introducción que nos señala el camino que tomará esta recreación histórica de uno de los más queridos y a la vez controvertidos presidentes mexicanos, *Tierra roja: La novela de Lázaro Cárdenas* tiene dos prólogos. Uno es un fragmento de un texto de André Breton, del cual se desprende el título de la obra: "Tierra roja, tierra virgen impregnada de la sangre más generosa, donde la vida del hombre no tiene precio..." (Palou, *Tierra roja* 9). El otro es más extenso y está tomado del *Diario de Cuba* de José Revueltas:

> Qué es lo que comienzo a comprender? Esto: que cuando se entra en contacto directo con la historia y de pronto se encuentra uno en el remolino, la historia desaparece de nuestra vida y no sabemos verla ni nos damos cuenta de que la estamos haciendo (cada quien a sus medida y a su modo). (Palou, *Tierra roja* 11)

Es interesante como ambos textos nos ofrecen claves para la interpretación de una novela en la que el autor parece querer culminar su aproximación a la Revolución mexicana, presentándonos el proceso de la agonía y muerte de un movimiento que no alcanzó los objetivos de democracia y justicia social que le dieron vida. Porque *Tierra roja* nos acerca a la vida del presidente que quiso cumplir con las metas revolucionarias, el que llevó a cabo el reparto de tierras, la expropiación petrolera, la legalización del uso de la mariguana, cambios que no logró consolidar de una manera firme, de modo que, con el paso de los años, pocas de sus conquistas y de su ideales pervivieron.

México en los años que siguieron al asesinato de Francisco I. Madero se convirtió en esa tierra roja, ensangrentada por la lucha de caudillos que se disputaron el poder. Una tierra en la que la injusticia social impulsaba a los hombres a luchar, esperando alcanzar un mejor futuro. En esa tierra ensangrentada empieza la historia de Lázaro Cárdenas, el joven de Jiquilpan Michoacán, que se une a la lucha porque: "Creo que para algo nací. Vivo siempre fijo en la idea de que he de conquistar la fama. ¿De qué modo? No lo sé...De escribiente jamás lo lograré... ¿De qué pues lograré esta fama que tanto sueño? Tan sólo de libertador de la patria. El tiempo me lo dirá" (Palou, *Tierra roja* 19-20). Así inicia su camino Lázaro Cárdenas. Con la idea fija de servir a la patria. Y con la clara conciencia de su misión. Por eso documentó todo su quehacer y sus pensamientos, como señala Palou: "...ningún presidente encarnó a la Revolución con la pasión y la fe en su utopía como lo hizo Lázaro Cárdenas. Ningún otro presidente, por otro lado, dedicó tal cantidad de tiempo y páginas a dejar constancia de su paso por la tierra" (Palou, *Tierra roja* 361). Pero la novela no pretende engrandecer el mito narrando en tono épico la lucha del héroe contra todo lo que se opuso a su intento por alcanzar sus ideales, al contrario. Basándose en los cuatro tomos de *Apuntes* de Cárdenas, publicados por su hijo Cuauhtémoc y Gastón García Cantú (Palou, *Tierra roja* 361), en sus discursos públicos y su epistolario, la novela construye una imagen del hombre determinado en su lucha, contradictorio y complejo, que pese a su posición no siempre es consciente de que está haciendo la historia de su país y sobre todo, no entiende que haga lo que haga, no será capaz de controlar el devenir de los acontecimientos. Porque México no dependía sólo de las decisiones de su presidente, sino de las numerosas acciones del constructo social efervescente de una nación en busca de rumbo: campesinos, obreros, empresarios, políticos, periodistas, artistas.

La estructura narrativa que establece Palou para exponer el mosaico de una época crucial para México fusiona dos de los géneros de ficción más populares en la narrativa contemporánea, el histórico y el policiaco y sustenta ambos discursos en la intertextualidad, para crear una narrativa posmoderna que invita al lector a involucrarse en un ejercicio lúdico, un juego en donde historia y ficción se confunden, se contradicen y se complementan, una fábula que gira en torno a la figura de un caudillo, pero que da voz a los seres anónimos que también son parte de la historia.

La fusión de ambas visones narrativas se teje desde el inicio del relato. En el primer capítulo titulado "El general lee *La sombra del caudillo*" (Palou, *Tierra roja* 17) nos da la clave para entender al protagonista de la trama: Cárdenas es capaz de ser crítico con el hecho revolucionario y con sus protagonistas. La relación con la obra maestra de Martín Luis Guzmán implica que es consciente de la trama de traiciones y de crímenes que pavimentan el camino al poder en México y al mismo tiempo se convierte en un recordatorio que le acompañará en su propio recorrido hacia la presidencia: no quiere cargar con un Huitzilac en su conciencia, pues eso sería traicionar los ideales revolucionarios. Al mismo tiempo, otra referencia intertextual, la lectura que hace el presidente de la nota periodística que comunica la muerte del compositor mexicano Augusto "Guty" Cárdenas, abre paso a la irrupción en la trama del sustrato policiaco.

La intertextualidad y la parodia como fundamentos de la estructura narrativa de esta novela permiten a Palou desarrollar una historia paralela a la de Lázaro Cárdenas, la historia de la Ciudad de México contada desde la visión de sus habitantes, aquellos a quienes les toca vivir la entrada del país a la modernidad. Tal es el sentido de la incorporación de lo policiaco en un texto que revisa la historia del país en los años treinta. El gobierno de Cárdenas marcó el inicio de la modernización de México. La fundación del Partido Nacional Revolucionario, obra del presidente Calles, logró la estabilidad política que permitió la recuperación económica de la nación. Cuando Cárdenas accede al poder, toma una serie de medidas que sentaron la base de la modernidad en lo político, lo económico y por ende en lo social: el exilio de Calles, el fin del caudillismo, el reparto de tierras, la explotación petrolera. Esta serie de medidas, a la par que impulsaron el desarrollo de la economía, generó que poco a poco la población del país se convirtiera en una sociedad principalmente urbana; el crecimiento de las ciudades trajo consigo, junto a las enormes ventajas en áreas de salud, educación y cultura, problemas como el aumento de la delincuencia y la violencia. Ese México de contrastes se retrata cuando la trama que protagoniza el General Cárdenas se cruza con las historias criminales de "un país donde la violencia poco a poco se convertía en forma natural de convivencia" (Palou, *Tierra roja* 365).

La crónica ficcionalizada de algunos de los crímenes más sonados que ocurrieron en la Ciudad de México en la década de 1930 tiene como protagonistas a dos personajes que son un referente cultural del siglo XX. Uno de ellos, Filiberto García, es el protagonista de *El complot mongol* de Rafael Bernal, novela fundacional de la narrativa policiaca mexicana moderna. El otro se construye siguiendo la obra y la figura de un referente fundamental de la crónica policiaca mexicana, Eduardo "El Güero" Téllez Vargas (Rock). Palou utilizó algunos de los casos más célebres del famoso reportero de "nota roja", parodiando el lenguaje de los reportajes criminales y el habla popular de la época, y convierte a Téllez en un personaje clave de la novela. Con la libertad que da la ficción, además, lo hace coincidir con Filiberto, un investigador-sicario al servicio del gobierno, en una historia que se convierte en una precuela de la famosa trama de *El complot mongol*.

En la novela de Bernal, Filiberto asesinó a un general villista y vivió en San Luis Potosí en la época de Saturnino Cedillo (Palou, *Tierra roja* 364). Palou lo hace discípulo del histórico detective Valente Quintana, pionero de la investigación privada en nuestro país y de esta manera convierte a García en un policía encubierto que se va a involucrar en crímenes sonados que deben seguirse por las autoridades gubernamentales y en asuntos políticos confidenciales de alta prioridad. Gracias a este recurso, Filiberto es el testigo que hace posible que la novela pueda visionar, desde un tono íntimo, la caída del "Jefe Máximo", Plutarco Elías Calles, momento clave en la vida de la nación. El general Calles abandona la escena política mexicana en una salida teatral, vestido "de negro, con un pesado abrigo de lana y una bufanda blanca de seda, como si fuese a la ópera" (Palou, *Tierra roja* 108) y exhibe el coraje que le caracterizó y le hizo temible cuando increpa a Luis. L. León, que se mostraba cabizbajo en el camino al exilio, al darle un codazo y decirle: "Que no se note que sufre, no sea pendejo. Le van a sacar muchas fotografías. Usted como si nada" (Palou, *Tierra roja* 108).

La mancuerna que forman Téllez y García tiene su gran momento cuando se convierten en testigos de uno de los sucesos de la historia criminal más complejos y estudiados, el asesinato de León Trotsky en su casa de Coyoacán en la Ciudad de México. El asilo que el presidente Cárdenas concedió al líder comunista fue motivo de fuertes críticas dentro y fuera del país. El ideólogo ruso había tenido un largo periplo buscando en donde afincarse, pero la mano de Stalin le había cerrado las puertas de Turquía, de España, de Estados Unidos. Cuando el Gral. Múgica, su amigo, y Diego Rivera le plantean la cuestión, les contesta:

> Si acogemos a Trotsky —les dice a sus invitados mientras sorbe su café caliente— nos meteremos en líos con Stalin. Aquí mismo ya imagino las reacciones del Partido Comunista o de Lombardo. Nos acusarán de todo. Y tampoco creo que le haga gracia al presidente norteamericano. (Palou, *Tierra roja* 145)

La decisión de Cárdenas, marcó una pauta que hasta la fecha sigue vigente en la política internacional del país: "México ha de mantener su derecho a asilo a toda persona de cualquier país y sea cual fuere la doctrina política que sustente" (Palou, *Tierra roja* 146).

Dada la controversia dentro y fuera del país que generó su presencia en México, la muerte de Trotsky a manos de Ramón Mercader supuso uno de los muchos conflictos que su presidencia tuvo que enfrentar. La cobertura de esta noticia fue definitivamente el acto más atrevido y sensacionalista de toda la carrera del Güero Téllez. Cuando sus contactos le avisaron que Trotsky era llevado aún con vida a la Cruz Verde, se disfrazó de camillero para obtener la información y las fotografías (Rock). La anécdota se convierte en la novela en una trama de aventuras en la que interviene Filiberto, y nos introduce en el mundo del periodismo y el control que el gobierno tiene sobre noticias que pueden perjudicarle. La nota de Téllez fue "gloriosa, pues la reprodujo el *London Times* y le hicieron entrevistas para documentales de cine" (Palou, *Tierra roja* 307).

La ficción policiaca es el vehículo para expresar el sentir del pueblo respecto a las decisiones tomadas por el presidente Cárdenas. Si algo queda claro en la novela es que pese a su gran popularidad entre amplios sectores de las clases sociales más desfavorecidas, las acciones de Cárdenas generaron conflictos y controversias, no sólo entre los directamente afectados, empresarios y terratenientes, sino también entre las clases medias que temían la deriva del país hacia el comunismo. El relato que hace Palou de un suicidio, parodiando el estilo del reportaje criminal de la época, se convierte, por paralelismo, en una expresión de la situación general del país: "...nuestro suicida de marras. Durante los últimos meses, como el país, fue adquiriendo deudas impagables y comenzó a recibir amenazas de muerte de sus acreedores. El miedo se apoderó del viajante y la paranoia lo hizo cometer esa locura de arrojarse por la ventana" (Palou, *Tierra roja* 221). El reportaje remata con una crítica al gobierno cardenista y apostrofa: "Toca a la policía encontrar a los perseguidores de nuestro jugador y clausurar esos antros clandestinos que han proliferado desde que nuestro actual presidente decidiera cerrar los casinos y lugares de juego en la República" (Palou, *Tierra roja* 221). Persiguiendo los ideales que desde el inicio de la novela proclamó como su guía, durante su gobierno el presidente Cárdenas tomó medidas que le hicieron popular entre las clases desfavorecidas, pues buscaban remediar la injusticia social en que vivía el país. Pero las reacciones de las partes afectadas fueron rotundas y atacaron desde todos los flancos. Y si el reparto agrario le ganó el odio de terratenientes, muchos de ellos antiguos compañeros revolucionarios, la expropiación petrolera le acarreó conflictos con las grandes corporaciones extranjeras y por ende, con gobiernos como los de Estados Unidos de América y Gran Bretaña que defendieron a ultranza los intereses de las compañías que por años habían esquilmado los recursos naturales del país. Las presiones fueron muchas, y Téllez, en las pláticas de cantina, es el portavoz no oficial del sentir popular:

—… ¿ya vio a cómo está el dólar? Seis pesos. El doble de lo que costaba antes de la expropiación.
—Pero Lombardo tiene la solución, que todos hagamos un sacrificio económico y donemos a la nación lo que podamos, desde unos centavitos hasta nuestra enorme fortuna.
—¿Ya vio que se va a permitir el consumo de mariguana? El presidente quiere legalizar la droga… Bienvenidos los paraísos artificiales.
(Palou, *Tierra roja* 222)

A la par con las historias policiacas, Palou desarrolla cronológicamente la trama de los sucesos que conformaron los seis años de gobierno del presidente Lázaro Cárdenas, un período fundamental para la historia nacional. Mucho se ha escrito sobre el cardenismo, a favor y en contra. Lo que la novela pretende es mostrar los rasgos del hombre de carne y hueso y cómo estos formaron al personaje histórico. El mismo autor señala que no trata de contar la Historia con mayúscula, pues ésta no existe para quienes la viven (Palou, *Tierra roja* 369), sino de narrar la vida del hombre inmerso en el proceso de la historia. Lo que intenta mostrar es su carácter, sus sueños, sus ideales, sus afectos, porque todo esto es esencial en el momento en que el hombre toma decisiones. Todo es especulativo en el texto literario, y por tanto, el relato es libre, puede experimentar, juega a entender para ofrecer al lector un campo a la especulación.

La Revolución mexicana es el gran acontecimiento en la historia del México moderno. Tanta es su trascendencia que dio origen a toda una corriente novelista, la novela de la Revolución mexicana que nació en 1915 con la aparición de *Los de abajo* de Mariano Azuela y cerró su ciclo en 1985 cuando Carlos Fuentes publicó *Gringo viejo*. Setenta años de narrativa, amén de los estudios y textos que desde la visión de la Historia han intentado desentrañar la complejidad del hecho y sus protagonistas. Seguimos viviendo sus consecuencias en todos los aspectos de la vida. En lo cultural, la Revolución planteó la necesidad de revisar el pasado para entender la identidad mexicana. Sin embargo, paradójicamente, aún no podemos comprenderla y sobre todo, lo más trágico, los mexicanos aún no hemos podido superarla: en los albores del siglo XXI, desprovista ya de significancia, cuando se ha convertido en mera retórica hueca al servicio de la demagogia política, su sombra sigue cubriendo el futuro del país.

En *Tierra roja: La novela de Lázaro Cárdenas,* Palou intenta acercarse a nuestra mítica Revolución mexicana, aproximándose al momento histórico en que el ideal revolucionario murió. Porque de todos los presidentes que emanaron de la Revolución, Lázaro Cárdenas es quien mejor encarna los ideales de la utopía revolucionaria. El ejemplo más claro, su lucha por el reparto de la tierra a los campesinos, que fue la respuesta a un reclamo ancestral, al que desde el movimiento independentista de 1810 no se le había dado respuesta. Pero una vez que su gobierno termina, todo aquello por lo que tanto luchó fue deshecho poco a poco por quienes le sucedieron.

La sucesión presidencial en 1940 marca el clímax de la novela. Una vez que Cárdenas le entrega el poder a Manuel Ávila Camacho, un sucesor que, aclara, él no impuso, una pregunta ronda en su cabeza: ¿respondió su gobierno a las necesidades del pueblo? Y después su reflexión le lleva a darse cuenta de que él ya no tomará decisiones que cambien la historia de la nación. Sabe que en el juego político, del cual él mismo forma parte, cada período presidencial marca un cambio, como lo hizo él mismo. Por eso, después de tantos años de lucha, de todo lo que tuvo que enfrentar, muchas cosas le preocupan: que Calles regrese al país a intentar manipular los hilos del poder, que se desvíe el camino que había trazado para la política petrolera, que se claudique ante los norteamericanos, el poder de Lombardo Toledo; pero sobre todo le preocupa el ejido, su mayor orgullo: "...repartió 18 millones de hectáreas de tierra a casi un millón de ejidatarios. El ejido contenía ya casi la mitad de la tierra cultivada a lo largo y ancho de la República. En algunos lugares pensaban que él había hecho milagros. Era sólo fruto de la voluntad y del trabajo" (Palou, *Tierra roja* 317). Al iniciar el siglo XXI las conquistas revolucionarias impulsadas por presidente Lázaro Cárdenas han desaparecido en la marea de las políticas neoliberales; el ejido del que estuvo tan orgulloso ha fracasado rotundamente y la política petrolera derivó en una maraña de corrupción que ha llevado a la quiebra a la industria que por años mantuvo a flote la economía del país. El espíritu revolucionario, ese que encarnó el general Lázaro Cárdenas es un recuerdo que lentamente se va olvidando. Por eso es necesaria la revisión de los ideales y de las acciones de Cárdenas. En México el pasado es presente, está vivo y por lo mismo no somos capaces de entenderlo. La novela de Palou nos brinda la distancia necesaria para que seamos capaces si no de comprender, cuando menos de asomarnos a la vida y obra de un personaje que encarna un ideal, un momento fundamental en la historia del México moderno, al mismo tiempo que cerraba el ciclo de la Revolución mexicana. Sobre todo porque en estos momentos la injusticia social contra la que luchó no sólo sigue existiendo, sino que es mayor cada día. Y los mexicanos debemos de hacer algo para cambiar esta situación, si no queremos que México nuevamente vuelva a ser una tierra roja.

Novela histórica y Revolución mexicana: nuevas visiones para entender la actual problemática política, económica y sociocultural del país.

El nacimiento del México moderno es un tema esencial en la ficción histórica de Pedro Ángel Palou, tanto, que en su más reciente trabajo, *México. La novela,* que apareció a inicios de 2022, sigue presente, aunque no es el tema central de la novela. Al igual que en las cuatro novelas que hemos analizado, en esta ambiciosa narración las sagas de cuatro familias a lo largo de cuatro siglos y medio sirven de eje narrativo para repasar los momentos fundamentales, a ojos del autor, de la historia de la capital del país y de paso (dado el centralismo congénito que padecemos) de la historia de la nación. Años clave en la historia mexicana, que cambiaron el rumbo del país (1910, 1911, 1914, 1921, 1928, 1938) permiten aproximarse, de una manera sucinta, a las causas, desarrollo y consecuencia del movimiento revolucionario, hecho que se debe analizar, sin maniqueísmos ni distorsiones históricas, a fin de entender el complejo siglo XXI que los mexicanos estamos viviendo.

Para Luis Villoro "La historia responde al interés en conocer nuestra situación presente" (36). La novela histórica ha hecho suya tal premisa desde sus orígenes: estudiar, merced a la libertad que da la ficción, el pasado para tratar de entender las circunstancias del presente. Hoy en día, cuando no existen ideales por alcanzar y la modernidad líquida plantea el desarrollo social no como una certeza sino como una dialéctica de posibilidades existenciales, la novela histórica que se escribe en México busca fragmentar el discurso de la historiografía oficial para acabar con la manipulación que de la historia se ha hecho. La novela histórica de Pedro Ángel Palou, al humanizar a los protagonistas del pasado mexicano, se convierte en un alegato a favor de una historia que no reverencie a héroes, que no esté sometida a ningún poder ni ideología (Krauze 25). Porque la historia debe olvidar partidismos y luchas por el poder, debe servir al conocimiento, a la búsqueda de la verdad, ya que sólo de esta manera se puede sustentar una auténtica sociedad democrática. Al visibilizar las posibles verdades sobre la Revolución mexicana, Pedro Ángel Palou está contribuyendo a esa necesaria revisión de la historia, que nos permita comprender los graves problemas del presente para poder plantear un mejor futuro para México.

Bibliografía

Avitia Hernández, Antonio. *Corrido histórico mexicano. Voy a cantarles la historia. (1910–1916)* Tomo II. Porrúa, 1997.

Barrón, Luis. "Fantasía y realidad: Villa y Zapata, historia y narrativa". https://docplayer.es/20657172-Fantasia-y-realidad-villa-y-zapata-historia-y-narrativa.html.

Bauman, Zygmunt. *Modernidad líquida*. Fondo de Cultura Económica, 2004.

"Cantando la Revolución". *Historias de la historia*. Instituto Latinoamericano de la Comunicación Educativa, https://redescolar.ilce.edu.mx/20aniversario/componentes/redescolar/act_permanentes/historia/html/cantando_revolucion/revolucion.htm.

Galindo, Óscar. "Nueva novela hispanoamericana: una introducción". *Revista Documentos lingüísticos y literarios*, no. 22, 1999, pp. 39–44.

Gambetta Chuk, Aída Nadi. "El Zapata de Pedro Ángel Palou". *Revista de Literatura Mexicana Contemporánea*, vol. 14, no. 35, Oct-Dic., 2007, pp. 69–74.

Godínez, Alfredo. "*Zapata* de Pedro Ángel Palou". Blog. 11.11.2007, http://alfredogodinezycia.blogpost.com/2007/11/zapata-de-pedro-ngel-palou.html.

González Gamio, Ángeles. "Malos vecinos". *La Jornada*, 14 de julio de 2013, https://www.jornada.com.mx/2013/07/14/opinion/030a1cap.

Krause, Enrique. *De héroes y mitos*. Tusquets, 2010.

Lukács, Georg. *La novela histórica*. Ediciones Grijalbo, 1976.

Manrique Sabogal, Winston. "La novela en español del siglo XXI". *El País*, 23 de marzo de 2014, https://elpais.com/cultura/2014/03/22/actualidad/1395525242_662619.html.

Mendoza, Vicente T. *Corridos mexicanos*. Fondo de Cultura Económica, 1985.

Orozco, Ricardo. *El álbum de Amada Díaz*. Planeta, 2003.

Ortiz Santos, Alfredo. "En ningún documento Zapata habló de Tierra y Libertad: Pedro Ángel Palou". *Crónica*, 22 de agosto, 2006, http://www.cronica.com.mx/nota.php?id_nota=257290.

Palou, Pedro Ángel. *Cuauhtémoc. La defensa del quinto sol*. Planeta, 2008.

———. *México. La novela*. Planeta, 2022.

———. *Morelos: Morir es nada*. Planeta, 2007.

———. "Seminario sobre novela histórica". Cátedra Alfonso Reyes (1.ª sesión). Biblioteca Virtual Miguel de Cervantes, 2014, http://www.cervantesvirtual.com/nd/ark:/59851/bmc418s7.

———. *Pobre patria mía: La novela de Porfirio Díaz*. Planeta, 2010.

———. *Tierra roja: La novela de Lázaro Cárdenas*. Planeta, 2016.

———. *Varón de deseos. Una novela sobre el barroco mexicano y su gran mecenas: Juan de Palafox*. Planeta, 2011.

———. *Villa: No me dejen morir así*. Planeta, 2020.

———. *Zapata*. Planeta, 2006.

Pons, María Cristina. *Memorias del olvido. La novela histórica de fines del siglo XX*. Siglo XXI

Editores, 1996.

Price, Brian L. "Where History Ends and the Corrido Begins in Pedro Ángel Palou's *Zapata*". *Latin American Literary Review*, vol. 40, no. 79, 2012, pp. 45–60.

Regalado López, Tomás. "Humanizar al héroe. Sobre *Tierra roja: La novela de Lázaro Cárdenas*, de Pedro Ángel Palou". *Puentes de crítica literaria y cultural*, no. 7, 2020, pp. 88–91.

Rock, Roberto. "'El Güero' Téllez Vargas: cuando el país se horrorizaba desde su inocencia". *La Prensa*. 28 de agosto de 2018, https://www.la-prensa.com.mx/doble-via/virales/el-guero-tellez-vargas-cuando-el-pais-se-horrorizaba-desde-su-inocencia-3515833.htmls.

Solares, Ignacio. "La última entrevista con Pancho Villa." *Confabulario. El Universal.* 5 de noviembre, 2016. https://confabulario.eluniversal.com.mx/la-ultima-entrevista-con-pancho-villa/.

Villoro, Luis. "El sentido de la historia". *Historia ¿Para qué?*, Carlos Pereyra et al., Siglo XXI Editores, 2005, pp. 33–52.

LISTA DE COLABORADORES

Vicente Alfonso. Proveniente de una familia de mineros y educado por jesuitas, es autor de las novelas *La sangre desconocida* (Alfaguara, 2022), *Huesos de San Lorenzo* (Tusquets 2016), *Partitura para mujer muerta*, así como del libro de crónicas *A la orilla de la carretera* (UANL, 2021). Algunas de sus novelas han sido traducidas al alemán, italiano, griego y turco. Ha recibido múltiples premios nacionales e internacionales, entre ellos el Premio Internacional de Novela Sor Juana Inés de la Cruz, el Premio Iberoamericano de Periodismo Ciudades de Paz, el Premio Bellas Artes de Crónica Literaria Carlos Montemayor, el Premio Nacional de Novela "Élmer Mendoza" y el Premio Nacional de Novela Negra "Una Vuelta de Tuerca". En 2021 obtuvo mención honorífica en el Premio Iberoamericano de Novela "Elena Poniatowska". Ha sido becario de la Fundación para las Letras Mexicanas, del programa internacional de residencias artísticas de la Casa-Estudio *Cien años de soledad* y del Sistema Nacional de Creadores de Arte de México.

Ramón Alvarado Ruiz. Doctor en artes y humanidades por el Centro de Estudios Multidisciplinarios en Artes y Humanidades en Monterrey. Desde 2014 es profesor investigador de tiempo completo en la Universidad Autónoma de San Luis Potosí. Es integrante del Sistema Nacional de Investigadores (nivel I) y del grupo internacional de investigación UC-Mexicanistas. Ha participado como ponente en congresos nacionales e internacionales. Su principal línea de investigación es la literatura mexicana y latinoamericana del siglo XXI, con énfasis en los cinco escritores del grupo del Crack. Ha escrito artículos como "Santiago Gamboa y Jorge Volpi, una mirada compartida de una narrativa global y local" en *Estudios De Literatura Colombiana* (43) y coordinador del libro *Desplazamientos de la literatura mexicana actual* (2019). Actualmente es corresponsable del proyecto Conacyt de Frontera 2019 "La crítica literaria transcultural como formación de ciudadanía: ideas, teorías y prácticas culturales".

Julio Enríquez-Ornelas. Es escritor y crítico literario. En su trabajo académico examina diásporas transnacionales a los márgenes de los estudios latinoamericanos, latinx, centroamericanos estadounidenses y mexicanos. Su trabajo crítico y creativo aparece en *Hispania, Journal of the Midwest Modern Language Association, Textos Híbridos* y *Suburbano*. Su artículo más reciente "Representaciones fronterizas preocupantes en los estudios culturales mexicanos y los estudios culturales centroamericanos de EE. UU." se publica con *Prose Studies: History, Theory, and Criticism*. El volumen de su libro editado *Critical Storytelling from the Borderlands* se publicará con Brill | Sense, en donde aparecen sus poemas. Es autor de *El que es verde* (2022), publicado con Pijao Editores en Colombia. Actualmente está trabajando en un manuscrito del tamaño de un libro, tentativamente titulado, "La representación de lo marginal en la cultura impresa popular de fin de siglo en México" el cual está bajo contrato con Lexington Books: Rowman and Littlefield. Actualmente coordina el programa de Estudios Globales y es Chair del Departamento de Lenguas Modernas de la Universidad de Millikin, donde imparte cursos de español.

Héctor Jaimes. Es profesor de literatura y cultura latinoamericanas en North Carolina State University. Es autor de *Filosofía del muralismo mexicano* (2012) y *La reescritura de la historia en el ensayo hispanoamericano* (2001). Asimismo, ha sido el editor principal de importantes compilaciones: *Mario Bellatin y las formas de la escritura* (2020), *The Mexican Crack Writers: History and Criticism* (2017), *Tu hija Frida: Cartas a mamá* (2016), *Fundación del muralismo mexicano: Textos inéditos de David Alfaro Siqueiros* (2012) y *Octavio Paz: La dimensión estética del ensayo* (2004). Actualmente prepara un libro sobre narrativa mexicana contemporánea.

Rebecca Janzen. Es profesora-investigadora McCausland de español y literatura comparada en la Universidad de Carolina del Sur (EUA). Se doctoró en 2013 con una tesis sobre la discapacidad en la literatura mexicana del siglo XX. Este trabajo es la base de su primer libro, *The National Body in Mexican Literature: Collective Challenges to Biopolitical Control* (Palgrave-Macmillan, 2015). Su segundo libro, *Liminal Sovereignty: Mennonites and Mormons in Mexican Culture* (SUNY, 2018), se enfoca en los menonitas y mormones, y su tercer libro, *Unholy Trinity: State, Church and Film in Mexico* (SUNY, 2021), se enfoca en la religión y el cine en México. Su cuarto libro, *Unlawful*

Violence: Law and Cultural Production in 21st Century Mexico (Vanderbilt, 2022), trata temas de derechos humanos, ley y literatura. La Fundación Plett, la biblioteca Newberry, la beca Kreider y la beca C. Henry Smith han apoyado su investigación.

Mónica Lavín. Es autora de libros de cuentos, novelas y ensayo. Ha sido Premio Nacional de Literatura Gilberto Owen por el libro de cuentos *Ruby Tuesday no ha muerto*, Premio Narrativa de Colima por su novela *Café cortado*, Premio Iberoamericano de Novela Elena Poniatowska por *Yo, la peor*, sobre Sor Juana y su tiempo. Sus cuentos han sido traducidos a varios idiomas y aparecen en numerosas antologías. Sus libros más recientes son la antología de cuentos *¿A qué volver?*, las novelas *Todo sobre nosotras* (2019) y *Últimos días de mis padres* (2022). Es profesora-investigadora en la Academia de Creación Literaria de la Universidad Autónoma de la Ciudad de México, maestra universitaria distinguida por la Universidad de Colima. Es miembro del Sistema Nacional de Creadores.

Gaëlle Le Calvez House. Es investigadora y crítica literaria. Estudió el doctorado en letras hispánicas en la Universidad de Indiana, Bloomington. Su investigación ha sido apoyada por las becas Tinker (2014), por el Center for Latin American and Caribbean Studies (2015), por el College of Arts and Sciences (2019) y por ACLS (American Council of Learned Society), Emerging Voices Fellow (2021-2022). Actualmente es investigadora asociada en la universidad de Yale. Tiene cuatro libros de poesía: *Beirut o de las ruinas* (Margen de poesía, 1998), *Otra es la casa* (UAEM, 2000*)*, *La isla más alta* (La piel de Judas, 2004) y *Los emigrantes-Les émigrants* (Écrits des Forges-UAM, 2014) que escribió gracias a la beca del FONCA para Jóvenes Creadores (2004-2005). Ha sido editora de las revistas *Origina, alógeno, Dónde ir, Chilango* y coeditora de *Hiedra Magazine*. Colabora en *Letras Libres*, *Periódico de Poesía* y *Hablemos Escritoras*, entre otras publicaciones.

Pedro Ángel Palou. Doctor en ciencias sociales, con especialidad en sociología de la cultura por El Colegio de Michoacán, ha estudiado las materialidades de la cultura en sus libros académicos, entre los que destacan: *La casa del silencio, aproximación en tres tiempos a Contemporáneos*, con el que ganó el prestigioso premio Francisco Javier Clavigero, del Instituto Nacional de Antropología e Historia en México, así como su *El Clacisismo en la Poesía*

Méxicana, su trabajo sobre el cine y la literatura: *El Fracaso del mestizo*. Ha sido ministro de cultura de su estado natal, director de la escuela de escritores de la Sociedad General de Autores de México en Puebla, rector de la Universidad de las Américas, investigador invitado de la Sorbona Paris V René Descartes, en su Centro de estudios para lo actual y lo cotidiano y de Dartmouth College donde ha sido escritor residente. También ha sido profesor de Middlebury College. En México ha sido miembro del Sistema Nacional de Creadores de Arte y del Sistema Nacional de Investigadores. Polifacético autor (de más de sesenta libros) que lo mismo ha escrito cuento (*Música de adiós, Amores Enormes*, Premio Jorge Ibargüengoitia, *Los placeres del dolor*) que ensayo (*La ciudad crítica*, Premio René Uribe Ferrer, *La casa del silencio*, Premio Nacional de Historia Francisco Javier Clavigero) y novela *En la alcoba de un mundo, Paraíso clausurado, Con la muerte en los puños*, Premio Xavier Villaurrutia 2003 entre otras muchas otras, así como la trilogía Muertes históricas compuesta por *Zapata* (Finalista del Premio Rómulo Gallegos 2005), *Morelos, morir es nada* y *Cuauhtémoc, la defensa del quinto sol*. Asimismo, *Pobre patria mía, la novela de Porfirio Díaz*. En 2012 publicó su novela histórica sobre san Pablo, *El Impostor* y en 2013 su thriller sobre la Segunda Guerra Mundial, *La amante del ghetto*, en editorial Planeta. También poesía, *Catálogo de las aves*. En 2009 fue finalista del Premio Iberoamericano de Novela Planeta-Casamerica con su novela *El dinero del diablo* que se publicó simultáneamente en 22 países de habla hispana. Su ensayo histórico *La culpa de México* y su novela, *La profundidad de la piel* fueron publicados en Norma entre 2009 y 2010 en todo América Latina y España. *No me dejen morir así*, novela histórica sobre Pancho Villa, así como su *Tierra Roja, la novela de Lázaro Cárdenas* cierran un ciclo de literatura histórica. Un thriller policiaco, *Todos los miedos*. Y su más reciente novela cuenta quinientos años de historia: *México, la novela*.

Tomás Regalado López. Estudió filología hispánica y filología inglesa en la Universidad de Salamanca, donde se doctoró en el 2009 con una tesis sobre la narrativa mexicana y latinoamericana de finales del siglo XX, publicada como *La novedad de lo antiguo. La narrativa de Jorge Volpi (1992–99) y la tradición de la ruptura* (Ediciones Universidad de Salamanca, 2009). Profesor de literatura latinoamericana en James Madison University (Virginia, Estados Unidos), es autor también de *Crack. Instrucciones de uso* (Mondadori, 2004), junto a los siete escritores del grupo mexicano, y de *Historia personal del Crack. Entrevistas críticas* (Albatros, 2018). Ha publicado trabajos sobre la obra de Salvador Elizondo, Sergio Pitol, Mario Bellatin, Alberto Fuguet y Eloy Urroz, entre otros. Su última publicación lleva por título "Reescribir el Caso Cassez. Violencia simbólica y estrategias de subjetivización en *Una novela criminal*, de Jorge Volpi", en la antología *Fronteras de violencia en México y Estados Unidos* (Albatros, 2021), de Oswaldo Estrada.

Ignacio M. Sánchez Prado. Ocupa de manera permanente la cátedra distinguida "Jarvis Thurston and Mona van Duyn" en humanidades en Washington University en St. Louis, Missouri, Estados Unidos. Es profesor-investigador de tiempo completo en los programas de estudios latinoamericanos y lenguas y literaturas romances, y tiene un nombramiento de cortesía en el programa de estudios cinematográficos. Su trabajo de investigación se centra en cuestiones teóricas, críticas e institucionales relacionadas a la literatura y el cine de México en particular, y de América Latina de manera más general. Es autor de siete libros y editor de catorce. Entre sus más recientes volúmenes se encuentran *Strategic Occidentalism. On Mexican Fiction, the Neoliberal Book Market and the Question of World Literature* y *Mexican Literature as World Literature*. Sus más de ciento veinte artículos han aparecido en revistas académicas de las Américas, Europa y Asia. Ha colaborado en varios medios de México y Estados Unidos como el *Washington Post*, el *Los Angeles Review of Books*, *El Universal* y otras publicaciones. Fue titular en 2021 de la Cátedra Kluge de Países y Culturas del Sur Global en la Biblioteca del Congreso de Estados Unidos.

César Antonio Sotelo Gutiérrez. Originario de la ciudad de Chihuahua, México, es doctor en filología hispánica por la Universitat de Barcelona, Master of Arts por The University of Texas at El Paso y licenciado en letras españolas por la Universidad Autónoma de Chihuahua. Su trabajo como crítico literario se ha publicado en los libros: *Teatro Mexicano Reciente*; *Nueve poetas malogrados del Romanticismo Español*; *Gregorio Torres Quintero. Enseñanza e Historia*; *Nada es lo que parece. Estudios sobre la novela mexicana, 2000–2009*; *La sonrisa afilada. Enrique Serna ante la crítica* y en artículos en revistas como *Plural, Los Universitarios, La Palabra y el Hombre, Revista de la Universidad de México, Agradecidas Señas, Caribe,* y *Revista de Literatura Mexicana Contemporánea* entre otras. Dramaturgo con varias obras escenificadas, ha publicado la comedia *Van pasando mujeres* (2012) y es fundador y director de la Compañía Teatral Escena Seis 14. Miembro del Consejo Editorial de la *Revista de Literatura Mexicana Contemporánea* y de la Revista *Metamorfósis* de la UACH y Miembro del Consejo Asesor de *Agradecidas Señas. A Journal of Literature, Culture & Critical Essays*. Actualmente es Académico Titular C en la Universidad Autónoma de Chihuahua, en donde imparte clases en la licenciatura en letras españolas y en la maestría en investigación humanística. Sus líneas de investigación son: novela histórica mexicana de los siglos XX y XXI y poesía y dramaturgia mexicana contemporánea.

Eloy Urroz. Es autor de diez novelas, entre las que destacan: *Las Rémoras* (1996), *Un siglo tras de mí* (2004), *Fricción* (2008), *La mujer del novelista* (2014), *Demencia* (2016) y *Nudo de alacranes* (2019). También es autor de cinco libros de poesía y seis de crítica literaria: *Las formas de la inteligencia amorosa: D. H. Lawrence y James Joyce* (1999), *La silenciosa herejía: forma y contrautopía en las novelas de Jorge Volpi* (2000), *Siete ensayos capitales* (2004), *Êthos, forma, deseo, entre España y México* (2007), *La trama incesante* (2015) y *El ensayo del arte* (2017). Su obra poética ha sido reunida en *Aparte de todo, no hay nada. Resta poética: 1984–2018* (2018). Varias de sus novelas han sido traducidas al inglés, francés, alemán, italiano y portugués. Actualmente es profesor de literatura latinoamericana en The Citadel College, en Charleston, South Carolina.

Jorge Volpi. Es autor de quince novelas, entre las que destacan *A pesar del oscuro silencio* (1993), *En busca de Klingsor* (1999), *El fin de la locura* (2003), *Tiempo de cenizas* (2006), *Memorial del engaño* (2013) y *Una novela criminal* (2018). También ha escrito importantes ensayos: *La imaginación y el poder* (1998), *La guerra y las palabras* (2004), *Mentiras contagiosas* (2008), *El insomnio de Bolívar* (2009), *Leer la mente* (2011) y *Examen de mi padre* (2016).

www.ingramcontent.com/pod-product-compliance
Lightning Source LLC
Chambersburg PA
CBHW021839220426
43663CB00005B/320